社会調査のための
統計データ分析

Survey Data

廣瀬毅士
寺島拓幸
［共編］

Ohmsha

本書に掲載されている会社名・製品名は、一般に各社の登録商標または商標です。

本書を発行するにあたって、内容に誤りのないようできる限りの注意を払いましたが、本書の内容を適用した結果生じたこと、また、適用できなかった結果について、著者、出版社とも一切の責任を負いませんのでご承ください。

本書は、「著作権法」によって、著作権等の権利が保護されている著作物です。本書の複製権・翻訳権・上映権・譲渡権・公衆送信権（送信可能化権を含む）は著作権者が保有しています。本書の全部または一部につき、無断で転載、複写複製、電子的装置への入力等をされると、著作権等の権利侵害となる場合があります。また、代行業者等の第三者によるスキャンやデジタル化は、たとえ個人や家庭内での利用であっても著作権法上認められておりませんので、ご注意ください。

本書の無断複写は、著作権法上の制限事項を除き、禁じられています。本書の複写複製を希望される場合は、そのつど事前に下記へ連絡して許諾を得てください。

出版者著作権管理機構
（電話 03-5244-5088, FAX 03-5244-5089, e-mail: info@jcopy.or.jp）

JCOPY ＜出版者著作権管理機構 委託出版物＞

はじめに

本書のコンセプト

　本書は、社会調査で収集した数量的なデータをはじめて集計・分析してみようとしている人に向けて書かれた入門書です。社会調査データを読み、記述し、分析し、可視化し、提示するための基本的な知識と実践的な方法を解説しています。なんらかの方法でアンケート調査をおこないました。データは作成済み。しかしどうやって集計・分析していいかわからない。手もとにあるソフトウェアは Microsoft Office System（とくに Excel）のみ。このような人は、本書の内容がピッタリとくるはずです。

　本書が想定する主な読者層は、いわゆる「文系」の学部学生です。とくに、大学以前で数学や統計学に親しんでこなかった人を想定しています。イメージとしては、パーセンテージの計算で分母と分子を迷ったり、合計を意味するΣ記号に抵抗があったりする学生です。そのため、本書の記述は以下の点が工夫されています。

① やさしい口調

　むずかしい統計学用語を、できるだけやさしい表現で解説し、ハードルを下げるようにつとめました。ときには、くだけた表現も使っています。

② 実践的な内容

　データ分析の背後にある統計学理論を厳密に説明するよりも、実際の分析で役に立つノウハウを重視しました。各章ではサンプルデータが用意されています（本書の Web サイト http://shakaichousa.net/dda/ からダウンロードできます）。読者はそれらを Excel で分析しながら学習を進めることができます。また、データ分析時のコツや注意点はもちろんです

が、Excel の操作方法（第 3 章）、グラフ作成のコツ（第 7 章）、Microsoft Office を使った論文・レポート・プレゼンテーション資料の作成方法（第 14 章）といったところまでをカバーしています。このため、本書 1 冊で分析から提示までの一連のプロセスを習得することができます。

③ **表やグラフばかりではなく図解を多用**

一般に、統計データ分析に関する本では、表やグラフが多用されます。しかし本書ではそればかりではなく、図解を多用することによって初学者でも直感的に理解しやすいようになっています。

④ **注釈の多用**

本書では利便性を高めるために、用語、参照、ちょっとした補足説明などを注釈のかたちで記述しています。とくに参照は、数多く付記しました。読んでいてわからないところがあったときに、解説箇所にすぐにアクセスできるようにしました。

⑤ **補足的な内容や踏み込んだ内容をコラムで解説**

各章の最後には、適宜コラムを追加しました。コラムでは、本文を理解するにあたって知っておかなければならないことや本書の範囲を超える発展的な内容を解説しました。統計データ分析の理解に役立ててください。

Microsoft Excel を使用する理由

一般に、実際の統計データ分析では、SPSS、SAS、Stata といった専門の統計ソフトウェアが使用されます。しかし本書では、統計データ分析のツールとして Microsoft Excel を使用しています。これには、以下のねらいがあるからです。

① **学習効果**

実は、専門化されているぶん、統計ソフトウェアのほうが単純な操作で分析結果を得ることができます。ところがそうしたソフトウェアでは、途中でどのような計算をおこなっているのかがブラックボックスになっていて完全にわかりません。したがって、そうしたソフトウェアは、基本的な計算手順をおぼえなければならない初学者には適していません。その点 Excel は、自分で数式を入力して計算を進めていくことができるため、高い学習効果が得られます。

② **手軽さ**

一般に、統計ソフトウェアは非常に高価で、個人で買えるようなものではありません。社会調査教育をしている大学といえども、あらゆる種類の統計ソフトウェアを導入しているところは少ないのではないでしょうか。Excel は標準的な表計算ソフトなため、大学はもちろん家庭の PC にもたいていインストールされていると思います。比較的安価なソフトウェアなので導入も容易です。したがって、家庭での自学自習もしやすいでしょう。

③ **将来性**

学習効果や手軽さともかかわることですが、将来、就職した企業、配属された部署に特定の統計ソフトウェアが導入されているとはかぎりません。もし、はじめのうちから統計ソフトウェアに依存してしまうと、いざデータ分析をしなければならなくなったとき、それがなければなにもできないといった事態におちいってしまいます。汎用性の高い Excel なら、ほぼすべての職場に導入されているでしょう。

社会調査士科目の教科書として

本書は、一般社団法人社会調査協会が認定する社会調査士資格の認定科目向け教科書としても想定されています。

社会調査士資格を取得するためには、資格制度に参加している大学において以下 A ～ G 科目を履修しなければなりません（表 0.1、社会調査協会 http://jasr.or.jp/）。本書は、そのなかでも「基本的な資料とデータの分析に関する科目」である C 科目の教科書として書かれています。

表 0.1　社会調査士資格の標準カリキュラム

科目	内容
A	社会調査の基本的事項に関する科目
B	調査設計と実施方法に関する科目
C	基本的な資料とデータの分析に関する科目
D	社会調査に必要な統計学に関する科目
E	量的データ解析の方法に関する科目
F	質的な分析の方法に関する科目
G	社会調査の実習を中心とする科目

※ E と F は、どちらか選択

筆者らはこれまで、多くの大学でさまざまな社会調査士資格の認定科目を担当してきました。授業に関していつも話題になるのは「ちょうどいい教科書がない」ということでした。ここで「ちょうどいい」というのは、「数学に不慣れな文系学生に対する実践的な社会調査教育に適している」という意味です。

とりわけ、C科目の教科書として「ちょうどいい」ものはなかなかみつかりませんでした。社会調査データの分析に関連する書籍自体はすでに多く出版されています。それらはおおまかに、

① A科目からE・F科目の範囲までを広く浅くカバーするもの
② C・D・E科目のデータ分析を同時にあつかうもの
③ ソフトウェアのマニュアル的なもの

の3タイプに大別できます。上記の基準に照らすと、①のタイプは、各範囲を概観するだけで内容が不足していて15回の授業に耐えられません。②のタイプは、推測統計学（D科目の範囲）や多変量解析（E科目の範囲）をあつかうため、データ分析への導入部分である記述統計学（C科目の範囲）がどうしてもあっさりしすぎてしまいます。加えて、理論部分の解説が多くなり、ソフトウェアを使った分析などの実践部分がおろそかになる傾向にあります。数学に親しんできた読者ならそれでもいいのかもしれませんが、多くの文系学部学生にとってそれでは敷居が高く、挫折することにつながってしまいます。③のタイプは、書いてある通りにソフトウェアを操作すれば、とりあえずデータ分析ができるようになるという意味では実践的です。ところがそれでは、分析の意義、コツ、出力結果の解釈方法といったデータ分析上たいへん重要なことがわからないままソフトウェアの操作手順だけをおぼえることになりかねません。

本書は、こうしたことをふまえつつ、バランスを試行錯誤しながら書かれています。みなさんの学習にとって「ちょうどいい」本になれば幸いです。

本書の内容

本書は、まず第1章と第2章で社会調査および社会調査データについて概説します。社会調査データを分析する際には、社会調査データを得ることの意義や、そのデータの書式や形式、尺度といった特徴や基本知識について知っておいてください。

つづいて第3章では、Microsoft Excel（以下Excel）で社会調査データをあつかう方法について説明します。Excelはバージョン2007から大きくインタ

ーフェースが変わりましたが、それにそって可能なかぎりていねいに解説しています。

第4章はデータをまとめる際のもっとも基本的な方法である、単純集計のやり方について説明しています。Excelの機能について詳しく整理しながらも、あくまで社会調査のデータ分析という文脈にのっとっています。1つの変数がどんな値をとって分布しているか、そのあらましを知ることはデータ分析の基本中の基本なので、本書では最初においています。

第5章からは、いよいよデータ分析の具体的な方法について説明します。第5章から第10章までは量的変数のデータ分析を、第11章から第13章までは質的変数のデータ分析をあつかいます。具体的な内容は個々の章を順に読んでいってほしいのですが、量的変数についても質的変数についても、データの値がどのように散らばっているかを知るための基本的な方法にはじまり、そのあとに変数間の関係について知る方法へと進んでいきます。最後に、変数間の関係について、別の要因の影響を考慮してより厳密にみていく方法を学びます。

第14章は、データ分析結果を論文やプレゼンテーションするための具体的な方法について説明します。データ分析の結果は、適切なかたちで表現されなければなりません。とくに、ExcelとWordやPowerPointとのあいだの連携についても解説しています。

第15章は、この科目のあとに学ぶべき、推測統計学（社会調査士標準カリキュラムのD科目の範囲）や多変量解析（同じくE科目の範囲）について述べています。データ分析は、シンプルな方法でおこなうのがもっともよいのですが、社会的な現実を考慮してリアリティのある分析をしようと思うと、より厳密な議論をする必要があります。この章は、それらへのいわば予告編です。

本書の使い方

本書の使い方としては、全部で15章にわかれています。ただし、章によって分量の多いところや少ないところがあります。その際も、内容的に似かよっていて同じブロックと考えるところ（たとえば、第5章～第9章の量的変数）を連続しておこない、相互に時間を融通することで、大学の半期の授業回数に相当する13～15回に合うように構成しています。

また、量的変数のデータ分析に関する章（第5章～第10章）と、質的変数のデータ分析（第11章～第13章）については、どちらを先に学習してもよいように考えていますが、内容や語句の参照の点で、この順番で学ぶとより理解

が深まるでしょう。

　各章では、できるだけ課題などをおいて、実習的に学習できるようにしました。ただし、各章での説明を明快にするための例として架空データを多く使用したので、実際の調査データや、授業などで提供されるサンプルデータを併用しつつ学ぶといっそう効果的だと思います。

最後に

　本書は、筆者たちがそれぞれの原稿を往復させながら加筆修正していった、協同作業による成果です。筆者は若い研究者なので所属や研究・職務環境が変わったり、また本務の負担が過大になるなどして、原稿の完成は当初の予定よりかなり遅れてしまいました。これを督励し、完成にまで導いてくださった株式会社オーム社開発部のみなさまには深く感謝いたします。

　　2010年6月

廣瀬　毅士
寺島　拓幸

目 次

はじめに iii

第1章　社会調査とデータ分析 1
 1.1　データをとるということ：データ・情報・知識 1
 1.2　社会調査の意義 3
 1.3　社会調査データの分析 4
 1.4　社会調査の特徴 4
 1.5　社会調査の分類 5
  1.5.1　事例調査と統計的調査 5
  1.5.2　統計調査の特徴 7
 1.6　なぜ、多くの人びとに調査をするのか 8
 1.7　コードで置き換える：操作化と変数 9
 1.8　全数調査と標本調査 11
 1.9　記述統計学と推測統計学 13
 1.10　散らばりに情報がある 14
 1.11　社会についての「情報処理」 15

第2章　社会調査データの基礎知識 17
 2.1　社会調査で集めたデータ 17
 2.2　個票データと集計データ 18
 2.3　ファイルの形式：コンピュータ上での保存形式 19
 2.4　ファイルの書式：データの並べられ方 21
  2.4.1　自由書式 21
  2.4.2　固定書式 22
 2.5　回答者・変数・値、調査票との対応 23
 2.6　複数回答のコーディング 25
 2.7　変数の尺度レベル 27

2.7.1　質的変数と量的変数 29
　　2.7.2　尺度レベルとデータ分析 30
　　2.7.3　尺度レベルと調査設問 30
　　COLUMN ● シグマ（Σ）を攻略しよう 32

第3章　Excelによる社会調査データの操作・加工 35
　3.1　Excelの基本操作 35
　　3.1.1　表計算ソフトと統計用ソフト 35
　　3.1.2　Excelを立ち上げよう：画面構成と基本的な用語 36
　　3.1.3　ワークシートへの入力法 37
　　3.1.4　書式の設定 43
　3.2　数式の入力 45
　　3.2.1　Excelでの計算事始め 45
　　3.2.2　演算子と優先順位 46
　　3.2.3　小数桁数の調整・数式の文字列化 47
　　3.2.4　数式入力の注意点 48
　3.3　セルの参照 48
　　3.3.1　入力済みのセルの参照 49
　　3.3.2　参照先のデータの変更 50
　　3.3.3　計算の繰り返し（数式のコピー） 50
　　3.3.4　相対参照 53
　　3.3.5　絶対参照 54
　3.4　Excel関数の基礎 58
　3.5　並べ替えとフィルタ 61
　3.6　変数の加工：カテゴリーをつくる 64

第4章　1つの質的変数を記述する：単純集計 69
　4.1　集団の特性と分布 69
　　4.1.1　データの構造の復習 69
　　4.1.2　分布とは 70
　　4.1.3　度数分布表とは 70
　4.2　Excelによる度数分布表の作成 72
　　4.2.1　質的変数の度数分布表 72
　　4.2.2　質的変数の度数分布のグラフ：棒グラフ 76
　　4.2.3　量的変数の度数分布表 77
　　4.2.4　数式を使うつくり方 78
　　4.2.5　ピボットテーブルを使うつくり方 80

4.2.6　量的変数の度数分布のグラフ：ヒストグラム 82
　4.3　順序尺度の度数分布表 84
　4.4　相対度数の意義：集団の比較 85
　　COLUMN ● 割り算の意味 88

第5章　1つの量的変数を記述する：基本統計量 **89**
　5.1　データを1つの数字であらわす 89
　5.2　データの中心：代表値 91
　　5.2.1　平均値 91
　　5.2.2　中央値（メディアン） 92
　　5.2.3　最頻値（モード） 92
　　5.2.4　代表値の使いわけ 93
　5.3　データの散らばり：散布度 96
　　5.3.1　代表値だけで大丈夫？ 96
　　5.3.2　最大値と最小値の差：範囲（レンジ） 96
　　5.3.3　平均値からどれくらい離れているか：偏差 96
　　5.3.4　偏差平方の平均値：分散 97
　　5.3.5　分散の平方根：標準偏差 98
　　5.3.6　標準偏差を平均値で割る：変動係数 99
　5.4　Excelで基本統計量を計算しよう 100
　　COLUMN ● 集計表から平均値を計算する 105
　　COLUMN ● データの歪みと尖り 106

第6章　異なる尺度上の値を比較する：標準化 **107**
　6.1　標準偏差の解釈 107
　6.2　テストの点数だけで得意科目がわかるか 109
　6.3　偏差÷標準偏差：標準得点 110
　6.4　標準得点と正規分布の関係 112
　6.5　Excelで標準化しよう 112
　　COLUMN ● $n-1$で割る分散と標準偏差 114

第7章　データを視覚化する：グラフの読み方・つくり方 **115**
　7.1　なぜわざわざグラフをつくるのか 115
　7.2　グラフのもとになるデータと系列 116
　7.3　大小を比較する：棒グラフ 117
　　7.3.1　棒グラフ 117
　　7.3.2　積み上げ棒グラフ 119

7.4　構成比をあらわす：円グラフと帯グラフ 119
7.4.1　円グラフ・ドーナツグラフ 119
7.4.2　帯グラフ 120
7.5　推移をあらわす：折れ線グラフと面グラフ 121
7.5.1　折れ線グラフ 121
7.5.2　面グラフ 122
7.6　2つの量的変数の分布をあらわす：散布図 123
7.7　バランスをあらわす：レーダーチャート 124
7.8　グラフ作成の注意点 125
7.9　Excelでグラフをつくってみよう 128
7.9.1　基本設定 128
7.9.2　困ったら右クリック：その後の詳細設定 132

第8章　2つの量的変数の関連をみるⅠ：相関係数 135
8.1　散布図からわかること 135
8.2　相関関係の指標：共分散 137
8.2.1　相関関係を数字であらわす 137
8.2.2　まずは偏差から 137
8.2.3　xとyの偏差を掛ける：偏差積 138
8.2.4　偏差積の平均値：共分散 139
8.3　標準化データの共分散：ピアソンの積率相関係数 141
8.3.1　共分散から相関係数へ 141
8.3.2　正の相関・無相関・負の相関 142
8.3.3　相関係数の解釈 143
8.4　相関係数の注意点 143
8.5　Excelで相関係数を求めてみよう 146
COLUMN ● 標準得点の共分散が相関係数の定義式になるワケ 149
COLUMN ● 順位データ用の相関係数：スピアマンの順位相関係数 150

第9章　2つの量的変数の関連をみるⅡ：回帰分析 151
9.1　散布図に直線を引いてみよう 151
9.2　用語と記号 153
9.3　「ズレ」を最小にする直線を引く：最小二乗法の考え方 154
9.4　xがyにどのくらい影響を与えているか：回帰係数の解釈 157
9.5　モデルによってどれくらいデータを表現できたか：決定係数 158
9.6　回帰分析の注意点 160
9.7　［データ分析］で回帰分析をしてみよう 162

COLUMN ● 最小二乗法による切片と回帰係数の求め方 164
COLUMN ● Excel 関数でもできる回帰分析 166

第10章　3つの量的変数の関連をみる：偏相関係数 167
10.1　変数間に相関があったときにどう解釈するか 167
10.2　みせかけの関係を暴け：擬似相関、第3変数、コントロール .. 169
10.3　残差間の相関係数：偏相関係数 170
10.4　偏相関係数の注意点 172
10.5　Excel で偏相関係数を求めてみよう 173
　　COLUMN ● 集団レベルの相関の解釈は慎重に：生態学的誤謬 175

第11章　2つの質的変数の関連をみるⅠ：クロス集計 177
11.1　グループ別の単純集計 177
11.2　クロス集計表の構成 178
11.3　クロス集計による分析のポイント 180
11.4　ピボットテーブルによるクロス集計の方法 181
11.5　クロス表のセルに記すこと 185
　11.5.1　度数とパーセント 185
　11.5.2　行パーセントによるクロス集計表 186
　11.5.3　列パーセントによるクロス集計表 187
　11.5.4　全体パーセントによるクロス集計表 188
　11.5.5　ピボットテーブルでのパーセンテージの計算 188
　11.5.6　度数と行パーセントを併記したクロス集計表の作成 191

第12章　2つの質的変数の関連をみるⅡ：関連係数 195
12.1　クロス集計表の関連の強さ 195
12.2　オッズ比 197
　12.2.1　オッズとは 197
　12.2.2　オッズの計算 197
　12.2.3　オッズ比を求める 198
　12.2.4　オッズ比から関連を読みとる 199
　12.2.5　オッズ比の簡単な計算のしかた 200
　12.2.6　オッズ比の長所と短所 201
12.3　ファイ係数 202
12.4　統計的独立と期待度数 205
　12.4.1　もっと大きなクロス集計表での関連 205
　12.4.2　期待度数の考え方 206

| 12.4.3 | 期待度数の計算方法 | 207 |
| 12.4.4 | 期待度数と観測度数のズレ | 209 |

12.5 カイ二乗値 210
 12.5.1 カイ二乗値の計算式 210

12.6 クラメールの V 211
 12.6.1 計算方法 211
 COLUMN ● ユールの Q を用いる場合 213
 COLUMN ● カイ二乗検定 214

第 13 章 　3 つの質的変数の関連をみる：エラボレイション 217

13.1 クロス集計における第 3 変数 217
13.2 3 重クロス集計の考え方 218
13.3 ピボットテーブルによる 3 重クロス集計表の作成 219
13.4 媒介関係をみぬく 221
 13.4.1 男性は運転がヘタなのか？ 221
 13.4.2 3 重クロス集計表の作成 221
 13.4.3 3 重クロス集計表をどうみるか 223
 13.4.4 クロス表のエラボレイション 225

13.5 擬似関係をみぬく 226
 13.5.1 結婚するとキャンディを食べなくなる？ 226
 13.5.2 3 重クロス集計表の作成 227
 13.5.3 擬似関係か媒介関係か？ 230

13.6 交互作用効果 231
 COLUMN ● エラボレイションのバリエーション 235

第 14 章 　データを提示する：論文・レポートとプレゼンテーション 237

14.1 論文・レポートとプレゼンテーションで書くべきこと 237
14.2 論文・レポートやプレゼンテーションでの表の示し方 238
14.3 Microsoft Word との連携 239
 14.3.1 表の貼り付け 239
 14.3.2 グラフの貼り付け 241
 14.3.3 図表番号 244
 14.3.4 相互参照 246

14.4 Microsoft PowerPoint との連携 247
 14.4.1 直接グラフ作成 247
 14.4.2 強調 250
 14.4.3 アニメーション 250

第 15 章　推測統計学と多変量解析 253
15.1　調査結果を一般化しよう：推測統計学（社会調査士 D 科目）に向けて..253
15.1.1　推測統計学とは 253
15.1.2　母数を推定する 255
15.1.3　仮説を検定する 256
15.2　もっと多くの変数を分析しよう：多変量解析（社会調査士 E 科目）に向けて...258

付　録 261
付録 1　本書で使用した統計記号一覧 261

索　引 263

◨Excel の対応バージョンについて

　本書は Microsoft Office Excel 2007（Windows 版）をベースに動作確認をしています。本書で紹介している画面類は、Windows 7 Ultimate（32 ビット版）上の Microsoft Office Excel 2007（Windows 版）のものとなります。

　画面（ダイアログボックス）、操作など一部異なりますが、Microsoft Office Excel 2010（Windows 版）でも動作可能です。

第1章

社会調査とデータ分析

1.1 データをとるということ：データ・情報・知識

　わたしたちは、普段の生活においていろいろな**意思決定**（decision making）をすることが数多くあります。身近な例では、今日出かけるときに傘をもっていくべきだろうか、気になる異性に「恋人として付き合ってもらえませんか」と告白すべきだろうか、などといったことを考えたりします。

　このような意思決定をするとき、なにを手がかりにして判断すればよいのでしょうか。ある人は、傘をもって家を出るかどうかというときには、天気予報をみて「降水確率が30％以上ならば傘をもって出るべきだ」といったセオリーがあるかもしれません。恋愛の告白についても、2人の関係が恋人になれそうな段階かどうか、人それぞれの判断基準があると思います。

　このように、なんらかの意思決定を手早く、しかもある程度適切におこなう判断基準を与えるものを、ここでは「**知識**（knowledge/intelligence）」と呼ぶことにしましょう。

　このような「知識」の多い人は、その道の達人といえます。たとえば「今日は傘をもって出たほうがよさそうだ」などと判断し、それがあまり間違っていない人は「天気の達人」です。同様の意味で、「恋愛の達人」や「野球の達人」も世のなかにはいるでしょう。

　そのような「知識」はどのようにして得られるのでしょうか。それらの達人にきくと、はじめは「俺のカンだ」とか「なんとなく、そう感じるんだよ」というかもしれませんが、よくきいてみると「いままでの経験からこう判断して

いるんだよ」と答えてくれたりします。

では、その達人は、「いままでの経験」からなにを得たのでしょうか。たとえば彼は、「いままでに、降水確率が30％以上のときに傘をもって出ないことがたくさんあったが、多くの場合は雨に濡れて家に帰ることになった」という経験を話してくれるとします。

ということは、この天気の達人の判断は、実はデータに基づいた意思決定だったということになります。「いままでの経験」を、誰もが理解できるような、人に伝えられるようなかたちにしたものを**データ**（data）といいます。たいていの場合、知識はデータから得られるのです。

でも、「どうするべきか」という意思決定に対する知識は、データからイッキにはできません。さっきの天気の達人に、もう少し話をつっ込んできいてみましょう。すると「いままでに、降水確率が30％以上のときに傘をもって出ないことが10回あったが、そのうち8回は雨に濡れて家に帰ることになった」という話をしてくれたとします。

この達人は自分の経験というデータから、「降水確率30％で傘をもって出ないと、8割の確率で雨に濡れて帰ることになる」という、計算に基づいた「**情報**（information）」をもっています。この情報によって、「降水確率30％ならば傘をもって出たほうがいい」という知識を得たということになります。

このように、誰もが自分の経験のように理解できる「データ」を適切に計算したりして分析すると「情報」になります。そしてその「情報」を、いま自分が求めている問いに応じて解釈すると、「知識」が得られます。つまり、「データ→情報→知識」ということになります（図1.1）。

調査 → データ → 分析 → 情報 → 解釈 → 知識 → 意思決定

図1.1　データ・情報・知識

こう考えると、役に立つ知識を得たければ、正しい情報を得なければなりません。そのための方法を**データ分析**（data analysis）といいます。正しい情報を得るには、きちんとしたデータを集めなければならないことはいうまでもないでしょう。そのための方法が「**調査**」です。

スゴ腕の達人は、意識的にデータ分析をおこなわなくても、個々の経験からすぐに知識を得られるようで、しばしば「超すごい、神レベル！」などといわ

れたりするようですが、ほとんどの人はそういう「神レベル」に至ることはできません。経験的なデータをきちんとした調査によって集めて、適切にデータ分析をして情報を得なければなりません。本書ではデータ分析のやり方、なかでも調査のデータから情報を得る方法について学びましょう。

1.2 社会調査の意義

　本書で解説する分析方法が対象とするのは、**社会調査**から得られたデータ（社会調査データ）です。社会調査をひとくちで説明するならば、社会や集団についてのデータを集め、その特徴を読みとる技法です。ある社会や集団の状況や、そのなかの人びとの考えなどが全体としてどういう特徴をもつか理解したいとき、社会調査によってデータを得るのです。

　なぜ社会調査でデータを得るのかというと、やはり先に述べた意思決定の問題——つまりわたしたちが、ほとんど誰でも社会についての意思決定をしなければならないからです。わたしたちが、好むと好まざるとにかかわらず属している集団や社会——それが「家庭」であろうと「サークル」であろうと、または「会社」であろうと「国家」であろうと、なんらかの意思決定をするときがやってきます。

　意思決定をおこなうとき、なにをどのようにおこなえばよいのか、ということについての知識を得るためには、調査によって集団や社会の現状に関するデータを得て、その分析を通じて情報を得ることが不可欠なのです。また、集団や社会そのものの現状を知るだけでなく、そこに属しているメンバーがどのようにしたいのかという情報も集めておかなければなりません。

　意思決定が妥当なものになるためには、なによりもデータが適切に収集され、そして分析されなくてはなりません。ここで「適切に」というのは客観的な方法でおこなうという意味です。思いこみや適当な数字を並べた印象批評ではいけません。そうでないと意思決定は発言力や権力のある人の主観で左右されるでしょう。社会や集団について意思決定が適切におこなわれるためには、なによりもデータを分析したり、その結果を解釈したりする能力＝**データ・リテラシー**（data literacy）をもつことが必要なのです。

　データ分析は必ずしも数学的な方法でなくてもいいのですが、データから得られる情報を数値や数字によって表現していくことは、誰にとっても同じよう

に理解できて誤解が少ないと考えられます。また、調査で集めたデータは、社会や集団について理解するための情報や知識そのものではありませんから、やはりデータには分析が不可欠だということになります。

1.3 社会調査データの分析

社会や集団の特徴を知るために集めたデータから、客観的な方法によって情報を組み上げ、またそれについて妥当な説明を試みることを**分析**（analysis）といいます。インタビューの結果などを1つひとつ丹念に読みとる分析もあるのですが、この本では数値を用いたデータ分析の方法を説明していきます。

数値による分析だからといって、高度に数学的な分析をしなければならないわけではありません。同じことがいえるのならシンプルな方法のほうがいいのです。ただし分析を正確にするために、しかたなく数学的な操作をしなければならないこともあります。それは、分析結果が現実をうまく説明する情報になるために必要なことなのです。

また、分析に先だっておこなう基本的なデータの整備や加工のことを**データ処理**（data processing）といいます。ただしこれは幅広い概念で、場合によっては複雑な分析を含めた一連の過程を指すこともあるのですが、ここでは前者のようにしておきましょう。調査データは、自分の望むような分析がただちにできるようになっているとはかぎりません。なんらかの加工をおこなわないといけない場合もあります。

1.4 社会調査の特徴

ここではさらに、社会調査とはどういう特徴をもつものなのか、3つのポイントをおいて述べてみましょう。

① **集団の特性を知ることが目的であること**
社会調査の直接の対象は一人ひとりの個人です。ただし、あくまで知りたいのはその人たちが属する社会や集団のことです。したがって、探偵や保険調査員のおこなう調査や、税務調査などは社会調査には含みませ

ん。また、社会調査の対象とする社会や集団は、サークルや企業のように普段から組織的に活動しているようなものでなくてもかまいません。たとえば「30代の専業主婦」や「東京都の中小企業のホワイトカラー」などはしばしば調査対象の集団として設定することがあります。

② **現地調査によってデータを得ること**

社会調査の基本は、調査対象のところまで出向いてデータを集めてくることにあります。現地まで出向いて調査対象から話をきくこともあれば、**質問紙**（questionnaire）を用いてデータを集める場合もあります。さらに、質問紙を現地にいる人びとのところまでもっていって渡す方法（**留置法**という）や、郵送して回答を求める方法（**郵送法**という）もあります。郵送法は厳密には現地調査ではありませんが、調べたい社会や集団が活動している現場の意見を得ています。大事なことは、社会調査が文献調査・史料調査のようないわゆるデスクリサーチと明確に区別されるものだということです。また、現地調査に基本をおくということは、実験室でデータを集める方法とも異なるということも意味します。

③ **データが処理・分析を前提にしていること**

社会調査で集めたデータは、調査対象の社会や集団が全体としてどのような特性をもつのかということを客観的に認識するために用います。特性を把握する基準をいったん設定すれば、ほかの集団と比較したり、その集団の過去の状況と比較したり、あるいはその集団をいくつかのグループにわけてそれらのあいだの違いを比較したりすることができます。また、データから示された特性やその比較から、なぜそのようになっているのかということについて妥当な説明を試みることも社会調査の目的です。

1.5 社会調査の分類

1.5.1 事例調査と統計的調査

前節では社会調査の特徴について説明しましたが、さらに社会調査は、大きくわけて事例調査と統計調査という2つのスタイルがあります。これを図であらわすと、図1.2のようになります。この違いは、主に調査の単位の違いです。

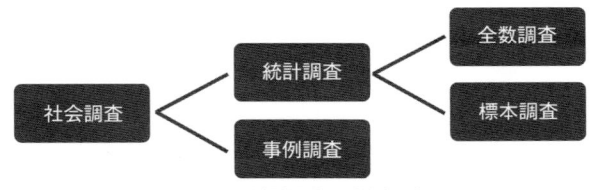

図 1.2　統計調査と事例調査

　事例調査（case study/case method；ケーススタディ、ケースメソッド）とは、特定の社会や集団をひとかたまりの単位として調査をおこなうものです。この対象としては、都市・農村などの地域社会、企業・自治体などの組織のように、さまざまな場合があります。社会や集団を研究の対象とする点では統計調査も同じなのですが、事例調査はその対象全体について記述していくことが中心になります。また特定の集団の事例調査では、そのなかの1人ないし複数の個人を選び出して聴き取りなどをおこない、それを解釈することによって集団の特徴を認識することになります。

　事例調査はときに「**質的調査**（qualitative survey）」といった名前で呼ばれることがありますが、「質的」とは本来、数量に還元しないデータやその分析方法を指します。しかし、統計調査のデータであっても数量的な分析をしない場合がありますし、事例調査のデータでも数量的に分析するものもあるので、調査そのものが量的であるとか質的であるという表現は少しヘンな気がします。しかし一般的には統計調査を「量的調査」と呼ぶことも多いので、みなさんがそう呼んでもかまいません。なお、「質」と「量」などというと、なんだか「質」のほうがエラくて「量」がツマラないような気になるかもしれませんが、まったくそういう意味はないので気にしないでください。

　事例調査と統計調査の各々の特徴は社会調査法の教科書を参照してほしいのですが、それらのもっとも目にわかりやすい違いは直接の調査対象の数であり、これが2つの調査スタイルの違いを端的にあらわしています。事例調査は、地域社会や集団そのものを調査する場合はその集団の数ということになりますし、そのなかの人びとに聴き取りなどをおこなう場合も、比較的少数の人びとを対象にします。これに対して統計調査はある程度多くの人数を対象にします（ただし、大量のデータを集めるかどうかということと「量的」というネーミングには直接的な関係はありません）。

1.5.2 統計調査の特徴

統計調査の基本的な発想は、社会や集団を一体としてみるのではなく、なんらかの**観察単位（ケース）**ごとに着目してデータを集め、特徴をつかもうというものです（図1.3）。多くの場合、社会調査では、個人や家庭、企業が観察単位になることが多いです。

調査対象の集団を一体とみるのではなく　　観察単位ごとに着目して特徴を把握

図1.3　観察単位ごとに調査対象をとらえる

また統計調査では、社会や集団を、多くの観察単位からなるグループとしてとらえ、それらのグループのなかで人びとがどのように分布しているかということに着目します（図1.4）。いってみれば、個々の人びとをグラフのような空間のなかに位置づけて把握するのです。

個々の人びとを　　空間のなかに位置づけて集団を把握する

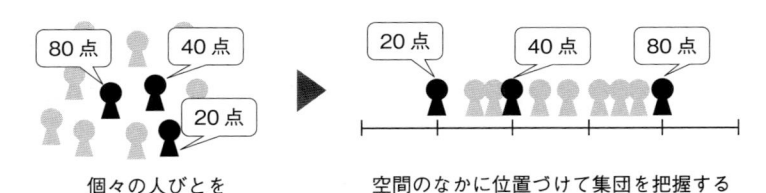

図1.4　人びとを空間のなかの点として位置づける

ある集団の英語の能力ということを考えるときに、一人ひとりに対しておこなった英語の実力テストの点数をグラフのなかの点として書き込んでみると、その点がグラフのどのあたりに多く書き込まれているのか、また各々の点は集中しているのかばらついているのかが視覚的にわかるでしょう。このように統計調査では調査結果をグラフであらわしたり、「平均点」のような統計的な数値であらわしたりします。

個々の人びとを空間のなかの点として把握するというと、統計調査がずいぶん味気ないもののように思えるかもしれません。しかし、集団の特徴を客観的に把握する目的としては万人に受け入れやすい方法であるといえます。この方

法をとれば、たとえば次の月に同じテストをおこなって比較すると英語の能力が上がったかどうかをみることもできますし、ほかの集団との比較もしやすいでしょう。さらに、英語と同様にして数学の能力も数学の実力テストの点数として測れば、対象の集団における英語と数学の能力の関係——たとえば英語が得意な人は数学も得意なのか、あるいは英語が得意な人は数学が苦手なのかといったこと——も知ることができるでしょう。

このように、ある社会や集団における「英語の能力」といったある事がらの特徴や、複数の事がらのあいだの関係などについて知りたいとき、統計調査がしばしば用いられるのです。これらのことは、事例調査で特定の誰かにきけばだいたいの傾向を答えてもらえることかもしれません。しかし統計調査では、そのようなことを知りたいときに、その集団のなかの特定の誰かの判断や意見に任せることをよしとしないのです。

調査の方法論として、統計調査は事例調査よりも形式的に整備されています。調査対象を選び出す方法やその人数がどれくらい必要かといった考え方、また質問紙の構成や個々の質問のしかたや選択肢のおき方などを「社会調査法」といった科目などから体系的に学ぶ人も多いでしょう。そして、集めたデータを分析する方法も、(本書のように) 体系的に学ぶことができます。なお、事例調査の研究成果にも面白いものが多いのですが、本書であつかう統計調査とはデータの分析方法や結果の読みとり方のノウハウが大きく異なるので、本書ではあつかいません。

1.6 なぜ、多くの人びとに調査をするのか

統計調査では、一般に事例調査に比べると多くのデータをとることになります。これに関し、「そんなにたくさんのデータをとらなくても、その集団や社会において典型的な人を何人か探して聴き取りをすればいいのではないか」という疑問をもつ人がいるかもしれません。しかし、よく考えてみてください。誰が「典型的」な人なのか、事前にわかるわけではありません。こう考えると、特定の誰かが平均的・典型的なケースであると事前に判断するのは危険だということになります。

筆者の1人は実際に、民間企業から消費者調査の相談を引き受けた際に「何百人ものデータはいらないので、何人かの普通の人にきいてほしいのです」と

いわれたことがあります。その際には「それではここに『普通の人』を連れて来てください」と答えました。そういうと不思議な顔をされたので、「だってみなさん胸に手を当てて考えてみてください。自分も変わったヤツだな〜と本当は思っているのではありませんか？」というとみんななにかしら思い当たるところがあるのか、たいがいニヤニヤしはじめます。続けて「だからいわゆる『普通の人』なんて、みつけられないんですよ」というと納得してくれました。

このように「集団のなかで典型的な、つまりあらゆる点で平均的な人というのはいない」というのが統計調査の基本的なスタンスです。ある点についてはかなり平均的であっても、別の点についてはまったく平均的ではないかもしれない。いや、むしろそのほうが多いのです。ですから「普通の人」というのは、多くの人びとを集めてそのデータから平均値を計算してはじめてみえてくる、いわば架空の人間像といえます。当然ながら人はみな同じではないので、それぞれなんらかの点で平均値ではないところに散らばって存在しているのです。

1.7 コードで置き換える：操作化と変数

統計調査では、個々の人びとをグラフのような空間のなかの点として把握し、それによって集団の特徴を把握すると1.5節で述べました。どうして空間のなかに人びとを位置づけられるかというと、それらの人びとがもつ特性をなんらかの値で置き換えるからです。たとえば1.5節では、「英語の能力」という特性を「英語の実力テストの点数」という値で置き換えています。0点の人もいれば30点の人もおり、100点満点の人もいるかもしれません。ある集団では60点台の人が多いかもしれないし、別の集団では80点台の人が多いかもしれません。

このように、「英語の能力」といった**概念**（concept）を「英語の実力テスト」のような方法で測ることを**測定**（measurement）といいます。また、「英語の実力テストの変数」は人によっていろいろな値をとり得るので、**変数**（variable）といいます。また、このように概念をより具体的な変数に置き換えることを**操作化**（operationalization）といいます。概念をどのように操作化するかということは、調査をするときの腕の見せどころです。なぜなら英語の

能力は、必ずしも英語の実力テストの点数だけで測定できないかもしれないし、実力テストとはいってもその測定のしかたもいろいろあるからです。

このことを社会調査にもう少し近づけて考えてみましょう。たとえばある社会や集団を把握するために、「性別に関する平等意識の高さ」とか「地域社会に外国人が住むことへの寛容さ」とか「オタクさの度合い」などといった**概念**を考えたとします。これらは、どのように操作化して変数をつくり、どのような質問で測定すればいいでしょうか。クラスのなかで考えを出し合ってみると、さまざまな質問をつくり得るでしょう。しかし、英語の実力テストのように100点満点の点数のような数量で表現することはなかなかできないと思います。

このように、社会や集団の特徴を把握するために、個々の人びとを空間のなかの点として考えたとしても、それをあらわす概念は必ずしも数量的な単位で測定できないことがわかります。というより、数量的な単位で測定できるものはむしろ少ないというのが社会調査の特徴なのです。ただし、たとえば「コミケ（コミックマーケット）に行ったことがある」という質問に対して「はい」と答えた人だとか、「家事は夫婦で平等に分担するのがよい」という質問に対して「ややそう思う」という回答をした人を**カウント**することはできます。このように個々の変数は必ずしも数量的に測定できるとはかぎりませんが、得られそうな回答のパターンを選択肢として用意することで、それに該当する人数をカウントしたり全体のなかでの比率を計算したりすることができます。

このように質問紙を用いるような統計調査では、調査対象の状況や意見などを、一定の形式をもった設問や選択肢などの短い言葉によって置き換えることになります。調査対象の人びとは、それぞれ個別の事情がありながらも、もっとも自分の状況や意見に近いものを選ぶことになります。その際、たとえば「2. ややそう思う」という回答をする上でどのような思いがあったとしても、データの処理や分析の上では「ややそう思う」あるいは「2」という**コード**によって置き換えることになります。やや無機質な印象をもつ人もいるかもしれませんが、社会や集団の全体的な特徴や傾向を大づかみに認識したり、それをもとに価値判断や意思決定をしたりするという目的の上では、それがもっとも効率的なのです。もちろん、人びとの状況や意見をあまりにも単純化して無視することのないよう、質問紙づくりには十分に注意や工夫が必要であることはいうまでもないでしょう。

なお調査において変数をつくるとき、それが金額の「○○円」などのように

数量的に測定するものなのか、あるいは意見などの「賛成である／反対である／どちらでもない」のように数量的なものでないのか、データの型については次の第2章で述べることにします。

1.8 全数調査と標本調査

　統計調査は、調査対象の範囲によって2つのタイプにわけられます。**全数調査**[1]は、研究しようとしている対象の全員に対して調査をおこない、データを収集するものです。全数調査は、**国勢調査**から、「〇〇会社従業員の意識調査」といった比較的小範囲のものまで、さまざまな規模のものがあります。

　もし、全数調査の文字通りに全員が答えてくれて、回答の記入や集計も間違いなくおこなわれたとしたら、その回答から得られた集計値——たとえば全員のうち何パーセントが男性かということ——は間違いのないものとして信頼できるものでしょう。

　しかし多くの統計調査では、全数調査をおこなうことは難しい場合があります。とくに調べてみたい対象が「首都圏の20代男女」とか「子育てをしながら仕事をしている女性」のように該当する人びとの数が多いほど、全員に調査をおこなうと金銭・時間・人手などのコストが莫大になります。また全数調査をめざしたとしても、よほどの強制力やメリットがないかぎり全員が答えてくれることはほとんどないでしょう。さらに、記入が間違いなくおこなわれているかチェックしたり、回答の内容を間違いのないように集計したりすることも膨大な作業になります。このようなとき、全数調査をおこなうことは現実的ではなくなります。

　文字通り調べたい対象の全員に対しておこなう全数調査に対して、調べたい対象の一部のみを選び出しておこなう調査を**標本調査**といいます。ただし一部だけを選ぶとはいっても、科学的な手続きによって対象を選び出さなければなりません。その手続きについて詳しく述べるのは本書の範囲ではありませんが、そうしなければならない理由は簡単です。標本調査は、研究対象の一部分だけを抜き出して調査するので、もし選ばれた人びとが特定の傾向をもつ人びとばかりならそこから得られた集計値は偏ったものになるからです。偏った選

---

[1]　**悉皆**（しっかい）**調査**ともいいます。

び方をしているつもりはなくても、友人や知人のツテばかりで調査していれば、いつの間にか似通った特徴や意見の人びとを選んでしまう可能性があるのです。したがって標本調査では、調べたい社会や集団の縮図となるように注意深く対象者を選び、偏りのない標本をつくることが重要です。そのためには、個々の調査対象をランダムに選ぶ**無作為抽出**（random sampling）が必要になります（図1.5）。

　無作為抽出のもっとも理解しやすい方法は、いま調べようとしている対象の全体（**母集団** population という）をリストアップして通し番号をふり、正二十面体サイコロや乱数表、パソコンのプログラムなどを使ってくじ引きのように選んでいくことです。ただし母集団のサイズが大きい場合、すべての人が載っているリストを作成するのは非効率ですし、また偶然標本が偏ってしまう可能性もあるので、実際にはより効率的な方法が用いられることがあります。母集団から標本を抜き出してくる手続きを**標本抽出**（sampling）といいますが、この詳細については社会調査法に関する教科書を参照してください。

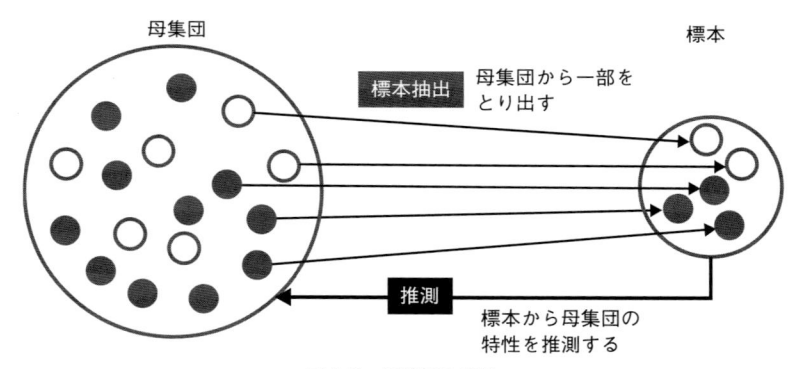

図1.5　母集団と標本

　ところで、自分の住む地域社会や所属している大学などについて調査するために無作為抽出をした結果、たまたま自分の知人が多く選ばれてしまうことがあるかもしれません。だからといって「無作為抽出してもしなくても自分の知人が選ばれるという結果が起こり得るのだから、無作為抽出をする価値はない」と考えないでください。「たまたまそうなった」という偶然は、また別の結果も起きることがあり得たのです。社会調査における標本抽出にかぎらず、科学というものは手続きが客観的にみて問題のないものであることがたいへん重要なのです。

1.9 記述統計学と推測統計学

標本調査は研究対象全体のなかから一部だけを抜き出して調査するものであることに注意しなければなりません。たとえば1,000人からなる母集団の平均年収を知りたいとします。仮に全数調査をおこなったとすると、平均年収はただ1つの数値として計算されます。このように母集団の特徴をあらわす数値を**母数**[※2]（parameter）といいます。

一方、母集団から無作為に抽出した標本の100人に調査して得たデータから計算される平均年収のような数値を**統計量**（statistic）といいます。統計量の値は、どの人びとが標本に選ばれるかという偶然によって変動しますので、たいてい母数の値とは異なります。また、1,000人の母集団から標本100人を抽出する作業を何回くり返しても、そのたびに異なる統計量が得られるでしょう。標本が全体の一部だけをとり出したものである以上、どんなにきちんと無作為抽出をおこなってもそのような数値のズレは必ずあるものだと考えてください。このように、標本抽出によって生じるズレを**標本誤差**（sampling error）といいます。

しかし無作為な標本抽出がおこなわれていれば、標本から得られた平均値などの統計量や「100人」などといった**標本サイズ**（sample size）によって母数がどれくらいの範囲におさまるのか推定したり、これらの考え方に基づいてさまざまな仮説を検定したりできます。このような一連の方法は**推測統計学**（inferential statistics）といいますが、本書のあつかう範囲を超えてしまいますので基本的にそこまで立ち入らず、統計量から調査対象の集団についての傾向を知る**記述統計学**（descriptive statistics）にとどめます（図1.6）。

記述統計学	● データ全体のあらましを「記述」するための方法 ● データ分析の基礎中の基礎となる方法
推測統計学	● 対象とする集団の一部だけを測定したとき、その結果（統計量）から集団全体の特性（母数）を推測する方法 ● データの背後にある「全体」＝より大きな集団の特性を推測する方法

図1.6 記述統計学と推測統計学

[※2] 調査対象数のことを指して母数という間違いが多いので注意しましょう。

1.10 散らばりに情報がある

　統計調査は多くの人びとに調査して社会や集団の"平均的"な人間像を描き出しますが、それによって一人ひとりが「平均といかに異なっているか」ということもわかります。この「平均との差」という考え方によって、社会や集団の中心から自分がどれくらい離れているのかという相対的な位置を知ることができます。たとえば所得といったことについて、人びとが自分は社会のなかでどのような位置にいるのか——多いほうなのか少ないほうなのか——といったことを考えるとき、平均値との大小関係やそれとの差の大きさを意識するでしょう。

　また、平均値との差から社会や集団の特徴を知ることもできます。たとえば、多くの人のもつ値が平均値とあまり変わらない、いいかえると平均との差が小さい人びとがたくさんいる状態を人は「格差が小さい」とか「平準的である」とか「どんぐりの背比べ」といいます。グラフに点を描いてみると、平均のまわりに点が集中して散らばりが小さくみえるでしょう。逆に、多くの人の示す値が平均値との差が大きいときには「多様性が大きい」とか「格差が大きい」というように表現し、散らばりが大きいグラフが描けるでしょう。この散らばりを具体的な指標で把握する方法は、あとの章で説明します（☞5.3節参照）。

　集団全体における一人ひとりの値の散らばり方（分布という）という考え方は、統計調査で社会や集団の特徴をつかむ際の基本的な視点です。たとえば調べたい対象を社会的な属性（性別、年齢層、地域、既婚・未婚ほか）などのカテゴリーでわけたグループ間で、先にあげた所得などの水準や意見や態度などのありかたに差があるのだろうか——といった疑問は、それらの値の分布のしかた（平均値や平均まわりの散らばり）を比較することで検証できます。

1.11 社会についての「情報処理」

　統計調査の対象となる多くの人びとの個々の回答そのものを1つひとつ読みとることで、社会や集団の全体としての傾向や特徴を把握することはなかなか複雑で難しいものです。そのため、ここまで述べてきたように、統計調査のデータ分析では集団に関する統計量を計算することで集団の特徴を簡単に把握する情報を得ようとします。

　たとえばここに50人ずつの2つのクラスがあり、クラス間でテストの出来を比べるとしましょう。このとき合計100人の点数を1つずつみていくよりは、2つのクラスについてそれぞれ平均点を計算してから比べると、ずっと面倒さは縮約されています。つまり、100個のデータをみていくかわりに、2個の平均値で比較できるのです。この例では、クラスごとの平均点がクラスという集団に関する情報を与えていることになります。

　このように、情報とは一般に物事を把握する際の複雑さを縮減する機能をもつものです。そして、複雑でたくさんのデータを、簡潔でより少数の情報（指標）によって把握する方法を知ることを情報処理といいます。「集団の特性を把握する」という社会調査の目的は、たくさんの社会調査データを簡潔に分析＝情報処理することによって達成することになります。ですから、この本であつかう社会調査のデータ分析とは、いわば「社会についての情報処理」の方法ということになります。集団の特徴や傾向を把握する情報の種類や、それをとり出す方法はあとのそれぞれの章で詳述します。

【文献】

盛山和夫, 2004,『社会調査法入門』有斐閣.

大谷信介ほか, 2005,『調査へのアプローチ――論理と方法（第2版）』ミネルヴァ書房.

森岡清志, 2007,『ガイドブック社会調査（第2版)』日本評論社.

第2章

社会調査データの基礎知識

2.1 社会調査で集めたデータ

　社会調査で集めたデータは、誰もが分析できるように整理されている必要があります。現在はコンピュータで分析することがほぼ必須になっているので、**電子データ**[※1]として整備されていることが大前提といえます。それに加えて、データの「中身」、つまり回答内容の入力形式がまちまちであってはならず、一貫した規則でなければなりません。

　前章で述べたように、個々の回答内容は数字や記号などのコードに置き換えられます。これについては調査票をつくる際に割り当てたり（プリコード）、自由回答の内容に事後的にコードを割り当てたり（アフターコード）されています。いずれのコードが具体的にどのような回答内容をあらわしているかは、データと同様に調査をした人や基礎的なデータ処理をおこなった人から質問紙やコードブックを提供してもらって知ることになります。自分で調査を企画する場合のコードづくりについては「社会調査法」といった科目であつかわれるでしょう。

※1　コンピュータであつかうことが可能なデータ。ハードディスクに保存したり、メールで送ったりできるもの。

2.2 ■■ 個票データと集計データ

　ひとくちに「調査結果のデータファイル」といっても、大きくわけて2つのタイプがあります。1つは**個票データ**[※2]というものです。個票データでは調査対象ごとの回答内容が1行ないし複数行で入力されており、これらのデータ行は調査の際の質問紙に対応しています。自分自身で実施した調査の場合には、データファイルはまず個票データのかたちで入力することになります。

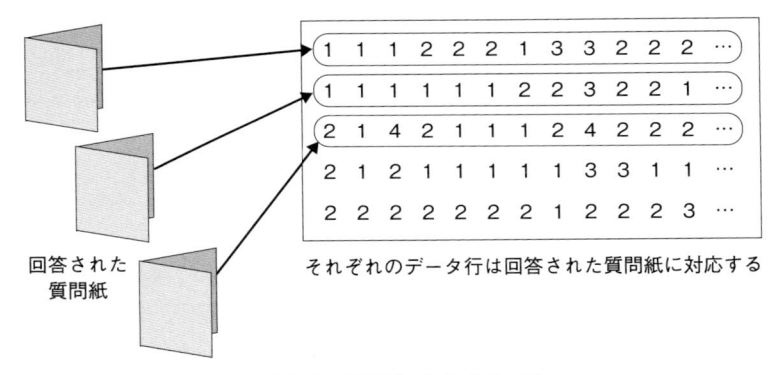

図 2.1　個票データのイメージ

　一方、**集計データ**[※3]（アグリゲートデータ）は、なんらかの集計単位にしたがってもとのデータが集計されているものです。たとえば男女や年代、居住地域別に集計されていたり、ときには同じ形式で異なる年に継続して調査をおこなった場合に調査年ごとに集計していたりする場合があります。**政府統計**[※4]のほとんどは集計データのかたちで提供されていますし、ほかの人がおこなった社会調査データをもらう場合もこのようなかたちで提供されるかもしれません。

　集計データは、「男女別」や「年齢層別」「居住地域別」などの集計軸が分析

※2　データファイルが、調査対象の個々のケースの個々の回答内容（変数の値）の連なりとして入力されているデータ。
※3　個票データとは違って、データが男女別・年代別・地域別などのような集計単位（集計軸）にしたがって集計されているようなデータ形式。
※4　官庁統計ともいいます。政府や官庁が、行政上の政策立案に必要な事実認識のためにおこなう統計的調査。データの多くは、集計データのかたちでインターネット上に公開されています。

第 2 表　男女，ふだんの就業状態，年齢，インターネットの利用の種類別行動者数，
Table 2.　Participants, Participation Rate and Average Days for Participation in Internet Use by Sex, Usual Economic Ac

ふだんの就業状態 年齢		標本数 Number of samples	10歳以上 推定人口 （千人） Population 10 years and over (1000)	行動者数（千人）					Participants (1000)	
				総数 Total	電子メール E-mail	掲示板・チャット Bulletin board / Chat service	ホームページ、ブログの開設・更新 Building or updating Website or blog	情報検索及びニュース等の情報 Information retrieval and acquisition of information such as news	画像・動画・音楽データ、ソフトウエアの入手 Acquisition of images, moving images, music data or software	商品やサービスの予約・購入、支払いなどの利用 Reservations, purchases, payments for goods or services
		1	2	3	4	5	6	7	8	9
総数	1	178,820	113,604	67,500	55,791	13,310	7,850	48,875	30,299	26,662
10～14歳	2	10,134	5,984	3,912	2,170	779	384	2,519	1,550	385
15～19歳	3	10,071	6,387	5,731	4,979	2,155	1,271	4,105	4,221	1,690
20～24歳	4	8,445	7,246	6,518	5,713	2,447	1,424	5,128	4,565	3,064
25～29歳	5	9,350	7,949	7,037	6,155	1,970	1,110	5,524	4,236	3,605
30～34歳	6	12,034	9,563	8,314	7,382	1,843	1,061	6,620	4,288	4,249
35～39歳	7	12,568	9,202	7,722	6,845	1,275	764	5,972	3,420	3,747
40～44歳	8	11,840	7,913	6,397	5,522	953	517	4,909	2,693	2,838
45～49歳	9	12,857	7,622	5,545	4,564	640	390	4,037	1,960	2,220
50～54歳	10	14,216	8,317	4,928	3,886	464	309	3,473	1,356	1,753
55～59歳	11	18,213	10,670	4,886	3,731	393	276	3,157	999	1,426

図 2.2　集計データの例（「平成 18 年社会生活基本調査」より）

の意図に合致するものであれば問題ないのですが、そうでなければ非常に使いにくいものになるでしょう。集計された時点で集計軸以外の情報はなくなってしまうので、再分析は絶望的になってしまうのです。ほかの人や組織からデータを提供してもらうときはなるべく個票データを入手するか、それが無理ならば自分の望む分析軸の用意された集計データをもらうようにしましょう。以下の説明では、個票データのかたちでデータが入手できるものとして説明を進めていきます。

2.3 ファイルの形式：コンピュータ上での保存形式

　社会調査のデータファイルは、コンピュータ上での保存の形式で、いくつかのタイプにわけられます。

　ファイル形式は、**テキストファイル**[5] 形式（メモ帳などのテキストエディタで読める形式。ASCII ファイルともいう）がよく用いられています。テキストファイルはどんな PC でも読み込めるので可搬性が高く、この形式でデータファイルをやりとりすれば問題ないでしょう。テキストファイル形式のデータ

---

[5]　文字や記号などの文字データだけが含まれるファイルで、幅広い環境でデータを利用できるというメリットがあります。メモ帳などのテキストエディタで開くと中身を確認することができます。

ファイルは拡張子[※6]（file extension）が .dat とされることもあるのですが、どんなファイル形式かわかりにくいので .txt とするのがよいでしょう。ただし、自分たちでデータを入力する際に、テキストファイル形式を用いるのはなかなか困難かもしれません。いま自分がどの変数について入力しているのかわからないからです。データファイルの配布や保存などの可搬性を保つ目的で用いる程度でよいでしょう。

最近では Microsoft Excel で読み書きできる **Excel ファイル**（ファイルの拡張子が .xls や .xlsx）がしばしば用いられています。このファイル形式は Excel がないと読み込みできませんが、Excel やそれを含む Microsoft Office System がインストールされている PC は多いので、Excel ファイルによるデータの配布もよくあります。Excel ファイルをメモ帳などのテキストエディタで開いてもデータの中身はみられないので注意してください。

Excel ファイルでのデータ配布がよくなされている理由は、データを読み込めば調査の個体と変数の値がすぐにわかるように対応づけられていることです。テキストファイルはファイルサイズが Excel ファイルよりも小さく、またほかのソフトウェアでも読み込める形式ではあるものの、先述のように Excel のように個体と変数の値が明確ではありません。

そのほか、高度な統計パッケージソフトウェアである **SPSS データファイル**[※7]（拡張子が .sav や .por）も社会調査データを配布する際に用いられることがあります。これも SPSS というアプリケーションソフトウェアが PC にインストールされていないと使えないのですが、SPSS が入った PC でこのデータを開くとすぐに多彩な統計的分析がおこなえますし、社会調査データに特有なデータ定義もされていることがあります。村瀬・高田・廣瀬編〔2007〕など、SPSS を用いた社会調査データ分析を解説した本も出ています。

※6　ファイル名のうち、最後のドットのあとにつけられた文字列で、ファイルの種類がなんであるか示すようにつけることが多いです。

※7　SPSS は高度な統計分析のためのパッケージソフトウェアで、社会調査データの分析ではしばしば用いられています。市販の商用ソフトウェアですが、大学の教育・研究用コンピュータにインストールされていることもあります。

図2.3 社会調査データのファイル形式

テキストファイル
- どんなPCでも読み込めるので、ファイルのやりとりがしやすい
- どの変数のデータなのか、ひと目で読みとりにくい

Excelファイル
- データ値がどの変数のものなのか、読みとりやすい
- Excelがパソコンにインストールされていなければ読めないが、大学やネットカフェなどではExcelがインストールされていることが多い

SPSSデータファイル
- 高度な統計分析ソフトウェアのSPSSで用いられるデータファイル形式。これを用いればすぐにSPSSでのデータ分析が可能。ただし、学生の個人用パソコンにSPSSがインストールされていることはほとんどない

その他のデータファイル形式
- その他の特殊な統計分析ソフトウェア、またはデータベースソフトウェアのファイル形式など。これらの形式で社会調査のデータファイルがやりとりされることはほとんどない

図2.3　社会調査データのファイル形式

2.4 ファイルの書式：データの並べられ方

2.4.1　自由書式

　データファイルの形式をテキストファイルでつくる場合、個々のデータを並べる書式として2つのパターンがあります。

　1つは**自由書式**と呼ばれるものです。自由書式で並べられたデータは、個々の変数の順序が保たれており、各変数の値がブランク（＝空白、スペース）やタブ、カンマなどの区切り文字で区切られている書式です。変数の値の桁数が人によって異なっていても、各変数は区切り文字でみわけられるので左に詰めて記述すれば問題はありません。結果的に、データの各行の長さがそれぞれ異なることが予想されます。このことから、自由書式データのことを**可変長データ**ということがあります。

　代表的な区切り文字は先にあげたブランク、タブ、カンマですが、カンマで

区切られた自由書式のファイルを **CSV ファイル**[※8] といいます。先述のようにテキストファイルは .txt とすることが多いのですが、CSV ファイルは拡張子を .csv とすることが多いです。.csv とすると、もちろんテキストエディタでも読み込めますが、Microsoft Office がインストールされている PC では Excel に関連づけられていることが多く、ダブルクリックすれば Excel が起動して CSV ファイルを読み込むことになるでしょう。Excel で読み込まれた CSV ファイルは Excel ファイルのようにあつかえますが、Excel 関数などで計算された結果を CSV 形式のままで保存することはできません。

　ほかに、タブ区切りやブランクでの区切りもよくみかけます。これらも少し工夫すれば Excel で読み込めるのですが、拡張子を .csv とした CSV ファイルのように必ずしも Excel が自動でケースと変数の関係を解釈してはくれるとはかぎりません。

```
ID,AREA,F1,F2,Q1,Q2,Q3,Q4,Q5,Q6,Q7,Q8,Q9,Q10,Q11,Q12,Q13,Q14
1,11108,1,27,3,4,6,10,0,10,0,0,3,3,3,3,3,3
2,11108,2,43,3,5,8,33,30,5,1,1,1,1,2,2,2,2
35,11108,2,49,3,5,9,1,0,10,1,0,3,3,2,2,3,2
36,11108,2,26,3,6,6,8,9,8,0,1,2,4,1,1,2,3
152,11203,2,16,1,88,88,10,10,4,0,0,2,4,3,3,3,2
153,11203,1,23,2,3,7,30,0,5,0,1,2,3,2,2,2,2
```

図 2.4　自由書式でつくられたデータ（CSV 方式）

2.4.2　固定書式

　テキストファイルでデータを並べるときのもう 1 つの書式は、**固定書式**です。これは、個々の変数の値がテキストファイルの何桁目から記述されているかが固定されているような書式です。いわばデータファイル内の変数の番地が固定されているので、各変数のあいだに区切り文字を入れずに詰めて書けばよいことになります。この書式では各変数を記すための桁数がすべての行で一定になるので、結果的にデータファイル内の各行の長さは等しくなります[※9]。この性質から、固定書式でつくられたデータを**固定長データ**と呼ぶことがあります。

※8　CSV は Comma Separated Value の略。
※9　最後の変数が未入力であったり桁数が異なっていたりするとみかけ上そうなりません。

固定書式は、社会調査のデータ入力では用いられることが多かったのですが、最近は少なくなったようです。Excel では CSV 書式をはじめ、区切り文字がある自由書式のほうが読み込みやすく、逆に固定書式ではデータの「区切り位置」を指定しなければならないのでデータ分析をはじめるまでに少し手間がかかります。また、固定書式で書かれたデータは区切り文字がないので、テキストエディタで開いてみると、どこまでがどの変数なのかみわけにくいことが多いです。

```
 1   1110812734 6 100 10003333332210333023 22328812 331
 2   1110824335 8 33305 1111222330024311  21918832 153
35   1110824935 9 1 0 101033223230033021021601 488443
36   1110822636 6 8 9 8 01241123110124201133328824 444
15211203216188810104 002433322201232144 32218811 551
15311203122323 7 300 5 012322222211112112 33111 588255
```

図 2.5　固定書式でつくられたデータ

2.5 回答者・変数・値、調査票との対応

　さて、ここではデータファイルを誰かから提供されたとして、それがどういう形式で入力されているかということを説明しましょう。これ以降の説明では社会調査データの基本ということで個票データを前提に話を進めますが、個票データという言葉は集計データに対比して用いる言葉なので、ここからは**ローデータ**（**素データ**、**生データ**ともいう）と呼ぶことにします。ローデータとは集計や加工がなされていない、生の（raw）データということです[10]。

　一般的に、社会調査のローデータによく用いられる形式は、各行が個人や家庭などの調査単位に相当する**ケース**[11]をあらわし、各列が調査で測定される変数をあらわすように入力するものです。

---

[10] ちなみにこの言葉は少し多義的で、個票データであり、かつ「Excel ファイルや SPSS ファイル形式ではない、テキストファイル形式」という意味で用いることもあるので注意が必要です。

[11] それぞれの調査単位をあらわします。多くの社会調査データでは、調査対象の個人にあたることが多いでしょう。

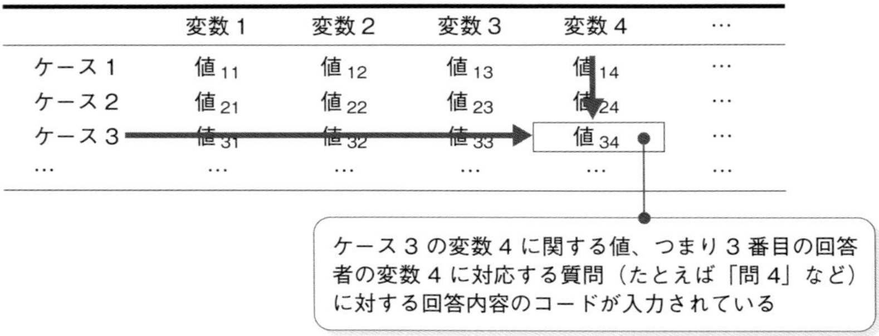

	変数 1	変数 2	変数 3	変数 4	…
ケース 1	値$_{11}$	値$_{12}$	値$_{13}$	値$_{14}$	…
ケース 2	値$_{21}$	値$_{22}$	値$_{23}$	値$_{24}$	…
ケース 3	値$_{31}$	値$_{32}$	値$_{33}$	値$_{34}$	…
…	…	…	…	…	…

ケース 3 の変数 4 に関する値、つまり 3 番目の回答者の変数 4 に対応する質問(たとえば「問 4」など)に対する回答内容のコードが入力されている

図 2.6 ローデータの構造

図 2.6 で、値$_{11}$ と書いたのは「ケース 1 の変数 1 の値」ということをあらわしています。同様に値$_{12}$ は「ケース 1 の変数 2 の値」、値$_{21}$ は「ケース 2 の変数 1 の値」ということで、右下に小さくついた文字(**添字**[※12] という)の 1 番目がケース番号で、2 番目が変数の番号です。ただしここでは番号の順序は重要なことではなく、「行と列の交差するところに、該当するケースの変数値があること」を示していることを確認してください。

ローデータを Excel ファイルで読み込むと、たとえば図 2.7 のようになっています。

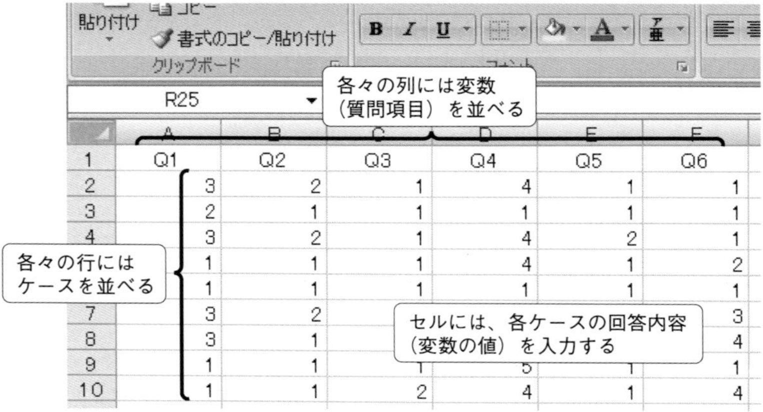

各々の列には変数(質問項目)を並べる

各々の行にはケースを並べる

セルには、各ケースの回答内容(変数の値)を入力する

図 2.7 Excel で読み込んだローデータの例

※12 「そえじ」と読みます。変数名などの記号や語句の右下に添えられた小さな文字で、記号や語句の意味を補足するためにつけます。

Excelの行と列が交差する格子状の箱を**セル**[※13]といいます。各セルには、変数の値が入力されます。セルのなかに入力されているのは「男性」や「ややそう思う」などの選択肢にある言葉ではなく、それらを数字や記号に置き換えたコード（たいていの場合は調査票において選択肢の前に書いています）であることがほとんどです。また年齢などを実際の数値で答えさせる質問の場合は、そのまま「24」などと数値を入力することになります。

また、データファイルにおいては最初の行に変数名を書くことが多いです。これについても「年齢」だとか「家事に参加しているか」などと質問の内容を書いていることはあまりありません。たいてい「Q1」のような変数名をつくります。これについては、Q1, Q2, Q3のように設問番号に対応してひと続きの番号を振っていく**連番規則**でおこなうことが多いでしょう[※14]。もちろん、回答内容によって設問が分岐して「問4-1」のようなサブ・クエスチョンが設けられるような場合は、変数名もそれに合わせてQ4-1やQ4_1のように、変数名でそれがわかるようにしておきます。あるいは、「KAJI」などといったように質問の内容を示すような短い名前（めやすとしては8文字以内）をつけることもあります。

自分でデータファイルをつくる場合には、調査票の質問番号あるいは質問内容（変数の意味）がわかるような名付け方をしましょう。さらに、変数名の行は1行目だけにし、またExcelでローデータを入力する場合であっても「セルの結合」機能も使わないようにしましょう。ExcelファイルはSPSSなどほかのソフトウェアから読み込むこともできるので、なるべく汎用性の高いつくり方をしておくのがよいのです。

2.6 複数回答のコーディング

データファイルのなかでは、各ケースを行、各変数を列にしてデータを入力するというのは先に述べた通りです。したがって前節でみたように、基本的には1つの列が1つの変数、端的にいうと1つの質問に対応しています。ところが、「あてはまるものにいくつでも○をつけてください」といった文言で問う

[※13] Excelのなかで、縦と横の線に囲まれた1つひとつの箱のことです。「セル」とは英語で細胞をあらわしています。

[※14] この本ではあつかいませんが、変数名が連番規則にしたがっていると、SPSSなどでプログラムを書く際に都合がよいことがあります。

複数回答（多重回答、多肢選択法ともいう）の設問の場合は少し注意が必要です。もし、複数回答の選択肢2と6を選んだからといってセルのなかに「2, 6」などと入力してしまうと、あとで Excel での集計や分析をするのが非常に困難になってしまい、好ましくありません。

したがって、複数回答の場合は少し工夫が必要です。どのようにするかというと、それぞれの選択肢を、あたかも二者択一の質問文が複数並んでいると考えるのです。そして、○をつけられた選択肢には「1」を、○をつけられなかった選択肢には「0」を割り当てるのです。これを、**ダミーコード化**[※15]（dummy coding）といいます。

Q8. あなたは次に挙げる会や組織に入っていますか。
　　加入している会や組織にすべて○をつけてください。

　①. 政治関係の団体や会　　　5. 市民運動・消費者のグループ
　②. 業界団体・同業者団体　　6. スポーツ関係のグループ
　3. ボランティアのグループ　　7. 趣味や学習の会
　4. PTA　　　　　　　　　　　 8. その他（具体的に：　　　　　）

↓ あたかも二者択一の質問文が複数並んでいるかのように考える

Q8. あなたは次に挙げる会や組織に入っていますか。

	入っている	入っていない
Q8-1. 政治関係の団体や会	①	0
Q8-2. 業界団体・同業者団体	①	0
Q8-3. ボランティアのグループ	1	⓪
Q8-4. PTA	1	⓪
Q8-5. 市民運動・消費者のグループ	1	⓪
⋮	⋮	⋮

図 2.8　複数回答の質問のダミーコード化

たとえば、Q8 という複数回答の質問において選択肢1に○をつけず、選択肢2に○をつけていたとすると、あたかも Q8-1 という質問で「入っていない = 0」と答え、Q8-2 の質問に「入っている = 1」と答えたと考えるのです。そして、データファイルのなかでは、Q8-1 という変数の列をつくってその値に

※15　ここでの意味は、複数回答の変数の値を、1か0の2値をとる個別の変数に置き換えていくこと。

0を、Q8-2という変数の列をつくってその値として1を入力します。

つまり複数回答項目のダミーコード化とは、個々の選択肢すべてに列をとり、各々の選択肢に○がついていれば（選択されていれば）1を入力し、選択されていなければ0を入れる、というデータのコーディング方法です。

Q1	Q2	Q3	…	Q8-1	Q8-2	Q8-3	Q8-4	Q8-5
1	2	3	…	1	1	0	1	0
2	4	3	…	1	0	0	0	1
1	5	5	…	0	0	0	0	1
1	1	2	…	0	1	1	0	0
2	3	1	…	0	0	1	1	1
⋮	⋮	⋮	…	⋮	⋮	⋮	⋮	⋮

単一選択法の質問は変数のコードをそのまま各セルに入力する

複数回答の質問については、選択肢ごとに列をつくり、ダミーコード化して（○をした選択肢に1、それ以外は0）で入力する

図 2.9　複数回答の質問のデータの入力

複数回答をダミーコード化するとなぜ Excel を使う上で都合がよいのかというと、たとえば Q8 の選択肢1に何名が○をつけたかを知るのに、変数 Q8-1 に1を入力した人を数えればよいからです。より簡単にいうと、Q8-1 の列を縦に足し算すればわかるのです。このことは、Excel の使い方をマスターすればすぐにピンとくるでしょう。具体的な計算方法はともかく、複数回答の質問は、データファイルでこのようなダミーコード化された形式で入力されていることが多いということをおぼえておいてください。

2.7 変数の尺度レベル

量的調査は質問への回答として測定する変数を数値や数値化されたコードで表現しますが、数値だからといって必ずしも測定内容の数量を意味するわけではありません。変数の測定値は、その情報の性質によって、次の4つの**尺度レベル**（scale level）に分類できます。

- **名義尺度（nominal scale）**

  測定値が、単なる対象の区別（カテゴリー分類）を指すような尺度です。代表的な例は性別に男性＝1、女性＝2といったコードを割り当てるような場合で、この数字の大小に意味がないことは明らかでしょう。子供はこういったコードのある資料をみると、中性的な友達を指して「お前は1.5だ！」という冗談をしばしばいったりします。これがジョークとして成り立つということは、子供もこのようなコードが名義的な意味しかもたないことを直感的にわかっているのでしょうか。カテゴリー間の違いは、計数（人数や個数をカウントすること）で把握します。この尺度で測定された変数の値について平均値を計算してもなんの意味もありません。

- **順序尺度（ordinal scale）**

  測定値が対象間の順序づけを示す尺度で、区別に加えてカテゴリー間の順序関係がわかるものです。たとえば回答者の最終学歴を中学卒＝1、高校卒＝2、大学卒＝3とコードした変数のような場合です。名義尺度と異なり、この例では数字が大きくなるほど長く教育を受けているという順序性があります。ただし、この変数の値の差が同じであってもそれが示す内容が等しいことを意味しないことは、上の最終学歴の例で1と2の差、2と3の教育年数の違いを考えれば明らかでしょう。社会調査では、最終学歴や所得階層などで必ずといっていいほど用いられる尺度ですし、ある意見への賛否や満足度の強さといった意識・態度・嗜好の測定で多用します。この尺度で測定された変数も、カテゴリー間の違いは計数（人数や個数の違い）で把握します。

- **間隔尺度（interval scale）**

  測定値が対象間の順序のみならずその差の大きさも示すもの。たとえば摂氏の温度やIQ得点などです。ただしその原点（0値）は任意に定めたもので、「まったくない」という意味ではありません。そのため測定値間の関係を差（間隔）のかたちで示すことはできますが、比（倍数）ではあらわせません。たとえば「今日の気温は東京が20℃、札幌が10℃です」ときいて「東京は札幌の2倍暑いね」というと笑われてしまいます。したがって、間隔尺度で測定された変数のカテゴリー間の差は、和・差によって把握することになります。ただし、「東京と札幌の気温差よりも、東京とシンガポールの気温差のほうが1.2倍大きい」というように、

気温差を倍数で表現することは可能です。また、個体間で「平均値」を計算することもできます。

- **比率尺度**（ratio scale）
間隔尺度と同様に測定値が対象間の順序や差の大きさも示しますが、それに加えて原点（ゼロの値）が絶対的な意味をもつものです。たとえば、長さや重さ、あるいは所得や世帯人数などのように0が「なにもない」ことを示すようなものです。これにより、カテゴリー間の関係は順序や差だけでなく比（倍数）のかたちで示すことができます。20,000円もっている人は10,000円もっている人に対して2倍のお金をもっているといえます。もちろん、10,000円多くのお金をもっているといってもよいのです。

2.7.1 質的変数と量的変数

変数の測定値には実はもっと簡単な分類があり、**質的変数**（qualitative data）と**量的変数**（quantitative data）という区分方法です。これは測定値が本来的に離散的（＝飛び飛びの値をとる）であるか、それとも連続的（＝中間的な値を無限につくり得るもの）なのかでわける区分です。おおざっぱにいえば名義尺度と順序尺度はおおむね質的変数になり、順序尺度と比率尺度は量的変数になります。

ただし順序尺度であっても、意見への賛否や態度を4段階や5段階、7段階などで質問したりする場合（4件法、5件法、7件法などと呼ぶ）には、量的変数としてあつかってもかまわないといわれています。というのは態度や意見・嗜好といったものは本来的に連続的な概念だといえるので、4件や5件で測定される選択肢も等間隔なものだと考えるのです。

したがって実際の分析においては、順序尺度では本来しないはずの平均値の計算もしばしばなされています。たとえば実務の場では、態度や意見・嗜好のそれぞれのコード値をスコアとして与えて平均値を計算し、満足度などの管理指標にするといったことがおこなわれることも多いのです。このような場合、順序尺度の変数は量的変数としても質的変数としても分析し得るのです。

もちろんさきほどの中学卒＝1、高校卒＝2、大学卒＝3とコード化した最終学歴のようにコード値が等間隔の意味をもたない場合は、量的変数としてあつかうことはできないので、平均値を計算しても意味がありません。

2.7.2 尺度レベルとデータ分析

　質的変数は、先に述べたように各カテゴリーに属する個数をカウントすることによってはじめて数量的に分析できます。したがって主な分析方法は、度数分布表やクロス集計表ということになります。

　一方、量的変数は平均値のような馴染みの深い指標を計算してカテゴリー間や時点間の差をみることができます。また、個体の値のばらつきがどれくらい大きいのかという散布度についても計算することができます（☞第5章）。個体のもつ変数の値がそのまま数量的な意味をもつという点で、量的変数は統計的分析に結びつきやすいといえるでしょう。

　ここまで整理したように、変数の値がもつ情報は名義尺度→順序尺度→間隔尺度→比率尺度の右にいくにつれて豊かになり、変数の値の個体ごとの差やばらつきという点でも、前者のような質的変数よりも後者のような量的変数のほうがより情報を保つことができます。このことは、次項の設問づくりともかかわってきます。

2.7.3 尺度レベルと調査設問

　調査においては、1つの同じ概念を異なる尺度で測定し得る場合があります。たとえば「個人収入」を測定したいとき、「あなたご自身の昨年の収入はいくらでしたか」という質問文をつくって数字によって答えさせる（量的変数、この場合は比率尺度でデータを得る）方法と、「あなたご自身の昨年の収入が含まれる項目を、次のなかからお選びください」として、ある程度の幅をもったカテゴリーのなかから選ばせる（質的変数、この場合は順序尺度でデータを得る）方法があります。仮に個人収入が450万円の人と500万円の人がいるとします。前者のように数値そのもので答えてもらう方法では、この2つの個体の差が保たれます。これに対して、後者のように「400万円以上600万円未満」といったカテゴリーを設ける方法をとると、2人ともそこに含まれてしまいますので、2つの個体間の差を示す情報は残りません。

　したがって、個体差の情報を保ったまま測定したければ、量的変数となるような尺度水準で質問をつくったり、質的変数で測定する場合も細かいカテゴリーわけで質問をつくったりする必要があります。このように、同じ内容であっても質的にも量的にも測定し得る場合がありますが、なるべく情報の豊かな尺度となる質問を採用するほうがよいでしょう。

2.7 変数の尺度レベル

2人の調査対象（個体）
Aさん 年収450万円
Bさん 年収500万円

量的変数としてデータを得る質問の例

Q. あなた個人の昨年の年収を記入してください。
□ 万円

（Aさん）450 万円　（Bさん）500 万円
AさんとBさんのあいだの個体差が情報として残される

質的変数としてデータを得る質問の例

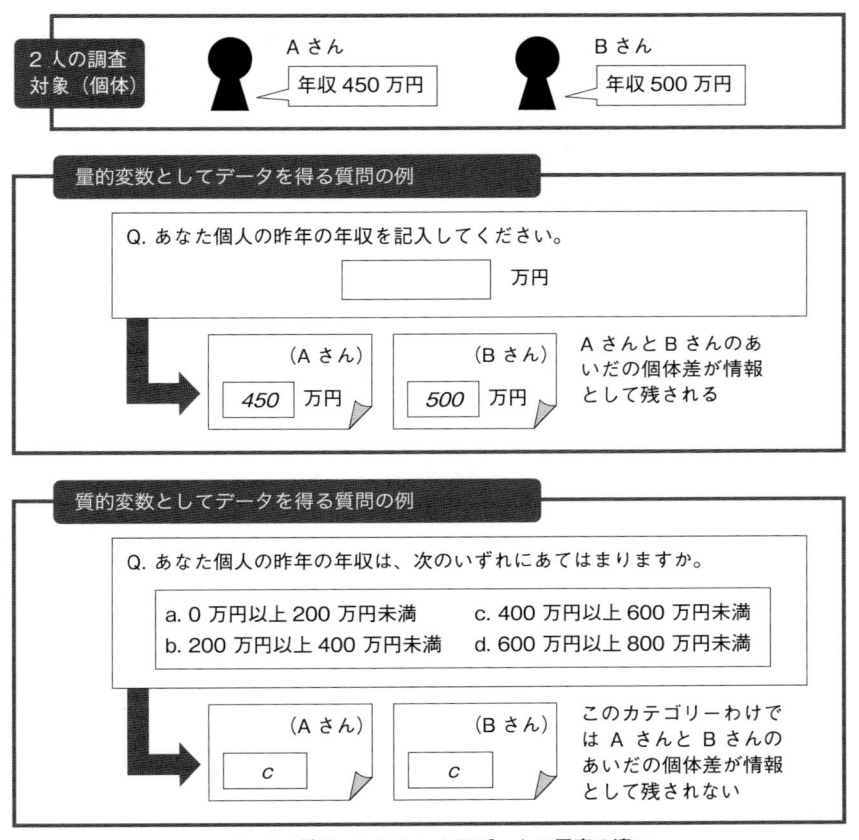

Q. あなた個人の昨年の年収は、次のいずれにあてはまりますか。
a. 0万円以上200万円未満　　c. 400万円以上600万円未満
b. 200万円以上400万円未満　d. 600万円以上800万円未満

（Aさん）c　（Bさん）c
このカテゴリーわけではAさんとBさんのあいだの個体差が情報として残されない

図2.10　質問のしかたによるデータの尺度の違い

　しかしながら実際の調査の上では、数値そのものを記すような質問は回答されにくい場合があります。無記名でおこなう統計的な調査であっても、収入や所得の額を正確に記すことには多くの人が抵抗を感じるでしょうし、年齢を数字できくことも調査対象によっては抵抗があるかもしれません。また、現住地での居住年数や過去の職歴における在職期間、さらには友人数などのように、数値での回答がなかなか正確に答えられないような場合もあります。そのような場合には、数値の区間（たとえば「5年以上10年未満」など）を選択肢として設けた質問にすることで、回答者の負担や抵抗が少なくなるため答えてもらいやすくなります。いずれにせよ、ある概念を測定するのに1つの尺度しか用いられないわけではないことを心にとどめておいてください。

シグマ（Σ）を攻略しよう　　COLUMN

　統計学では、ややこしい計算の記述を簡潔にするために数学記号が多用されます。ここでは、最低限知っておいてほしい数学記号として、データの合計を意味するシグマ（Σ）記号について触れます。

　2.5 節ではケース・変数・値の説明をしました。一般に、個々のケースは i という番号を振って表現します。1 番目のケースを $i=1$、100 番目のケースを $i=100$、n 番目のケースを $i=n$ と書きます[※16]。ある変数において個々のケースがとる具体的な値は、変数記号（ここでは x としましょう）の右下に小さなケース番号 i をつけて表現します（図 2.11）。

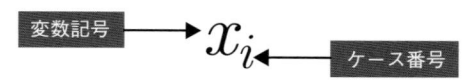

変数記号 → x_i ← ケース番号

図 2.11　変数記号とケース番号

　仮に個人をケース i、その人の年収を変数 x とすれば、1 番目の人の年収を x_1、100 番目の人の年収を x_{100}、n 番目の人の年収を x_n と書きます。

　Σ 記号は、これをふまえて表記されます。1〜n 番目のケースの値を合計する場合、通常の表記法では $x_1 + x_2 + \cdots + x_n$ とわざわざ書かかなければなりません。これが面倒なため、Σを使って図 2.12 のように書きます。

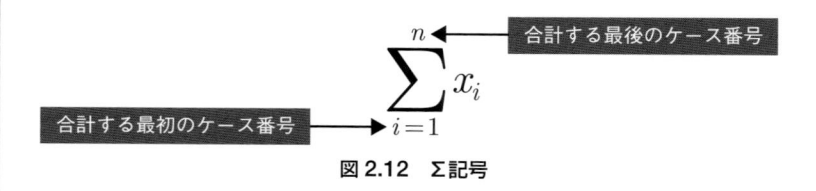

合計する最初のケース番号 → $i=1$　　合計する最後のケース番号 → n

$$\sum_{i=1}^{n} x_i$$

図 2.12　Σ記号

　変数記号の前に Σ を書き、下に合計する最初のケース番号、上に合計する最後のケース番号をつけます。文中でコンパクトに表記したい場合、$\sum_{i=1}^{n} x_i$ と書くこともありますし、上下のケース番号を省略して単に $\sum x_i$ と書くこともあります[※17]。

　なお、この表記法を使えば途中までの合計も表現できます。

　　　　2〜100 番目のケースの値を合計：　　$\sum_{i=2}^{100} x_i$

　　　　1〜最後の 1 つ手前のケースの値を合計：$\sum_{i=1}^{n-1} x_i$

※16　慣例的に、最後のケース番号を n とすることが多いです。
※17　この場合、シグマの示す合計は、すべての i について、x_i をすべて足し合わせるという意味です。

【文献】

村瀬洋一・高田洋・廣瀬毅士編, 2007, 『SPSS による多変量解析』オーム社．
安田三郎・原純輔, 1982, 『社会調査ハンドブック (第 3 版)』有斐閣．
原 純輔・海野道郎, 2004, 『社会調査演習』(第 2 版) 東京大学出版会．

第3章

Excelによる社会調査データの操作・加工

3.1 ▪▪ Excelの基本操作

3.1.1　表計算ソフトと統計用ソフト

　社会調査データの分析にはパソコンを使いますが、調査データの分析に使われるソフトウェアを大きくわけると、①表計算ソフト、②統計用ソフト、の2種類があります。

　表計算ソフトとは、この本でも使うExcelのように、たくさんの行と列からなる表（シート）を作成し、情報の整理や集計をおこなうことができるソフトウェアのことです。表には数字だけでなく文字データを記入したり、枠線や色をつけたりすることができ、スケジュール表や家計簿、会議の議事録、簡単なデータベースなどを作成できます。また、この本でこれから学ぶ「統計分析」も、表計算ソフトでできることの1つです。

　統計用ソフトとは、統計分析のためにつくられた専門的なソフトウェアで、代表的なものにSPSS、SAS、Stataなどがあります。統計用ソフトは表計算ソフトのようにスケジュール表を自由につくったりすることはできませんが、大量のデータの複雑な計算を素早く正確におこなうことができます。

　この本では、代表的な表計算ソフトであるExcelを使って、統計分析を学びます。というのも、多くの統計用ソフトは高価であり、操作のために難しいプログラムが必要だったりするからです。また、統計用ソフトはすでに統計分析を学んだ人のためにつくられているので、分析の途中経過をすべて省略した分

析結果しか表示されません。そのため、初学者が統計分析を学ぶには向いていないのです。

これから統計分析を学ぶみなさんにとっては、表計算ソフトを使って1つひとつパソコンの計算結果を確かめていくほうが、はるかに学習の効率がよいのです。そして表計算ソフトといえども、きちんと使いこなせば、かなり高度な統計分析までおこなうことができます。それではさっそく、Excelの基本的な操作法からはじめて、統計分析を学ぶ準備をすることにしましょう。

3.1.2 Excelを立ち上げよう：画面構成と基本的な用語

まずは、Excelを立ち上げましょう。Windowsのデスクトップ画面の左下にある［スタート］ボタンをクリックします。そこから、［すべてのプログラム］→［Microsoft Office］→［Microsoft Office Excel 20xx（バージョン名）］をクリックしましょう。Excelが立ち上がり、画面が表示されます。Excelを操作するための基本的な用語をおぼえましょう（図3.1）。

図3.1　ウィンドウ各部の名称

① **タイトルバー**：一番上のタイトルバーには、Excelのファイル名が表示されます。なお、Excelのファイルのことを**ブック**と呼びます。

② **Office ボタン（Excel 2010 以降では［ファイル］メニュー）**：クリックするとメニューが表示され、ブックの新規作成や保存や印刷ができます。［上書き保存］は、使用中のブックをいま開いている同じファイルに保存します。［名前を付けて保存］は、使用中のブックに新しい名前をつけて新しいファイルをつくります。もともとのファイルは上書きされずに残ります。

③ **リボン**：「リボン」にはさまざまな機能をもったボタンやメニューが並んでいます。［ホーム］から［表示］まで7つあるタブをクリックすると、リボンの種類を切り替えることができます。

④ **ワークシート**：画面の大半を占める部分は、ワークシートと呼ばれる表になっています。Excel ブックは、ワークシートが集まったものです。

3.1.3 ワークシートへの入力法

Excel では、ワークシートにさまざまなデータや数式を入力して情報を処理します。ワークシートは、1 からはじまる**行**（row）と A からはじまる**列**（column）からなる、**行列**（matrix）のかたちになっています。行列のなかの個々のマス目を**セル**（cell）といいます（図 3.2）。

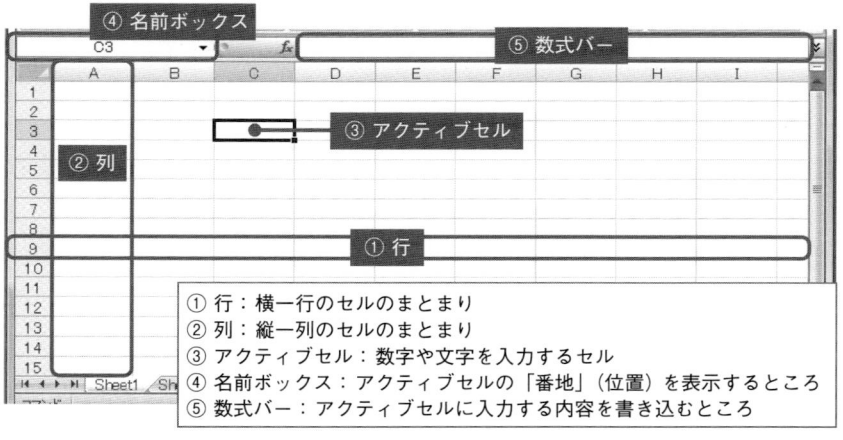

図 3.2　ワークシート各部の名称

ワークシートのなかのセルを、どこでもよいのでクリックしてください。そのセルが黒い太線で表示され、キーボードを使って数字や文字を入力できるようになります。このように、数字や文字を入力できる状態になったセルのことを**アクティブセル**と呼びます。

ワークシートの左上の部分にある**名前ボックス**には、現在アクティブな**セル番地**（位置）が表示されます。図3.2では、C列の3行目がアクティブセルになっています。

(1) 文字列の入力：[Enter] キーと [Tab] キーでの移動

それでは、図3.3を参考に、文字列を入力してみます。まずセルA1をアクティブにして「名前」と打ち込み、[Enter] キーを押します。すると、アクティブセルが下の行のセルA2に移動します。そこで「じろう」と入力して [Enter] キーを押すとセルA3に移動します。同じように、セルA10の「じゅうろう」まで入力しましょう。このように、[Enter] キーを押すとアクティブセルが下の行に移動するので、次々に入力作業をおこなうことができます。

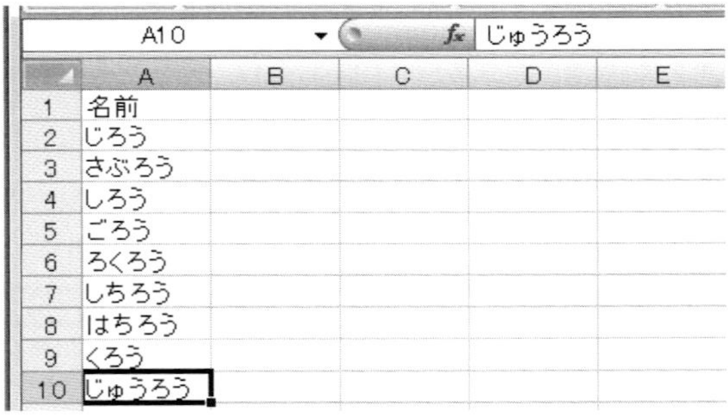

図3.3 [Enter] キーによる縦移動

こんどはセルB1に「時給」と入力し、[Tab] キーを押しましょう。すると、アクティブセルが右の列のセルC1に移動します。そこで「貯金」と入力します（図3.4）。このように、[Tab] キーを押すとアクティブセルが右の列に移動するので、次々に入力作業をおこなうことができます。

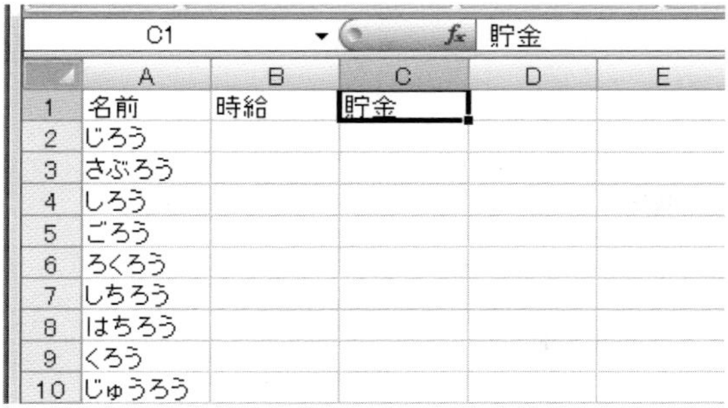

C1 fx 貯金

	A	B	C	D	E
1	名前	時給	貯金		
2	じろう				
3	さぶろう				
4	しろう				
5	ごろう				
6	ろくろう				
7	しちろう				
8	はちろう				
9	くろう				
10	じゅうろう				

図 3.4 [Tab] キーによる横移動

(2) 数字の入力：[Tab] キーと [Enter] キーの合わせ技

こんどは、セル B2 をアクティブにして「750」(半角数字) と入力し、[Tab] キーを押します。移動先のセル C3 に「7500」(半角数字) と入力し [Enter] キーを押します (図 3.5)。

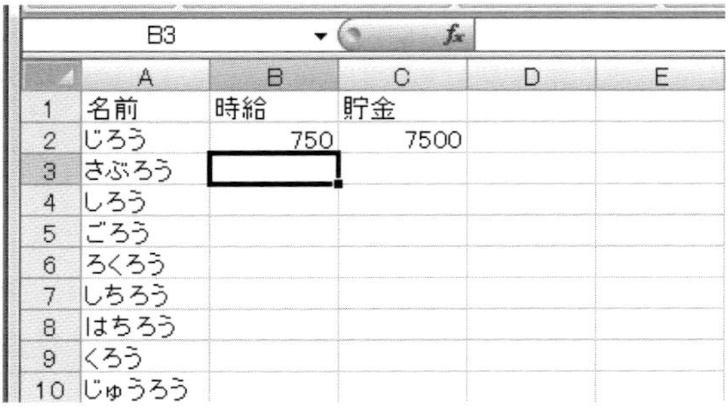

B3 fx

	A	B	C	D	E
1	名前	時給	貯金		
2	じろう	750	7500		
3	さぶろう				
4	しろう				
5	ごろう				
6	ろくろう				
7	しちろう				
8	はちろう				
9	くろう				
10	じゅうろう				

図 3.5 [Tab] キーと [Enter] キーによる連続入力

するとセル B3 に移動するので、図 3.6 をみながら、残りのセルにも同じように数値を入力していきましょう (数値を間違わないように注意すること！)。このように、[Tab] キーで 1 行分のデータを入力してから [Enter] キーを押すと、“データ入力を開始した列の、次の行のセル” に移動するので、次々にデータ入力をおこなっていくことができます (図 3.6)。

図 3.6 文字列は左寄せ、数値は右寄せ

最後のセル C10 まで入力し終わったら画面をみてみましょう。このように、日本語（全角文字）やアルファベットの文字列をセルに入力すると、初期設定では「左寄せ」で表示されます。他方、数値をセルに入力すると、初期設定では「右寄せ」で表示されます。

（3）行と列の挿入

さて、ここまでデータを入力してきましたが、実は「いちろう」のケースの入力を忘れていたことに気づきました。また、「学校」の変数も抜けていました。新たに「いちろう」の行と「学校」の列をつくる必要があります。このようなときには、行や列の「挿入」をします。

まず行を挿入してみましょう。図 3.7 を参考に、2 行目の行番号の上でマウスを右クリックします。メニューから［挿入］を選ぶと、2 行目に空白の行が挿入されます。そこでセル A2 から C2 まで、データを入力します。

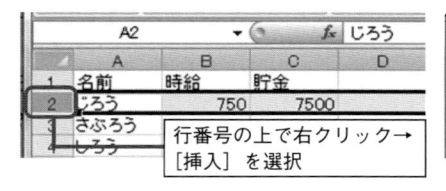

図 3.7 行の挿入

次に列を挿入してみましょう。行のときと同じように、B 列の列番号の上で右クリックし［挿入］します。そこにあらたに「学校」の変数を作成し、データを順番に入力していきましょう（図 3.8）。

3.1 Excel の基本操作 | 41

図 3.8 列の挿入

吹き出し:列番号の上で右クリックして［挿入］を選択、新しい列を「学校」変数としてセル B11 までデータを入力

（4）オートフィル：通し番号の作成

最後に各ケースの「ID 番号」を作成します。社会調査データでは、各ケースを間違いなく区別できるように、1つのケースに1つの名前（番号）が対応するようにしておく必要があるのです。

さきほどと同じように A 列に新しい列を挿入します。挿入されたセル A1 に「id」と入力し、セル A2 に「1」、セル A3 に「2」と入力してください（数字は半角文字）。そうしたら、いま 1 と 2 を入力したセル（A2 と A3）を同時に選択します。

> 複数のセルを同時に選択するには、① マウスでドラッグする、②「Shift」キーを押しながらカーソルキーで選択する、③「Ctrl」キーを押しながらマウスで順番にクリックする、などの方法があります。

同時に選んだら、2つのセルを囲んでいる太線の右下に注目します。そこにある小さな「■」にマウスのポインタを乗せると、ポインタが「＋」のかたちに変化します。この部分を**フィルハンドル**といいます。そこで、マウスのボタンを押したまま、セル A11 までドラッグしましょう。すると、通し番号が自動入力されます（図 3.9）。

> フィルハンドルをダブルクリックしても同じ結果が得られます。

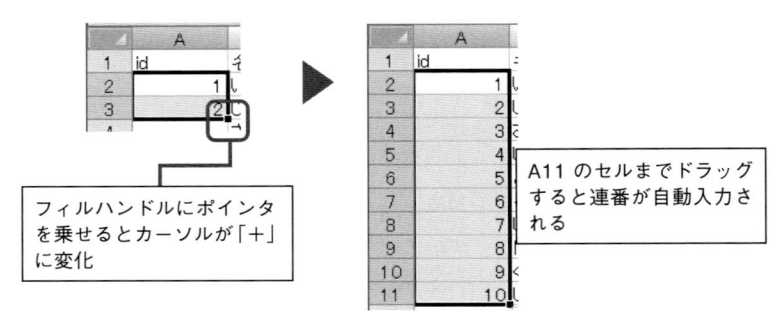

図3.9 オートフィル

　この機能を**オートフィル**といいます。今回は「1」「2」だったので整数が入力されましたが、「1」「3」なら奇数が入力され、「2」「4」なら偶数が入力されます。「1」だけならすべてのセルに1が入力されます。オートフィルを使うと、このようにさまざまな規則に基づく自動入力をおこなうことができます。

(5) セルの着色・枠線

　以上でデータの入力は完成しました。仕上げに、変数名と値を区別できるよう、表に色をつけて枠線を書きます（図 3.10）。

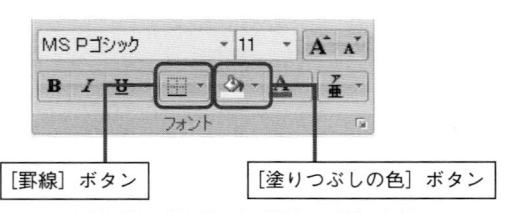

図 3.10　［罫線］と［塗りつぶしの色］

　A1からE1までのセルを同時に選択します。そして、［塗りつぶしの色］ボタンを押すと、選択したセルが着色されます。

> ボタン右側の▼をクリックすると、さまざまな色が選べます。

　次に、A1からE11までの範囲全体を選択します。そして［罫線］ボタン右側の▼をクリックします。メニューが出てくるので［格子］をクリックします（図 3.11）。すると、表全体に枠線が引かれます。

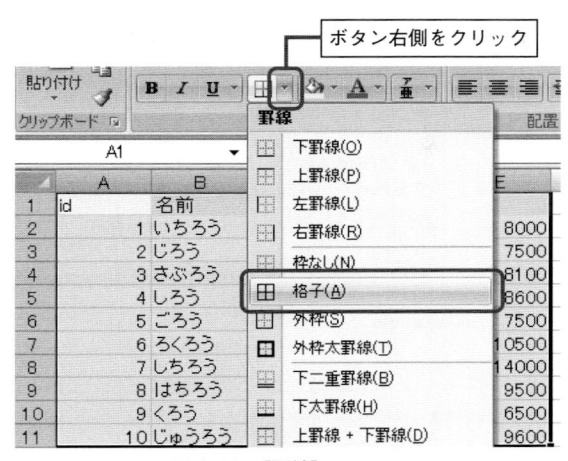

図 3.11 [罫線] メニュー

3.1.4 書式の設定

さて、こうしたセルの着色や罫線やフォント、のちほど 3.2.3 項であつかう「表示形式」や小数桁数など、Excel のセルや文字や数値の表示方法に関するさまざまな設定は、[セルの書式設定] を使って詳しくおこなうことができます。

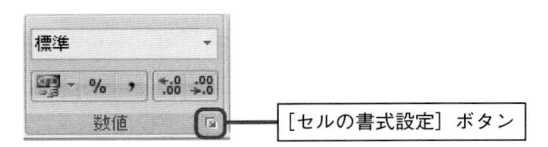

図 3.12 [セルの書式設定] ボタン

[セルの書式設定] ボタン（図 3.12）を押すと、ダイアログボックスが表示され、詳しい書式設定をおこなうことができます。ダイアログボックスの各タブから設定をおこない、なるべくみやすい表をつくるようにしましょう（図 3.13）。

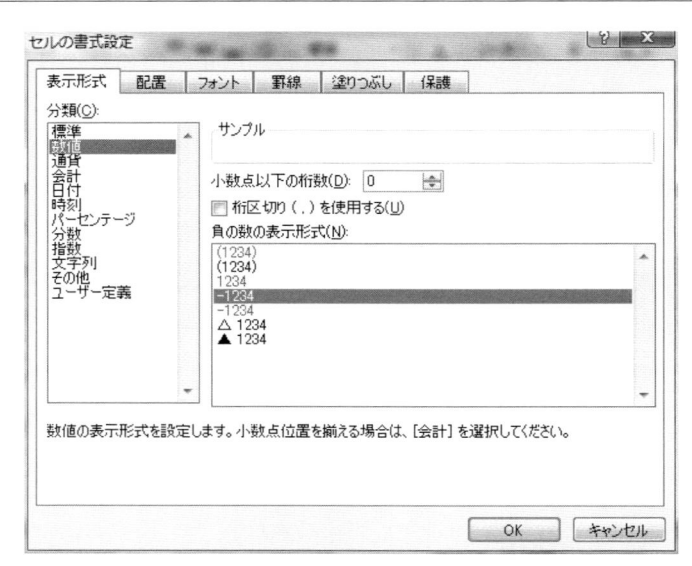

図 3.13 ［セルの書式設定］ダイアログボックス

さて、以上でひとまず、データ入力は完成としましょう。実は、ここまでの作業で、みなさんは 1 つの**データセット**（data set）を入力したことになります。社会調査データは、さまざまな変数の値をもつ、たくさんのケースからなります（☞ケース・変数・値については 2.5 節参照）。このワークシートの各列が変数、各行がケースです。「名前」「学校」「時給」「貯金」は変数名です。「名前」変数には、各ケースの名前が値として入っています。「貯金」変数には、各ケースの貯金額が値として入っています。社会調査のデータは、基本的にこのように構成されているのです（図 3.14）。構造はとても簡単ですね。

id	名前	学校	時給	貯金
1	いちろう	大学	850	8000
2	じろう	高校	750	7500
3	さぶろう	大学	1050	8100
4	しろう	大学	910	8600
5	ごろう	高校	650	7500
6	ろくろう	大学	990	10500
7	しちろう	大学	1200	14000
8	はちろう	大学	1100	9500
9	くろう	高校	700	6500
10	じゅうろう	高校	900	9600

図 3.14 完成したデータ

最後に、入力したデータを忘れずに保存します。[Office]ボタンをクリックし、[名前を付けて保存]か[上書き保存]をして、ファイル名は「収入と貯金データ」としておきましょう。

課題●データ入力の練習

以下の通りにデータを入力し、ファイルを保存しましょう。

- 数字の入力ミスに注意すること。
- ファイル名は「関東地方の人口（2005年国勢調査）.xlsx」など、すぐにわかる名前にすること（このファイルはあとで使います）。

	A	B	C	D	E	F
1	県コード	県名	人口総数	男性人口	女性人口	一般世帯数
2	8	茨城県	2975167	1479941	1495226	1029481
3	9	栃木県	2016631	1002114	1014517	705206
4	10	群馬県	2024135	996346	1027789	724121
5	11	埼玉県	7054243	3554843	3499400	2630623
6	12	千葉県	6056462	3029486	3026976	2304321
7	13	東京都	12576601	6264895	6311706	5747460
8	14	神奈川県	8791597	4444555	4347042	3549710
9						

3.2 数式の入力

ここまでの作業では「データ入力」を体験しながら、Excelの基本的な使い方を学んできました。いよいよここから、Excelを使った「データ分析」の方法を学んでいきます。ただしあせらずに、基本中の基本からはじめましょう。

3.2.1 Excelでの計算事始め

はじめに、任意のセルに半角英数字で次のように入力してください。

　＝1+2+3+4

すると、自動的に答えの「10」が表示されました。このとき、セルのなかには計算された答えの数値が表示されていますが、数式バーにはもともとの数式「＝1+2+3+4」が表示されていることに注意してください。

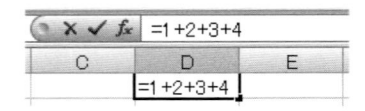

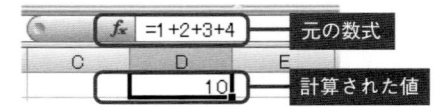

図 3.15　数式による計算と数式バー

　先頭に「＝」をつけた数式を入力すると、このように、Excel は自動的に計算をおこないます。セルには計算された値が表示され、セルのなかに実際に入力されている内容（数式）は数式バーに表示されます。

> Excel では数式を入力すると自動的に計算された答えが表示されてしまいます。計算後の答えではなく、もともとの数式を表示させたいときには、［セルの書式設定］ボタン→［表示形式］で［文字列］を選択したあとに入力するか、「'=1+2」のように数式の前にアポストロフィ記号を入力します。

3.2.2　演算子と優先順位

　Excel では、加減乗除の単純な四則演算から、複雑な計算までおこなうことができます。基本的な演算子は表 3.1 の通りです。

表 3.1　演算子

演算	記号	読み	入力例	表示される値
足し算	＋	プラス	=6+3	9
引き算	－	マイナス	=6−3	3
掛け算	＊	アスタリスク	=6*3	18
割り算	／	スラッシュ	=6/3	2
累乗	^	キャレット	=6^2	36
平方根（関数）	SQRT( )		=SQRT(36)	6

　ここで、計算の優先順位を思い出しておきましょう。加減乗除が入り混じった複雑な式では、以下の順で計算がおこなわれます。

① 累乗と平方根
② 掛け算と割り算（複数あるときには先に出てきたほうが優先）
③ 足し算と引き算（複数あるときには先に出てきたほうが優先）

　掛け算や割り算のある数式のなかで、足し算や引き算を先におこないたいときには、優先する計算をカッコ（　）でくくります。以下の数式を入力して、出力される答えが計算通りであることを確かめましょう。

入力：$=1+2+3*4$　　答え：$1+2+3×4=1+2+12=15$
　　　$=(1+2+3)*4$　　　$(1+2+3)×4=6×4=24$
　　　$=3+5/2$　　　　　$3+5÷2=3+2.5=5.5$
　　　$=(3+5)/2$　　　　$(3+5)÷2=8÷2=4$

3.2.3　小数桁数の調整・数式の文字列化

　どこか適当なセルに「=10/3」と入力してください。計算結果は「3.33333333」と表示されますが、これを小数第3位までの表示に調整してみましょう。

　小数桁数を調整するには、[ホーム]タブの[数値]グループにあるボタンを使用します。[小数点以下の表示桁数を減らす]をクリックして表示を「3.333」にします（図3.16）。

　こんどは「=10/3」のような数式をそのまま表示してみましょう。しかしここで「=10/3」をそのまま入力すると、自動的に計算結果の「3.333…」が出てきてしまい、数式を表示することができません。

　このように計算結果ではなく数式を表示したいときには、そのセルをアクティブにして、[セルの書式設定]ボタン→[表示形式]で[文字列]を選択します。その後、そのセルに「=10/3」と入力すれば、計算すべき数式ではなく単なる文字列としてあつかわれ「=10/3」とそのまま表示することができます（☞より詳しい書式設定のしかたについては3.1.4項参照）。今後さまざまな表をつくっていく際に必要になるテクニックなのでおぼえておきましょう（図3.16）。

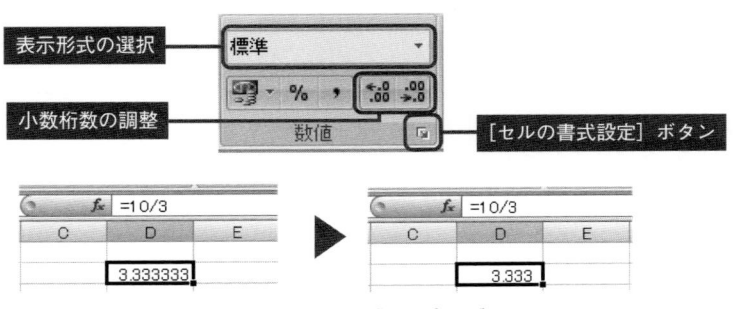

図3.16　書式の設定など

3.2.4 数式入力の注意点

Excel で数式を使って計算するときに、よくある失敗をあげておきますので、混乱しないように注意してください。

① 「=」の入力し忘れ

数式を入力して計算するためには、はじめに「=」を入れなければなりません。「=」を入れないときには、ただの文字列として表示されます（図 3.17）。

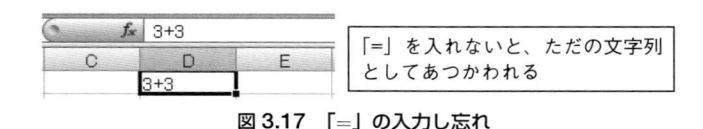

図 3.17 「=」の入力し忘れ

② 0（または空白）での割り算

数学には「0 でほかの数を割ることはできない」というルールがあります。そのため、Excel でこれをおこなうとエラーメッセージが表示されます（図 3.18）。とくに、すぐあとで学ぶ「セルの参照」を使うとき、このエラーが生じやすいので注意しましょう。エラーが出てもあわてずに、数式をなおすか削除しましょう。

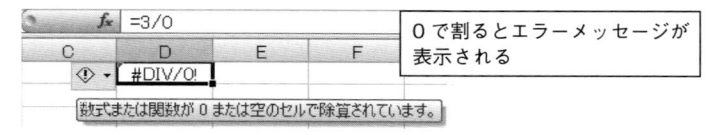

図 3.18 「0」での割り算はできない

3.3 セルの参照

Excel には「セルの参照」という便利な機能があります。セルの参照を使うと、以下のような利点があります。

① すでに入力されているデータを使って、いろいろな計算ができる。
② データが変わったときに、数式を入力しなおす必要がない。
③ 同じ計算の繰り返しが楽になる（数式のコピー）。

これらの利点を 1 つひとつ体験してみましょう。

3.3.1　入力済みのセルの参照

3.1 節の課題で入力した「関東地方の人口」データのワークシートを開いてください。そのデータを使って、茨城県と群馬県の総人口の差を計算してみましょう。ここでいちいち「＝2975167–2024135」のように入力する必要はありません。図 3.19 のように、適当なセルに「＝C2–C4」と入力してください。すると「951032」という答えが出るはずです。茨城県の人口は群馬県の人口よりも 951,032 人多いことがわかりました。

> 式の入力は、小文字でもかまいません。

入力中は参照元の文字と参照先のセルの枠が同じ色になる

セル C2 からセル C4 を引いた値が計算される

図 3.19　セルの参照

さて、いま入力した「＝C2–C4」という数式の「C2」と「C4」は、セル番地をあらわしています。セル C2 には茨城県の総人口が、セル C4 には群馬県の総人口がすでに入力されています。この数式では、すでにデータが入力されたこれらのセルを参照することで、新たに数値を打ち込む手間を省くことができるのです。これを**セル参照**といいます。セル参照は、マウスで入力することもできます。

> 「＝」から始まる数式を入力中に、セルをクリックしたりドラッグしたりすることで参照先のセルとして数式のなかに入力することができます

① 任意のセルにまず「＝」を入力する。
② 参照先のセル（C2）をクリックする。
③「–」を入力する。
④ 参照先のセル（C4）をクリックする。

3.3.2 参照先のデータの変更

こんどは、計算に使っているデータが誤りだったとして、それを修正するときのことを考えます。ここではかりに、茨城県の人口総数の正しいデータは「3000000」だったとしましょう。この場合も、いちいち計算のための数式を入力しなおす必要はありません。参照先であるセル C2（茨城県の総人口）の数値を「3000000」に修正します。すると、数式の計算結果も自動的に修正されます（図 3.20）。

図 3.20 参照先のセルの数値の変更

このように、セルの参照を使えば、データの修正をしても自動的に計算をおこなうことができ、一度書いた計算式を書きなおす必要がありません（今回はセルの参照を試すために「3000000」を入力しただけなので、もとの値「2975167」に戻しておいてください）。

> ⚠ 一度おこなった操作の取り消しを「アンドゥ」といいます。Windows では［Ctrl］＋［Z］キーでアンドゥできます。

3.3.3 計算の繰り返し（数式のコピー）

さてこんどは、各県の「一世帯あたりの人口」を比べてみます。このとき、セルの参照を使わないと、7つの自治体について1つひとつ数式を入力しなければなりません。しかしセル参照を使えばその必要はありません。

まず［関東地方の人口］シートの一番右側（セル G1）に、「1世帯あたり人口」と入力しましょう。そこで、セル G2 に「=C2/F2」と入力すれば、茨城県の1世帯あたり人口が計算されます。

> ⚠ 「1世帯あたり人口＝人口総数÷世帯数」で計算できます。

さてここから先のほかの県のぶんは、いちいち同じように数式を入力する必要はありません。いま入力したセル G2 をコピーしてセル G3 に貼り付け（ペースト）するだけでいいのです（図 3.21）。

> ⚠ 「コピー」とは、文字や数字や画像などさまざまな情報を、コンピュータのクリップボードという場所に一時的に保存することをいいます。
> コピーと似た操作に「切り取り」（カット）があります。カットの場合はコピーとは違って、クリップボードに一時的に保存する情報が、もとの場所に残りません。
> コピーやカットをしてクリップボードに保存した情報は、すきなところに「貼り付け」（ペースト）して利用できます。
> コピーと貼り付けは、［ホーム］タブ 1 番左のボタンから実行できます。また、コピーは［Ctrl］+［C］キー、貼り付けは［Ctrl］+［V］キーというショートカットでも実行できます。よく使うので、おぼえておきましょう。

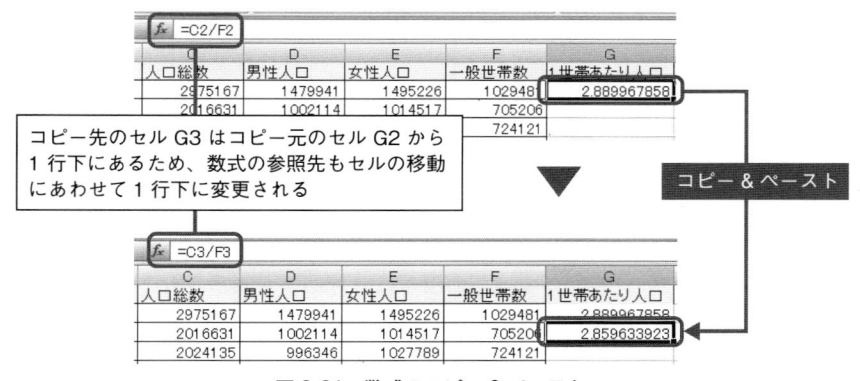

図 3.21　数式のコピー＆ペースト

すると、コピー先のセルにも、1世帯あたりの人口の計算結果があらわれました。数式バーで、セル G3 にコピーされた数式を確認してみましょう。コピー元のセル G2 に入力されていた数式は「=C2/F2」でした。コピー先のセルに貼り付けた数式は「=C3/F3」になっています。つまり、コピー先のセル G3 は、コピー元のセル G2 に対して1行ぶん下の位置にあります。そのため、コピーされた数式の参照先もそれにあわせて、自動的に1行ぶん下にズレたのです。そのため、いちいち参照先を入力しなおさなくても、ちゃんと3行目

（栃木県）の1世帯あたり人口が計算されるのです。

　このことがわかれば、残りの県についても同じようにコピー＆ペーストすれば、一気に入力できることがわかるでしょう。こんどは、セルG2の数式をコピーしたら、G3～G8までのセルの範囲を選択し、一気にペーストします（図3.22）。

> ⚠️ セルの一定範囲を選択するには、① マウスでドラッグする、② ［Shift］キーを押しながらカーソルキーで選ぶ、などの方法があります。

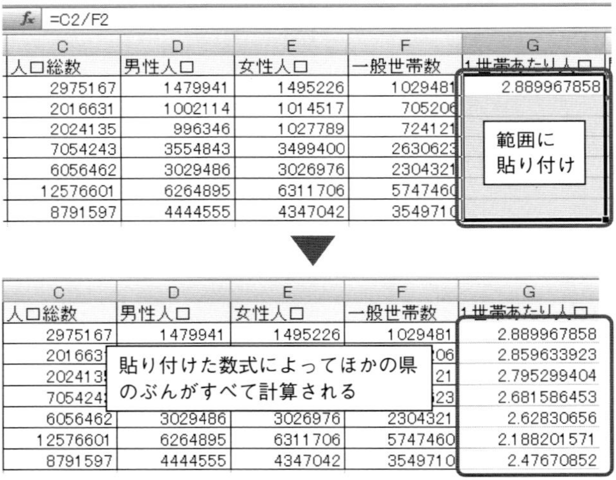

図3.22　広範囲へのペースト

　すると、選んでいた範囲のすべてのセルに計算結果が表示されます。コピー先のセルに貼り付けられた数式を確かめてみましょう。数式の参照先が、コピー元から移動した行のぶんだけ変更されているはずです。セルの参照のこのような性質を**相対参照**といいます。

　計算結果によると、関東地方で1世帯あたりの人口がもっとも多いのは茨城県で約2.89人、もっとも少ないのは東京都で約2.19人でした。神奈川県も少ないことから、なんとなく都市度が高いほうが1世帯あたりの人口が少なそうだと読みとれます（☞小数が多すぎる場合の調整方法は3.2.3項参照）。

3.3.4 相対参照

相対参照についてもう少し詳しく説明します。少しややこしいですが、理解しないとあとで苦労するので、少しがんばってください。

「相対的」[※1]というのは「〜との関係で」という意味です。さきほど学んだセルの参照も、同じように、「参照されるセルの位置が、数式のあるセルの位置との関係で決まる」ために「相対参照」というのです。

さきほどの例では、最初にセル G2 に「=C2/F2」と入力されていました。このセル C2 の位置を、G2 の位置との関係で考えてみましょう（図 3.23）。すると、セル C2 はセル G2 からみて〈同じ行・左に 4 列〉の位置にあります。また、セル F2 はセル G2 からみて〈同じ行・左に 1 列〉の位置にあります。したがって、セル G2 の数式は「〈同じ行・左に 4 列〉÷〈同じ行・左に 1 列〉」だといえることがわかります。

図 3.23 相対参照

この数式をコピーして G7 に貼り付けると「=C7/F7」に変更されます。しかし、この変更後の数式で参照されているセル C7 と F7 の位置を、G7 の位置との関係でみると、やはり「〈同じ行・左に 4 列〉÷〈同じ行・左に 1 列〉」であることがわかるでしょう。つまり、一見すると数式は変化しているのですが、数式のセルと参照先のセルの相対的な位置関係の情報はそのままコピーされているのです。

このように、参照先のセルの位置を、参照元のセルとの関係で（＝相対的に）決めるのが「相対参照」です。それに対して、参照先のセルの位置を表全体のなかで「絶対的に」決めるのが、次に学ぶ絶対参照です。

※1 学問的な本を読んでいると、たとえば「ものの見方は社会に相対的だ」といった考え方（相対主義）が出てきますが、これは「ものの見方は、社会との関係で、決まる」という意味になります。

3.3.5 絶対参照

さてこんどは、「各都道府県の人口が、関東地方の人口全体のうち、どのくらいの割合を占めているか」を調べてみましょう。

> 「各県の人口÷関東地方の人口」で計算できます。

まず関東地方の人口の合計を求める必要があります。セル B9 に「合計」と記入し、セル C9 に「=SUM(C2:C8)」と入力し、[Enter] キーを押してください。

	B	C	D	E
1	県名	人口総数	男性人口	女性人口
2	茨城県	2975167	1479941	1495226
3	栃木県	2016631	1002114	1014517
4	群馬県	2024135	996346	1027789
5	埼玉県	7054243	3554843	3499400
6	千葉県	6056462	3029486	3026976
7	東京都	12576601	6264895	6311706
8	神奈川県	8791597	4444555	4347042
9	合計	=SUM(C2:C8)		

図 3.24 SUM 関数による合計の計算

これでセル C9 に「41494836」という関東地方の人口の合計が計算されました。SUM は合計を求める関数（☞ 関数については 3.4 節で詳しく学びます）です。「C2:C8」は「セル C2 からセル C8 まで」という意味です。Excel では、ある範囲のセルを一度に参照するときに「:」記号を使います。

> 「:」はコロンと読みます。セミコロン「;」と似ているので注意しましょう。

次に、各県の人口が関東地方の人口に占める割合を計算していきます。まずは茨城県について計算しましょう。さきほどと同じようにセル参照を使います。さきほどの数式にしたがって、セル H2 に「=C2/C9」と入力します（図 3.25）。すると「0.0716996929449245」と表示されます。この数値の意味は、関東地方の人口を 1 としたときに、そのうち茨城県の人口の割合は約 0.072 すなわち 7.2%である、ということです（☞ 割り算の意味については第 4 章コラム参照）。これで茨城県については計算できました。

3.3 セルの参照

C	D	E	F	G	H
人口総数	男性人口	女性人口	一般世帯数	1世帯あたり人口	関東地方での割合
2975167	1479941	1495226	1029481	2.889967858	=C2/C9
2016631	1002114	1014517	705206	2.859633923	
2024135	996346	1027789	724121	2.795299404	
7054243	3554843	3499400	2630623	2.681586453	
6056462	3029486	3026976	2304321	2.62830656	
12576601	6264895	6311706	5747460	2.188201571	
8791597	4444555	4347042	3549710	2.47670852	
41494836					

図 3.25 相対参照での計算

それでは、さきほどと同じように数式をコピー＆ペーストして、自動的に計算してもらいましょう。セル H2 をコピーして、セル H3～H8 を選択し、[貼り付け] をしてみてください。すると、コピー先のセルに「#DIV/0!」（0 で割っている）というエラーメッセージが表示されてしまい、うまくいきません（図 3.26）。

C	D	E	F	G	H
人口総数	男性人口	女性人口	一般世帯数	1世帯あたり人口	関東地方での割合
2975167	1479941	1495226	1029481	2.889967858	0.071699693
2016631	1002114	1014517	705206	2.859633923	#DIV/0!
2024135	996346	1027789	724121	2.795299404	#DIV/0!
7054243	3554843	3499400	2630623	2.681586453	#DIV/0!
6056462	3029486	3026976	2304321	2.62830656	#DIV/0!
12576601	6264895	6311706	5747460	2.188201571	#DIV/0!
8791597	4444555	4347042	3549710	2.47670852	#DIV/0!
41494836					

図 3.26 相対参照のコピーによる失敗例

このような場合に使うのが**絶対参照**です。気をとりなおして、セル H2 に「=C2/ $C$9」と入力し [Enter] キーを押してみてください。するとさきほどと同じく、茨城県についての計算ができました。そこで、セル H2 をコピーして、セル H3～H8 に貼り付けてみましょう。すると、各県の人口が関東地方に占める割合が計算されました（図 3.27）。こんどはうまくいったようです。この「$」が絶対参照のしるしです。

fx =C2/$C$9

C	D	E	F	G	H
人口総数	男性人口	女性人口	一般世帯数	1世帯あたり人口	関東地方での割合
2975167	1479941	1495226	1029481	2.889967858	0.071699693
2016631	1002114	1014517	705206	2.859633923	0.048599565
2024135	996346	1027789	724121	2.795299404	0.048780407
7054243	3554843	3499400	2630623	2.681586453	0.170002913
6056462	3029486	3026976	2304321	2.62830656	0.145957005
12576601	6264895	6311706	5747460	2.188201571	0.303088341
8791597	4444555	4347042	3549710	2.47670852	0.211872075
41494836					

図 3.27　絶対参照のコピー

　なぜ絶対参照ではうまくいくのでしょうか。それは、絶対参照[※2]の場合、参照元のセルとは関係なしに、直接参照先のセルの位置を直接指定しているからです。

　相対参照で「C9」と書いた場合、参照元のセルからみた位置で、たとえば「〈同じ行・左に5列〉を参照する」という意味になります。それに対して、絶対参照で「$C$9」と書いた場合には、参照元のセルの位置とは無関係に直接「〈C9〉を参照する」という意味になります。そのため、セル H2 に入力した数式「=C2/$C$9」は「〈同じ行・左に5列〉÷〈C9〉」という意味になるのです。

fx =C5/$C$9

C	D	E	F	G	H
人口総数	男性人口	女性人口	一般世帯数	1世帯当たり人口	関東地方での割合
2975167	1479941	1495226	1029481	2.889967858	0.071699693
2016631	1002114	1014517	705206	2.859633923	
2024135	996346	1027789	724121	2.795299404	
7054243	3554843	3499400	2630623	2.681586453	0.170002913
6056462	3029486	3026976	2304321	2.62830656	
12576601	6264895	6311706	5747460	2.188201571	
8791597	4444555	4347042	3549710	2.47670852	
41494836					

図 3.28　絶対参照

　そこで、セル H2 からセル H5 に数式をコピー＆ペーストすると、コピーされた数式は「=C5/$C$9」に変化します。しかしこれをセル H5 からみると、「〈同じ行・左に5列〉÷〈C9〉」なので、コピー元のセル H2 の数式と同じ意味であることがわかるでしょう。そして重要なのは、絶対参照「$C$9」は、参照元からの相対的な位置に関係なくセル C9 を参照するので、コピーする前

※2　「絶対的」というのは「相対的」の反対で、「ほかのものとは関係なく」という意味です。

後で変化しないということなのです。

　それに対して、相対参照を使った数式をコピーしたのが図3.29です。このように、相対参照を使った「=C2/C9」をセルH2からセルH5にコピーした場合、参照元からみた相対的な位置の情報がコピーされるので、空白セルで割ってしまいます。そのために、エラーメッセージが出てしまったわけです。

図3.29　相対参照を使うと失敗した理由

このように、絶対参照と相対参照を使いこなせるようになると、Excelでの数式の入力はとても楽になります。

絶対参照：コピー元とコピー先で、まったく同じセルを参照したい場合
相対参照：コピー元とコピー先では、異なるセル（参照元との位置関係は
　　　　　同じ）を参照したい場合

　なお、絶対参照の「$」は、行と列についてそれぞれ指定することができます。

> [F4]キーを使うと「$」を楽に入力することができます。たとえば「=A1」を入力後[F4]キーを押すたびに「A1」→「$A$1」→「A$1」→「$A1」→「A1」の順に切り替わっていきます。

- 「C$9」は、参照先の行のみを固定したい場合（行のみ絶対参照）
- 「$C9」は、参照先の列のみを固定したい場合（列のみ絶対参照）

3.4 Excel 関数の基礎

さきほどわたしたちは SUM 関数を使って、セルの値の合計を求めました。関数というと難しい数学を思い浮かべるかもしれませんが、心配することはありません。Excel の関数は、( ) 内に入力された値に対して、決められたルールにしたがって一定の値を出力する機能のことです（図 3.30）。

入力 ➡ 関数（ルール） ➡ 出力

図 3.30 関数のイメージ

さきほど使った「=SUM(C2:C8)」を思い出してください。この SUM 関数は、( ) 内に入力された値の合計を計算するものです。「C2:C8」と入力されている場合には、セル C2〜C8 までの値の合計を自動的に計算してくれるのです（図 3.31）。

C2〜C8 の値 ➡ SUM 関数（合計） ➡ 41494836

図 3.31 SUM 関数のイメージ

Excel にはさまざまな関数が用意されていますが、基本的な使い方は同じです。

= 関数名 (値 , ……)

Excel ではこのように、関数名のあとにカッコ ( ) を入力し、そのなかに適当な値を入力すれば関数を使うことができます。カッコのなかに入れる値のことを**引数**（parameter）といいます。

たとえば、「=SUM(F2, E10)」であれば、セル F2 とセル E10 の値を足しあわせた値が出力されます。また「=AVERAGE(E3:E9)」の場合、セル E3 からセル E9 までの 7 個のセルの値の平均値が出力されます。このように、関数を使えば面倒で複雑な計算でも計算ミスを気にせず自動的におこなうことができ

るのです。

関数を入力するには、① 直接入力する、② ［関数の挿入］を使う、という2つの方法があります。慣れれば直接入力するほうが楽なので、ここでは先に直接入力を学びます。実際に関数を使ってみましょう。3.1 節でつくった「収入と貯金データ」ブックを開いてください。

（1）直接入力する

関数を直接入力するには、通常の数式のなかに関数を書きこめばよいだけです。「収入と貯金データ」のワークシートで、セル E12 に「=sum(」と入力します（図 3.32）。そこで、キーボードから「E2:E11」と入力するか、マウスでセル E2 からセル E11 までドラッグします。最後に［Enter］キーを押すと、後ろのカッコが自動的に閉じられて、セル E12 に全員の貯金の合計 89800 が表示されます（図 3.33）。

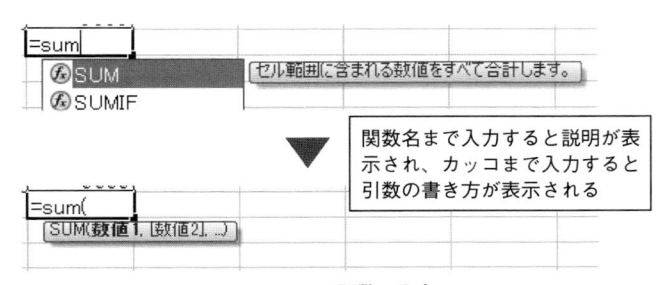

図 3.32　関数の入力

図 3.33　SUM 関数による計算結果

こんどは、全員の貯金の平均値（☞平均値については第5章で詳しく学びます）を計算してみます。セル E12 に「=average(」と入力し、カッコのなかにさきほどと同じ範囲（E2:E11）を入力して［Enter］キーを押します。すると全員の貯金の平均値 8980 が表示されました（図 3.34）。

図 3.34　AVERAGE 関数による計算結果

（2）［関数の挿入］を使う

関数は直接入力することができますが、［関数の挿入］機能を使って入力することもできます。数式バー左側の［fx］ボタンをクリックしてください（図 3.35）。

図 3.35　［関数の挿入］ボタン

すると、［関数の挿入］ダイアログボックスが開きます（図 3.36）。このダイアログボックスを使えば、［関数の検索］や［関数の分類］などから自分の使いたい関数を探し出すことができます。使いたい関数を探し出したら、［OK］ボタンを押すと関数がセルに挿入されます。あとはさきほどの直接入力と同じように引数を入力すれば関数を使うことができます。

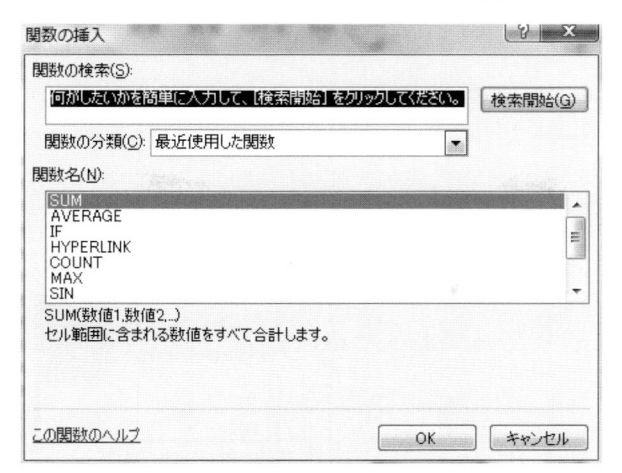

図 3.36 ［関数の挿入］ダイアログボックス

　関数を使いこなせるようになれば、Excel で統計分析を学ぶための準備はほぼ完了です。あと一息、がんばっていきましょう。

3.5 並べ替えとフィルタ

　分析によっては、データをさまざまに並び替えたり、一部のケースだけをとり出して分析したい場合が出てきます。そういう場合には、データの**並べ替え**と**フィルタ**を使います。

　まずは並べ替えから。ここでは、「時給」が安い順にデータを並べ替えてみましょう。

① 表の範囲内の任意のセルをアクティブにする。

　　表の範囲内ならどこでもかまいません。

② ［ホーム］タブ右端にある［並べ替えとフィルタ］ボタン→［ユーザー設定の並び替え］を選択（図 3.37）。

③ ［並べ替え］ダイアログボックスの［先頭行をデータの見出しとして使用する］をチェックし、［最優先されるキー］（ここでは「時給」）と［順

序］（ここでは「昇順」）を選択後、［OK］ボタンをクリック（図 3.38）。

> ⚠ 「昇順」：小→大の順
> 「降順」：大→小の順

④ 時給の額が小さいほうから大きいほうへデータが並べ替えられる（図 3.39）。

図 3.37 ［並べ替えとフィルタ］メニュー

図 3.38 ［並べ替え］ダイアログボックス

	A	B	C	D	E
1	id	名前	学校	時給	貯金
2	5	ごろう	高校	650	7500
3	9	くろう	高校	700	6500
4	2	じろう	高校	750	7500
5	1	いちろう	大学	850	8000
6	10	じゅうろう	高校	900	9600
7	4	しろう	大学	910	8600
8	6	ろくろう	大学	990	10500
9	3	さぶろう	大学	1050	8100
10	8	はちろう	大学	1100	9500
11	7	しちろう	大学	1200	14000

図 3.39 並べ替えの結果

3.5 並べ替えとフィルタ

こんどは、「学校」が「大学」のデータだけを抽出したい場合を考えます。このようなときには、フィルタ機能を使います。

① ［ホーム］タブ→［並べ替えとフィルタ］→［フィルタ］を選択。
② ［学校］の先頭行（セル C1）にあらわれる▼ボタンをクリックし、［(すべて選択)］のチェックをはずし、抽出したい値（ここでは「大学」）をチェックして、［OK］ボタンをクリック（図 3.40）。
③ 大学生だけが抽出される（図 3.41）。

図 3.40　フィルタのメニュー

図 3.41　フィルタの抽出結果

このように、フィルタ機能を使うと、注目したいケースだけをとり出すことができるので便利です。ここでさらにほかのフィルタをかけて、抽出を絞り込むこともできます。また、［数値フィルタ］でこまかく抽出条件を設定することもできます（図 3.42）。

> たとえば、「大学生で時給 1000 円以上」というケースも抽出することができます。

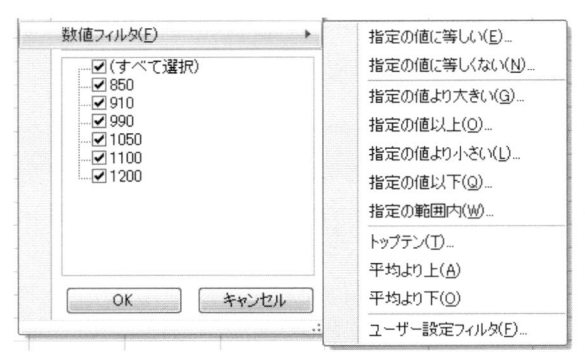

図3.42 数値フィルタによる条件指定

フィルタの抽出条件をクリアしたいときには、[並べ替えとフィルタ]メニューから[クリア]を選びます。また、メニューから[フィルタ]を再度クリックするとフィルタを解除することができます（図3.43）。

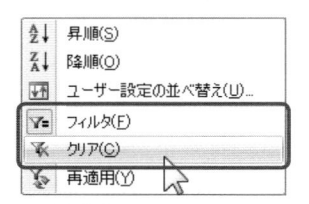

図3.43 抽出条件のクリアとフィルタの解除

3.6 変数の加工：カテゴリーをつくる

ところで、いまあつかっているデータの「貯金」や「時給」の変数に記入されているのは、金額という量的な値そのものになっています。つまりこれらは、量的変数です。しかし、分析の方法によってはこうした量的変数の値をそのまま用いるのではなく、意味のあるカテゴリーにわけた質的変数としてあつかうほうが便利な場合もあります。ここでは、量的変数を加工して質的変数を作成する代表的な方法を3つ紹介します。

(1) 並べ替えを使う方法

たとえば、この集団の貯金の額は6,500円から14,000円までさまざまですが、比較的高い貯金をもっているグループとそうでないグループの2つのグル

ープにわけることを考えましょう。ここではグループわけの基準として「貯金の平均以上か、平均未満か」を用いることにします。3.4 節で AVERAGE 関数を使って求めたように、平均額は 8,980 円です。

次にすべてのケースのなかから、貯金が 8,980 円以上のケースと、8,980 円未満のケースを探し出します。ここでは並べ替えを使ってみましょう。「貯金」の列のどこかのセルをクリックし、［ホーム］タブ →［並べ替えとフィルタ］→［昇順］を選択すると、貯金の少ない順にケースが並べ替えられます。そこで貯金の右側の列に「貯金額2分」（貯金の額で2つのカテゴリーにわけるので）などの適当な変数をつくり、8,980 円に満たないケースは「平均未満」、8,980 円以上のケースには「平均以上」と入力します（図 3.44）。

> ケースを探し出す方法はほかにもたくさんあります。たとえば［フィルタ］の［ユーザ設定フィルタ］で抽出する条件を指定することができます。

id	名前	学校	時給	貯金	貯金額2分
9	くろう	高校	700	6500	平均未満
2	じろう	高校	750	7500	平均未満
5	ごろう	高校	650	7500	平均未満
1	いちろう	大学	850	8000	平均未満
3	さぶろう	大学	1050	8100	平均未満
4	しろう	大学	910	8600	平均未満
8	はちろう	大学	1100	9500	平均以上
10	じゅうろう	高校	900	9600	平均以上
6	ろくろう	大学	990	10500	平均以上
7	しちろう	大学	1200	14000	平均以上

図 3.44　並べ替えによる変数加工

これで、貯金という量的変数を、「平均以上／平均未満」という2つのカテゴリーを値にもつ質的変数に変換することができました。

(2) IF 関数を使う方法

同じ「貯金額2分」変数を、こんどは IF 関数で作成してみましょう。IF 関数は、ある条件を設定し、それを満たすときと満たさないときのそれぞれについて指定した値を表示させる関数です。

```
=IF( 条件式 , 条件を満たしているときに表示される値 ,
     条件を満たしていないときに表示される値 )
```

まず、セル F2 に「=if(e2<8980, " 平均未満 "," 平均以上 ")」と入力します。「e2<8980」は「セル E2 が 8980 よりも小さい」という条件です。参照先のセル E2 がこの条件を満たせば「平均未満」、そうでなければ「平均以上」という値がセル F2 に表示されます。あとは、オートフィル機能などを使って数式を下のセルにコピー & ペーストします。これでさきほどと同じ質的変数ができました（図 3.45）。

> 「<」は「より小さい」、「>」は「より大きい」、「<=」は「以下」、「>=」は「以上」を意味します。
> Excel では、数式内の文字列を「"」（ダブルクォーテーション）で囲む必要があります。

図 3.45　IF 関数による変数加工

この方法は、1 つ数式を書いてオートフィル機能を使えば一気に変数を作成できます。そのため、ケース数が多いときはこちらのほうが効率的です。

(3) 割り算を使う方法

こんどは、貯金額を 1000 円区切であらわす変数を作成しましょう[※3]。こうした場合によく使われるのは、特定の数で割り算をして小数を切り捨てる方法です。

「貯金額 1000 円区切」などの適当な変数名を 1 行目に入力し、その下のセルに「=int(e2/1000)」と入力します。あとは数式を下のセルにコピー & ペーストするだけです（図 3.46）。

※3　こうした変数の加工は社会調査データの分析でよくおこなわれます。たとえば、年齢を 10 歳区切にしたり、年収を 100 万円区切にしたりといったぐあいです。

図 3.46 割り算による変数加工

INT 関数は引数の小数を切り捨てる関数です。引数は「参照先÷1000」なので、参照先が7500なら7.5、8100なら8.1になります。これをINT関数に入力すると、7.5なら7、8.1なら8というように小数が切り捨てられ、整数になります。したがって、出力された数字は、7なら7000円台、8なら8000円台といった1000円区切の順序尺度変数として考えることができます。

課題●セル参照・関数

作成した「関東地方の人口（2005年国勢調査）.xlsx」を使用して、以下の作業をおこないなさい。

① 各県の性比を求めなさい。ただし「性比」とは男性人口を100としたときの女性人口をあらわす指標で、「性比＝（女性人口÷男性人口）×100」で求められる。表の右側に「性比」という列をつくり「相対参照」を用いて計算すること。

② 男性と女性のそれぞれについて、関東地方全体での合計を求めなさい。表の下側に「合計」という行をつくり、SUM関数を用いて計算すること。

③ 各県ごとに、(1) 関東地方の男性人口に占めるその県の男性の割合、(2) 関東地方の女性人口に占めるその県の女性の割合、を求めなさい。表の右側に適当な列をつくり、②の計算結果と「絶対参照」を用いて計算すること。

第4章

1つの質的変数を記述する：単純集計

4.1 集団の特性と分布

　調査や実験などでデータを集めて統計分析をすることの目的は、「集団の特性」を知ることです。ではこの集団の特性とは、いったいどのようなものなのでしょうか？

　実は、統計分析でわたしたちが知ろうとする集団の特性とは、「データの分布のしかた」のことです。突然そういわれても、イメージがわかないかもしれません。すでに第2章や第3章で「データ」「変数」「値」などについて学んできましたが、ここでもう一度おさらいしておきましょう。

4.1.1　データの構造の復習

　第2章で学んだデータの形式は、次のようなものでした。

表 4.1　データの形式

	変数1	変数2	変数3	...
ケース1	値$_{11}$	値$_{12}$	値$_{13}$	...
ケース2	値$_{21}$	値$_{22}$	値$_{23}$	...
:	:	:	:	

　多くの社会調査データの場合、「ケース」は調査対象者一人ひとりで、変数は「性別」「年齢」「収入」などになります。値の部分には、「性別」変数ならば「女性」「男性」など、「年齢」変数ならば「34歳」「69歳」など、「収入」

変数ならば「250万円」「350万円」などのさまざまな値が入ります。

4.1.2 分布とは

さてこのように、データの変数にはケースごとにさまざまな値が入ります。そこで**分布**（distribution）の意味ですが、要するに、このように変数がさまざまな値をとっていることを「分布する」というのです。たとえば、あなたの教室をみまわすと、何人ものクラスメートたちがいます。彼／彼女らの性別をそれぞれみてみると、男性だったり女性だったりします。つまり、あなたのクラスでは、クラスメートたちの性別変数のさまざまな値が分布しています。そこでさらに、この状況をクラス全体としてとらえてみると、「女性が14人で男性が8人」といったことがわかります。このように、集団全体における変数の値の散らばり方を、その変数の「分布」というわけです。統計分析では、このような集団全体における変数の値の分布を、さまざまな手法で分析します。そうしてデータから明らかにされた分布の特徴を「集団の特性」というのです。

もちろん、ひとくちに分布や集団の特性を調べるといっても、さまざまな切り口（分析手法）で分析することができます。ただ1つの変数を調べるのか、2つ以上の変数の関係を調べるのか、といった違いもあります。しかしいずれにせよ、変数の値の分布のしかたをあつかっていることに違いはありません。たとえば「日本は学歴社会だ」といったことがよくいわれます。その意味の1つは「日本は学歴によって収入が決まってしまう社会だ」という命題であらわすことができますが、この命題をもう少していねいにいいなおせば、「日本社会という集団では、学歴変数の値が高いと（低いと）、収入変数の値も高い（低い）、という分布になっている」という意味になります。つまりこの「学歴社会」という集団の特性は、2つの変数の分布についての命題であらわせるものだったのです。

この章では、分布をとらえるもっとも基本的な手法を学びます。それが**単純集計**です。

4.1.3 度数分布表とは

単純集計は**度数分布表**（frequency table）を作成することによっておこなわれます。度数分布表とは「ある変数について、それぞれの値をとるケースの数を集計した表」のことです。どのようなものなのか実際にみてみましょう。

次のデータは、ある学校の生徒たちのクラスを示したものです。このデータ

を少し眺めて、分布についてどんなことがわかるでしょうか？

2組	1組	1組	2組	2組	1組	1組	2組
1組	1組	1組	1組	2組	1組	1組	1組
1組	1組	1組	1組	1組	2組	1組	1組
2組	2組	2組	1組	1組	2組	1組	1組
1組	2組	1組	2組	1組	1組	1組	2組
2組	1組	1組	2組	1組	2組	1組	1組
2組	1組	2組	1組	1組	2組	2組	2組
1組	1組	1組	1組	1組	1組	2組	2組
1組	1組	2組	1組	2組	2組	2組	2組
2組	1組	1組	1組	1組	1組	1組	2組

パッとみただけでは、せいぜい「1組と2組がある」といった程度のことしかわからないでしょう。わたしたちは普通、このような大量のデータを少し眺めただけでは、分布についてほとんどなにもわかりません。というより、こういうデータそのものを眺めただけで、いろいろ有意味な情報が引き出せるなら、統計分析の必要もあまりないのです。しかしわたしたちは、データそのものを眺めても、単なる数字や文字の羅列にしかみえません。そこで統計的な分析手法を用いて、一目てわかるように情報を縮約する必要があるのです。

その方法の1つが度数分布表です。先のデータの度数分布をまとめると、以下のような表をつくることができます。

表 4.2 所属クラスの度数分布表

クラス	度数	相対度数
1組	50	0.625
2組	30	0.375
合計	80	1.000

度数（frequency）は、「クラス」変数の各値（1組と2組）それぞれの度数（人数）を数えたものです。それによると、先のデータは合計80人からなるもので、そのうち1組は50人、2組は30人だったことがわかります。

相対度数（relative frequency）は、以下の式で計算できます。

相対度数 ＝ 度数 ÷ 全体の度数

これはすなわち、変数の各値の度数が、全体のうちに占める割合をあらわしています。全体の人数である80人を100%（=1.000）とすると、そのうち

1組の占める割合は 62.5％（＝0.625）、2組の占める割合は 37.5％（＝0.375）だということがわかります。

かくして、この学校のクラスの分布は1組のほうがだいぶ多いことが一目みてわかるようになりました。度数分布表をつくることで、さきほどのデータの羅列ではわからなかった分布の特性を、非常にわかりやすくまとめることができるのです[※1]。

4.2 Excel による度数分布表の作成

度数分布表は、変数の各値をとるケースの数を集計したものですが、ケース数が多くなると手で数えるのはたいへんです。そこで Excel を使って集計します。Excel による度数分布の作成のしかたはいくつかありますが、ここでは「ピボットテーブル」の機能を使うことにします。

> そのほかには、FREQUENCY 関数を使う方法、COUNTIFS 関数を使う方法、［データ分析］の［ヒストグラム］を使う方法などがあります。

4.2.1　質的変数の度数分布表

まず「第4章.xlsx」の［テスト点数］シートを開いてください。これはある授業の受講生のクラスとテストの点数、授業への満足度を調べたデータです。「id」が1つひとつのケース（受講生個人）を識別する名前であり、各変数にはそれぞれ値が入っています（図 4.1）。

	A	B	C	D
1	id	クラス	点数	授業満足度
2	1	1組	65	どちらかというと満足
3	2	1組	66	どちらともいえない
4	3	2組	86	満足
5	4	1組	76	どちらかというと不満
6	5	1組	62	不満

図 4.1　［テスト点数］シートの中身

※1　ただし、「4人のうちの3人＝75％」などのように少ないケース数を分母として構成比を示すことは、情報としての意義はあまりないでしょう。たとえば野球の開幕戦を終えた時点で、ある選手が「打率7割5分」などと論じる意味がないのと同じです。

4.2　Excel による度数分布表の作成

　第 2 章で学んだように、変数には質的変数（名義尺度、順序尺度）と量的変数（間隔尺度、比率尺度）とがあります。そうした変数の尺度によって、度数分布表のつくり方も変わってきます。

　このデータの変数については、「クラス」は質的変数（名義尺度）、「点数」は量的変数（比率尺度）、「授業満足度」は質的変数（順序変数）になっています。まずは質的変数である「クラス」の度数分布表をつくってみましょう。

① ［挿入］タブ→［ピボットテーブル］をクリック。
② ［ピボットテーブルの作成］ダイアログボックスで分析するデータの範囲を選択し、ピボットテーブルの作成先を［新規ワークシート］または［既存のワークシート］から選び「OK」ボタンをクリック（図 4.2）。

> ⚠ ここでは「A1:B81」と入力するか、マウスでドラッグして入力します。

③ 右側に表示された［ピボットテーブルのフィールドリスト］で、集計したい変数を［行ラベル］ボックス、ケースを識別する変数を［Σ値］ボックスにドラッグする（図 4.3）。

> ⚠ ここでは「クラス」を［行ラベル］、「id」を［Σ値］にドラッグします。

④ 表示されたピボットテーブルの「合計／id」と表示されているセルで右クリックし、［データの集計方法］（Excel 2010 以降では［値の集計方法］）→［データの個数］を選択（図 4.4）。
⑤ 集計完了（図 4.5）。
⑥ ピボットテーブルの範囲をコピーし、適当な箇所に［値の貼り付け］をする。

> ⚠ コピーは右クリックしてメニューから［コピー］を選ぶか、［Ctrl］＋［C］キーを押します。
> 値の貼り付けは［ホーム］タブ→［貼り付け］ボタンの▼→［値の貼り付け］を選びます。

⑦ 適当に表のかたちを整え、数式を入力して相対度数を計算して度数分布表を完成させる（図4.6）。

> ⚠ 相対度数は小数第3位まで表示しておきましょう。％表示でいえば、0.1％の単位に対応するからです。

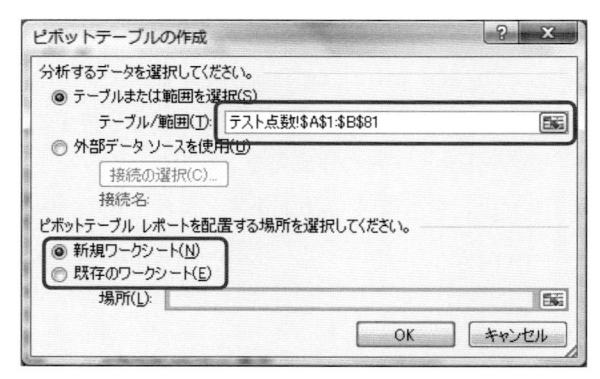

図4.2　［ピボットテーブルの作成］ダイアログボックス

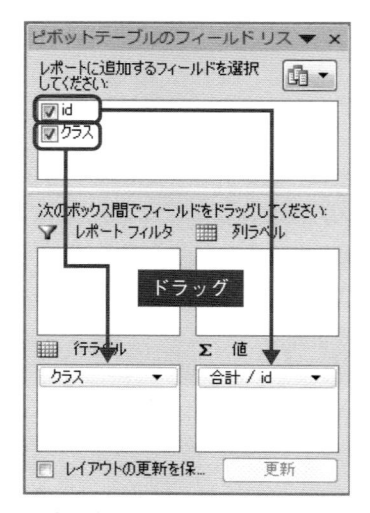

図4.3　［ピボットテーブルのフィールドリスト］

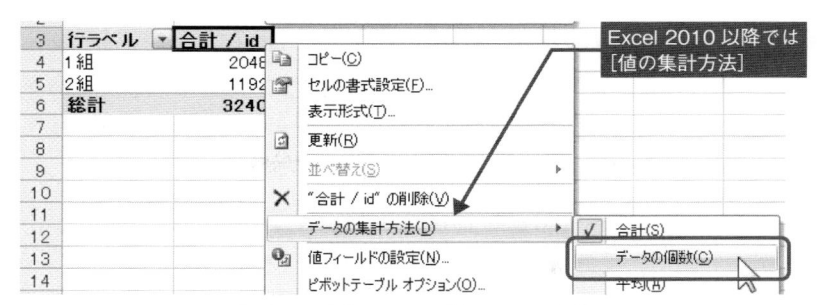

図 4.4　ピボットテーブルのフィールド

図 4.5　集計が完了したピボットテーブル

図 4.6　完成した度数分布表

なお相対度数は、「=B2/B$4」というように分母に絶対参照を使えば1つのセルに入力した数式をほかのセルにはコピー＆ペーストして計算することができます（図 4.7）。

図 4.7　絶対参照を使った相対度数の計算

これで、表 4.2 と同じ度数分布表が完成しました。今回は相対度数を Excel の数式で計算しました。「相対度数＝度数÷合計度数」という計算式は必ずおぼえるようにしてください。

> ピボットテーブルで相対度数を自動的に計算する方法は 4.2.5 項で紹介します。

4.2.2　質的変数の度数分布のグラフ：棒グラフ

いまつくった度数分布表をグラフにしてみましょう（☞グラフ作成の詳細は 7.9 節参照）。質的変数の度数分布表をグラフにするときには「棒グラフ」を使います。

① グラフにしたい範囲（数値と 1 行目・1 列目にある変数や値の名称）を選択する（図 4.8）。
② ［挿入］タブ→［縦棒］ボタン→［2-D 縦棒］を選択（図 4.9）。
③ グラフが表示される（図 4.10）。

> グラフタイトルを「クラスの分布」に修正してあります。

	A	B	C
1	クラス	度数	相対度数
2	1組	50	0.625
3	2組	30	0.375
4	合計	80	1.000

図 4.8　グラフ範囲の選択

図 4.9　［挿入］タブ→［縦棒］ボタン

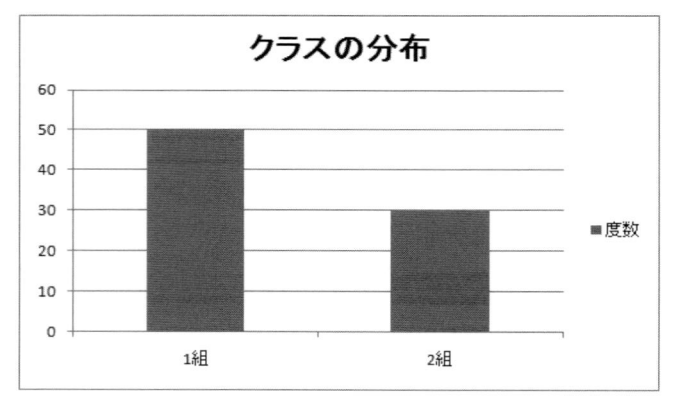

図 4.10　所属クラスの度数分布グラフ

4.2.3 量的変数の度数分布表

こんどは、さきほどのデータから「点数」を集計します。点数のような量的変数（間隔尺度、比例尺度）の度数分布表は表4.3のようにつくります。

表4.3 テストの得点の度数分布

階級	階級値	度数	相対度数	累積度数	累積相対度数
40以上50未満	45	4	0.050	4	0.050
50以上60未満	55	10	0.125	14	0.175
60以上70未満	65	27	0.338	41	0.513
70以上80未満	75	23	0.288	64	0.800
80以上90未満	85	13	0.163	77	0.963
90以上100以下	95	3	0.038	80	1.000
合計		80	1.000		

この表は、さきほどのデータから、この学校の全体（80人）のテストの点数の度数分布を求めたものです。「階級」「階級値」「累積度数」「累積相対度数」について説明しましょう。

質的変数は、「1組」「2組」や「女性」「男性」というように、値が「カテゴリー」にわかれており連続していません。それに対して量的変数の場合、たとえば「身長」なら、1.6m, 162cm, 162.4cm, 162.45cm, 162.456034cm… といくらでも細かくわけることができ、質的変数のような「カテゴリー」にわかれていません。そのため、ひたすら細かくみればまったく同じ身長の人はほとんどいないことになってしまい、度数を数えることができなくなってしまいます。

そこで量的変数の場合には**階級**（class interval）をつくります。階級とは、もともとは連続的な値を一定範囲で区切ってつくったカテゴリーのことで、その階級に当てはまるデータの個数を数えて度数分布表をつくるのです。階級をつくるときには、① 階級の隙間をあけないようにする、② 階級が重ならないようにする、という2点に注意します。

階級値（class mark）はその階級を代表する値のことで、上限と下限の中間値を使います。

累積度数（cumulative frequency）は、一番下（もしくは上）の階級からその階級までに含まれる度数の合計です。**累積相対度数**（cumulative relative frequency）は、各階級の累積度数が全体のうちに占める割合です。累積度数と累積相対度数をみると、分布のかたちがさらに詳しくわかるようになり

ます。たとえば表4.3なら、「0点から70点までで全体の約半分になる」とか「80点までで全体の80%を占める」といったことがわかるのです。

4.2.4　数式を使うつくり方

では、量的変数の度数分布表をつくってみましょう。基本的な手順は質的変数と同じですが、階級をつくる⑤〜⑦が異なります。

① ［挿入］タブ→［ピボットテーブル］をクリック。
② ［ピボットテーブルの作成］ダイアログボックスで分析するデータの範囲を選択し、ピボットテーブルの作成先を［新規ワークシート］または［既存のワークシート］から選び［OK］ボタンをクリック。
③ 右側に表示された［ピボットテーブルのフィールドリスト］で、集計したい変数を［行ラベル］ボックス、ケースを識別する変数を［Σ値］ボックスにドラッグ。

> ⚠️ ここでは「点数」を［行ラベル］、「id」を［Σ値］にドラッグします。

④ 表示されたピボットテーブルの「合計／id」と表示されているセルで右クリックし、［データの集計方法］（Excel 2010以降では［値の集計方法］）→［データの個数］を選択。
⑤ 「行ラベル」列の適当なセルを右クリックし、［グループ化］を選択（図4.11）。
⑥ ［グループ化］ダイアログボックスで［先頭の値］［末尾の値］［単位］（階級の幅）を適切に設定して［OK］ボタンをクリック（図4.12）。

> ⚠️ ここでは、［先頭の値］に「40」、［末尾の値］に「100」、［単位］に「10」を入力します。

⑦ 「行ラベル」列が階級になる（図4.13）。
⑧ ピボットテーブルの範囲をコピーし、適当な箇所に［値の貼り付け］をする。
⑨ 適当に表のかたちを整え、階級値を追加し、相対度数、累積度数、累積相対度数を数式で計算する（図4.14）。

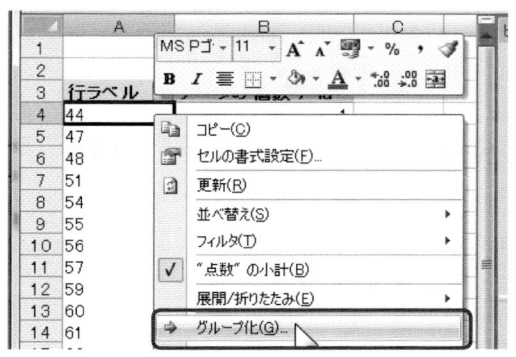

図 4.11　右クリック→［グループ化］

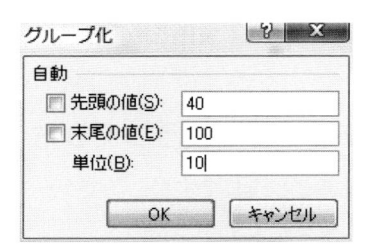

図 4.12　［グループ化］ダイアログボックス

図 4.13　設定完了後のピボットテーブル

	A	B	C	D	E	F
1	階級	階級値	度数	相対度数	累積度数	累積相対度数
2	40以上50未満	45	4	=C2/$C$8	=C2	=E2/$E$7
3	50以上60未満	55	10	=C3/$C$8	=C3+E2	=E3/$E$7
4	60以上70未満	65	27	=C4/$C$8	=C4+E3	=E4/$E$7
5	70以上80未満	75	23	=C5/$C$8	=C5+E4	=E5/$E$7
6	80以上90未満	85	13	=C6/$C$8	=C6+E5	=E6/$E$7
7	90以上100以下	95	3	=C7/$C$8	=C7+E6	=E7/$E$7
8	合計		80	=C8/$C$8		

図 4.14　数式入力後の度数分布表

ここで、階級が「○以上□未満」になっていることに注意してください。「○以上□以下」にすると、階級同士の重なりができてしまうため、重ならないよう「未満」にしています。また累積度数は、その階級の度数と1つ前の累積度数を加えていくことで計算できます。累積相対度数は「累積相対度数＝累積度数÷合計度数」で計算できます。

> たとえば「50以上」「50以下」という場合には50が含まれます。「50を超える」「50未満」という場合には50は含まれません。

これで、量的変数の度数分布表をつくることができました。上記のように数式を使う方法は、計算方法をおぼえるためには重要です。ここではさらに、ピボットテーブルを使って相対度数や累積度数を計算するもっと楽な方法も紹介します。

4.2.5 ピボットテーブルを使うつくり方

手順①②および④は先ほどと同じですが、③でケースを識別する変数を複数設定するところが大きく異なります。

① ［挿入］タブ→［ピボットテーブル］をクリック。
② ［ピボットテーブルの作成］ダイアログボックスで分析するデータの範囲を選択し、ピボットテーブルの作成先を［新規ワークシート］または［既存のワークシート］から選び［OK］ボタンをクリック。
③ 右側に表示された［ピボットテーブルのフィールドリスト］で、集計したい変数を［行ラベル］ボックスに、ケースを識別する変数を［Σ値］ボックスに3回ドラッグ（図4.15）。

> ここでは「id」を［Σ値］に3回ドラッグします。

④ 「行ラベル」列の適当なセルを右クリックし、［グループ化］で階級の幅を設定。
⑤ ［Σ値］ボックスのなかの▼をクリックし、［値フィールドの設定］を選択（図4.16）。
⑥ ［値フィールドの設定］ダイアログボックスで、以下の通りに設定（図4.17）。

4.2 Excelによる度数分布表の作成 81

- id：［集計の方法］（Excel 2010以降では［値の集計方法］）タブで［データの個数］を選択し、［OK］ボタンをクリック。
- id2：［集計の方法］（Excel 2010以降では［値の集計方法］）タブで［データの個数］を、［計算の種類］タブで［行方向の比率］（Excel 2010以降では［列集計に対する比率］）を選択し、［OK］ボタンをクリック。
- id3：［集計の方法］タブで［データの個数］を、［計算の種類］タブで［累計］を、［基準フィールド］で［点数］を選択し、［OK］ボタンをクリック。

⑦ 設定完了後のピボットテーブル（図4.18）をコピーし、適当な箇所に［値の貼り付け］をする。

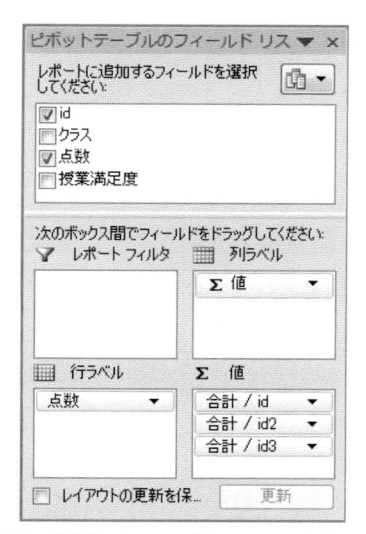

図4.15 ［ピボットテーブルのフィールドリスト］

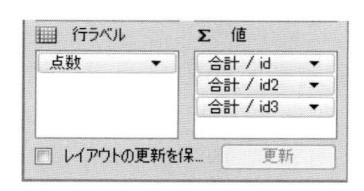

図4.16 ［ピボットテーブルのフィールドリスト］下部

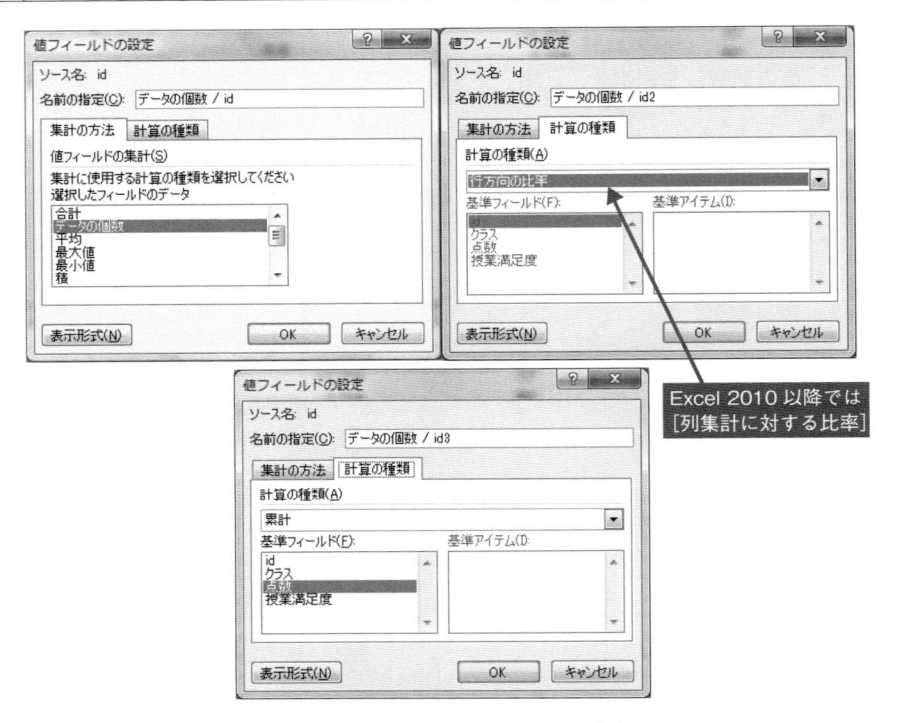

図 4.17 ［値フィールドの設定］ダイアログボックス

行ラベル	データの個数 / id	データの個数 / id2	データの個数 / id3
40-49	4	5.00%	4
50-59	10	12.50%	14
60-69	27	33.75%	41
70-79	23	28.75%	64
80-89	13	16.25%	77
90-100	3	3.75%	80
総計	80	100.00%	

図 4.18 設定完了後のピボットテーブル

4.2.6 量的変数の度数分布のグラフ：ヒストグラム

　量的変数の度数分布表をグラフにするときには、**ヒストグラム**（histogram）と呼ばれるグラフをつくります（図 4.19）。グラフをつくると、このテストの得点の分布が、60 点未満は少ないものの、60 点以上 70 点未満がもっとも多く、その上はまた少なくなっていくことが一目でみてわかります。

　量的変数のヒストグラムでは棒と棒の間に隙間をあけないことに注意しまし

4.2 Excel による度数分布表の作成

テスト得点の分布

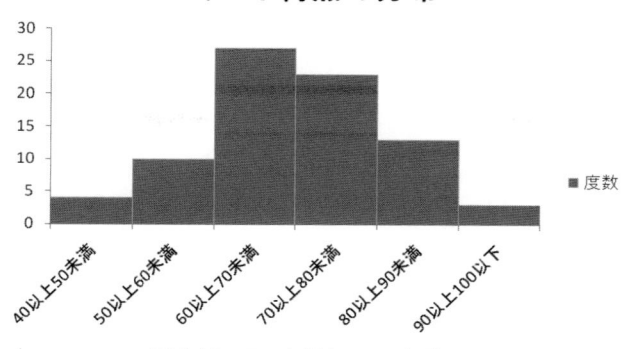

図 4.19　テスト得点のヒストグラム

ょう。これは、もともと「階級」に区切る前の変数が連続しており、隙間がないものだったからです。

> ⚠️ 階級をつくるときの、① 隙間がないようにする、② 重なりがないようにする、という 2 つの注意点を思い出しましょう。

グラフのつくり方の手順は、以下の通りです。

① 度数分布表の「階級」列と「度数」列を同時に選択する（［Ctrl］キーを押しながら、マウスでドラッグする）（図 4.20）。
② ［挿入］タブ→［縦棒］→［2-D 縦棒］を選択。
③ 棒グラフの棒の上で右クリックし、［データ系列の書式設定］を選択。
④ ［データ系列の書式設定］ダイアログボックスで、以下のように設定。
　［系列のオプション］→［要素の間隔］を［なし］にする（図 4.21）。
　［枠線の色］→［線（単色）］→［色］で黒などを選択。
⑤ 適当にタイトルをつけて完成（図 4.19）。

	A	B	C	D	E	F
1	階級	階級値	度数	相対度数	累積度数	累積相対度数
2	40以上50未満	45	4	=C2/$C$8	=C2	=E2/$E$7
3	50以上60未満	55	10	=C3/$C$8	=C3+E2	=E3/$E$7
4	60以上70未満	65	27	=C4/$C$8	=C4+E3	=E4/$E$7
5	70以上80未満	75	23	=C5/$C$8	=C5+E4	=E5/$E$7
6	80以上90未満	85	13	=C6/$C$8	=C6+E5	=E6/$E$7
7	90以上100以下	95	3	=C7/$C$8	=C7+E6	=E7/$E$7
8	合計		80	=C8/$C$8		

図 4.20　複数の列を同時に選択

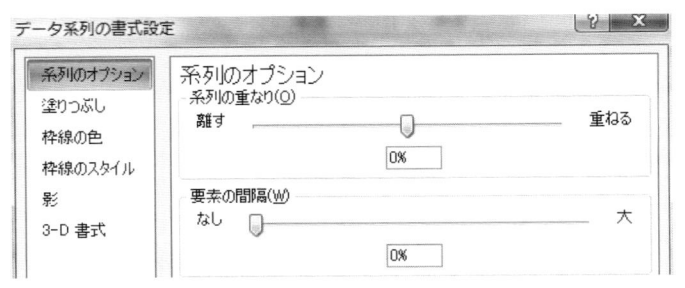

図 4.21 ［データ系列の書式設定］ダイアログボックス

4.3 順序尺度の度数分布表

　すでに学んだように、質的変数には名義尺度の変数のほかに順序尺度の変数もあります（☞ 名義尺度や順序尺度については 2.7 節参照）。たとえば、さきほどのデータの「クラス」について考えましょう。通常の公立小学校などでは、クラスの名前は 1 組、2 組といった数字になっていても、クラスわけのときに「1 組のほうが偉い」といった順序をつけたりはしていません。この場合、1 や 2 という数の大きさには意味がなく、単に「1 組」「2 組」という名前でしかありません。こういうものを名義尺度といいます。

　他方、同じデータの「授業の満足度」変数はどうでしょうか。この変数の値は、「満足／どちらかというと満足／どちらともいえない／どちらかというと不満／不満」という 5 段階になっています。この場合、これらの値には、満足の程度の順序がついています。しかし、それぞれの満足（不満）の程度は、正確な目盛りで測定されたものではありません。そのため、各値の満足感の差がどの程度の大きさなのかはわかりません。このように、各値の順序には意味があっても、値同士の差の大きさなどはわからないものを順序尺度というのでした。

　ところで、さきほど名義尺度の「クラス」変数の度数分布表をつくった際には、累積度数や累積相対度数を計算しませんでした。というのも、累積度数は下（または上）から各値（階級）までの度数を合計したものなので、上下や優劣などの順序で並んでいない名義尺度の変数にとっては意味がないからです。

　しかし同じ質的変数でも「授業満足度」の場合には、値の間に上下の順序があるので、累積度数や累積相対度数を計算することに意味があります。たと

えば、表 4.4 の累積相対度数をみると、この学校では「満足」から「どちらかというと満足」までは 37.5％である一方、「どちらかというと不満」から「不満」は 43.7％で、若干不満のほうに多く分布していることがわかります。このように、順序尺度の変数の場合には、質的変数でも累積度数や累積相対度数を計算することができます。必要に応じて適宜作成するようにしましょう。

表 4.4 授業満足度の度数分布表

授業満足度	度数	相対度数	累積度数	累積相対度数
満足	12	0.150	12	0.150
どちらかというと満足	18	0.225	30	0.375
どちらともいえない	15	0.188	45	0.563
どちらかというと不満	16	0.200	61	0.763
不満	19	0.238	80	1.000
合計	80	1.000		

4.4 相対度数の意義：集団の比較

ところで、度数分布表をつくる際に相対度数を計算するのにはいくつか理由があります。第一の単純な理由としては、相対度数を出すことで、その値（階級）が全体のうちに占める割合を即座に把握できるようになることがあります。第二の理由としては、単純な度数だと、集団の規模（サイズ）が異なる集団間の比較が難しいが、相対度数なら比較できるということがあげられます。

たとえば、集団 A にお金持ちが 5 人、集団 B にもお金持ちが 5 人いるとしましょう。つまり、お金持ちの度数はいずれも 5 です。このことから「お金持ちに関して 2 つの集団の分布の特性は似ている」と単純にいえるでしょうか。

もちろんいえません。たとえば、集団 A は全部で 10 人、集団 B は全部で 100,000 人だったとしましょう。すると、同じ「度数 5」でも「10 人のうち 5 人がお金持ち」と、「100,000 人のうち 5 人がお金持ち」というのでは、だいぶ意味が違うことがわかるでしょう。

ここで集団 A と集団 B におけるお金持ちの相対度数（比率）を計算してみると、集団 A では 5 ÷ 10 = 0.5 すなわち 50％、集団 B では 5 ÷ 100000 = 0.00005 すなわち 0.005％になります。こうしてみると、集団 A のほうが、集団 B よりもはるかにお金持ちが多い集団だ、ということがみてとれます。

表4.5は、さきほどのデータの「授業満足度」の度数分布を、1組と2組についてそれぞれ集計したものです。ここで「満足」+「どちらかというと満足」の度数に注目すると、1組は16人、2組は14人です。そのため、1組の人のほうが満足しているようにもみえます。しかし、これは適切な比較ではありません。なぜなら1組は50人もいるのに対して、2組は30人しかいないからです。

表4.5 授業満足度のクラス別度数分布表

授業満足度	1組		2組	
	度数	相対度数	度数	相対度数
満足	6	0.120	6	0.200
どちらかというと満足	10	0.200	8	0.267
どちらともいえない	9	0.180	6	0.200
どちらかというと不満	12	0.240	4	0.133
不満	13	0.260	6	0.200
合計	50	1.000	30	1.000

度数では1組のほうが「満足している人数」が多いようにみえるが、相対度数（比率）を比較すれば2組のほうが「満足な人の割合」が高いことがわかる

そこで、度数÷合計度数によって相対度数を計算します。すると、1組における「(どちらかというと)満足」の割合は32.0%であるのに対し、2組では46.7%にものぼることがわかります。つまり、集団全体に対する割合でみれば、2組のほうが満足している人が多かったのです。

度数を合計度数（集団の規模）で割ってやると、どんな大きさの集団であっても、各値が0以上1以下をとり合計で1になるように度数が標準化されます。こうして単純な度数から変換された「相対度数」は、もとの集団の大きさが10だろうと1,000,000だろうと関係なく、集団全体の大きさを1として、そのうちのどのくらいの割合を占めるのかをあらわす値になります。こうして変換された相対度数を使えば、大きさの異なる集団間での比較ができるようになるのです。

課題●

① 「第4章.xlsx」のデータを使って、1組と2組それぞれの「点数」の度数分布表をつくってみよう。

> ⚠ 1組と2組のデータをわけるときには、[並べ替えとフィルタ]の機能を使って工夫すること（☞ 並べ替えについては第3章参照）。

② ①のヒストグラムをつくり、1組と2組の分布の違いを比較してみよう。ただし、ヒストグラムをつくるときには度数ではなく相対度数を使うこと（☞ 4.4節を参照）。

③ ①の相対度数や累積相対度数をよくみて、1組と2組のそれぞれの分布の特徴を考えよう。クラス全体としてどちらのほうが点数がよいと考えられるだろうか。また、どちらのほうがクラス内で点数が散らばっていると考えられるだろうか（第5章への準備）。

割り算の意味 COLUMN

　本章の 4.1.3 項では、相対度数やパーセンテージの計算方法を学びました。ところが実際に計算する際、度数と全体度数のどっちをどっちで割れば相対度数になるのか迷う人がいるかもしれません。それは、割り算の意味のとらえ方に原因があります。

　小学校では、きっと割り算を文字通り「わけること」と習ったのではないでしょうか。たとえば、8 個あるリンゴを 4 人で「わける」と、1 人 $8 \div 4 = 2$ 個もらえるといったぐあいです（図 4.22）。

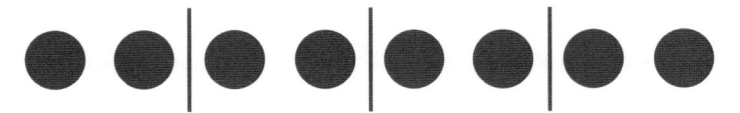

図 4.22　割り算＝わけること

　しかしこのイメージばかりが頭にあると、割合や分数の割り算のときに直感的に理解することが難しくなってきます。たとえば、8 人のうち 5 人が男子のときの割合はいくらでしょう。これは $5 \div 8 = 0.625$ で計算できます。しかし計算の意味を、5 を 8 で「わける」と考えることはできません。

　こういうときは、割り算の意味を「分母を 1 にすること」と考えるようにしましょう。全体 8 人に対して 5 人の男子がいるとき、「全体を 1 にしたら男子はどれくらいか」と考えます（図 4.23）。結局のところ割り算とは、分母を 1 としたときの分子の数を求めることなのです。

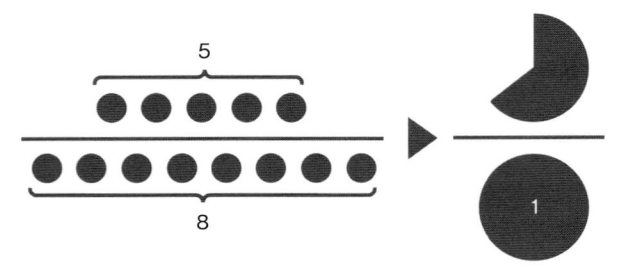

図 4.23　割り算＝分母を 1 にすること

第5章

1つの量的変数を記述する：基本統計量

5.1 ■ データを1つの数字であらわす

　あなたが住んでいる町で年収についての調査を実施したとします。そのあと誰かに「調査結果はどうだった？」ときかれたら、あなたはなんと答えるでしょうか。「500万円くらいの人が多かったよ」と答えるでしょうか。それとも「収入がない人もいたし、1,000万円以上の人もいたよ」と答えるでしょうか。いずれの場合も、データの特徴の伝え方としてはちょっといいかげんです。

　一番正確にデータの特徴を伝える方法は、「Aさんは300万円、Bさんは600万円…」と調査対象全員の年収を1つひとつ読み上げていくことでしょう。つまり、ローデータをそのまま提示する方法です（☞ローデータについては2.5節参照）。ところが、調査対象が数人だけならこの方法でもまだ通用するのですが、数十人や数百人に及ぶ場合は調査結果をきいてきた人を困らせるだけです。

　そういうときに便利なのがデータのもつ特徴を1つの数字であらわす指標です。このような指標を**基本統計量**（basic statistics、**要約統計量**：summary statisticsとも呼ばれます）と呼びます。多くの場合、量的変数のデータ分析の第一歩は基本統計量をチェックすることからはじまります。

　主な基本統計量は、データの中心をあらわす**代表値**（central tendency）、データがどのくらい散らばっているかをあらわす**散布度**[※1]（dispersion）に大別

[※1] 第1章ではより一般的に「散らばり」と書きましたが、ここでは集団の分布をあらわす指標の種類として散布度という言葉を使います。

できます（図5.1）。順に詳しくみていきましょう。

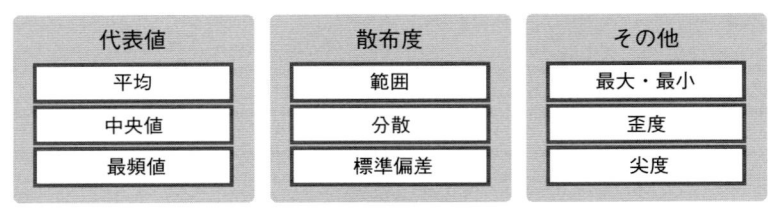

代表値	散布度	その他
平均	範囲	最大・最小
中央値	分散	歪度
最頻値	標準偏差	尖度

図 5.1　主な基本統計量

その前に、データ形式と記号表現について押さえておきましょう。基本統計量を数式で定義するときに必要になってくるからです[※2]。

調査によって得られた変数の具体的な値は、変数を示すアルファベットの右下に小さな添字をつけて表記します。たとえば x が収入という変数の場合、1番目の調査対象の具体的な収入○○万円を x_1 と表記します。2番目以降も同様です。n 人に調査をしていれば、最後の人の収入は x_n です。これを一般化したかたちであらわすと、i 番目の人の収入は x_i となります。以上をまとめると、表5.1のようになります。

表 5.1　データの形式

調査対象	変数 x
1	x_1
2	x_2
⋮	⋮
i	x_i
⋮	⋮
n	x_n

※2　2.5節でも同様の説明をしましたが、以下では少しだけ書き方を変えて、変数をアルファベットであらわすことにします。

5.2 データの中心：代表値

5.2.1 平均値

　冒頭の年収調査の例で「調査結果はどうだった？」ときかれたら、平均年収を答えようとした人も多いと思います。第1章でも述べたように、平均値は、それくらい普段からよく親しまれているお馴染みの代表値です。みなさんもご存じのように、「全部足して個数（ケース数）で割る」のが平均値です。

　一応きちんと定義しておきましょう。変数 x の各値 x_i の合計を調査対象数 n で割ったものを**平均値**[※3]（mean）といい、記号 $\bar{x}$（エックス・バー）で表記します。数式であらわすと

$$\bar{x} = \frac{1}{n}\sum_{i=1}^{n} x_i$$

となります。この式の $\sum_{i=1}^{n} x_i$ という部分が合計を意味しています（☞ Σ（シグマ）の使い方については第2章コラム参照）。

　具体的に計算してみましょう。仮に、5人に対して年収調査をおこなったところ表5.2のデータが得られたとします。この場合の平均値は、$\bar{x} = (0 + 300 + 500 + 500 + 1{,}200) \div 5 = 500$ 万円になります。

表 5.2　年収調査の結果 1

調査対象	年収（万円）
1	0
2	300
3	500
4	500
5	1,200

　実は、第4章で出てきた比率（相対度数）も平均値の一種として考えることができます（☞相対度数については4.1.3項参照）。数えたい事象を1、それ以外を0とする度数データをつくり、その平均値を計算すれば比率になります。度数データでは値 x_i が1か0になるので、定義式の $\sum_{i=1}^{n} x_i$ という部分が結

※3　頭文字をとって M と表記されることもあります。

局のところ数えたい事象の度数になるからです。たとえば、4人に対してPCをもっているかどうか調査をした結果、表5.3のようなデータが得られたとします。このデータの平均値は $\bar{x} = (0+1+1+1) \div 4 = 0.75$ となり、PC所有率75%ということがわかります。

表 5.3　PC 所有調査の結果

調査対象	PC 所有
1	0
2	1
3	1
4	1

5.2.2　中央値（メディアン）

中央値（メディアン；median）は、データを小さい（大きい）順に並べたときにちょうど真ん中にくる値です。年収調査の結果（表5.2）はすでに小さい順に並んでいるので、上から3番目にくる500万円が中央値です。中央値は、データの各値の大きさを無視して順序尺度でとらえた場合の中心といえるでしょう（☞順序尺度については2.7節参照）。

この例の調査対象数5は奇数ですから、真ん中の値がすぐにわかります。偶数の場合、真ん中にくる2つの値の平均値を中央値とします。仮に、年収調査が6人に対しておこなわれていて、表5.4のような結果が得られているとしましょう。この場合、上から3番目が400万円、4番目が500万円になるので、中央値はその2つの値の平均値 (400+500) ÷ 2=450万円となります。

表 5.4　年収調査の結果 2

調査対象	年収（万円）
1	0
2	300
3	400
4	500
5	500
6	1,200

（3と4の行に中央値450）

5.2.3　最頻値（モード）

最頻値（モード；mode）は、データのなかで一番度数の多い値です。表5.4の例では、500が2回登場していて、0や300などそのほかの値は1回ずつ登

場しています。したがって、このデータの最頻値は500ということになります。最頻値は、値の大きさや順序を考えずに、データを名義尺度でとらえた場合の中心といえるでしょう（☞名義尺度については2.7節参照）。

最頻値は一番度数の多い値ですから、第4章で学んだ度数分布表やヒストグラムを作成すれば一目瞭然です（☞度数分布表やヒストグラムの作成方法については4.2節参照）。たとえば、年収調査を20人に対しておこなったところ図5.2のような結果が得られたとします。このヒストグラムで一番背の高い棒（この例では、度数が6で一番多い「250万円以上500万円未満」）が最頻値ということになります。

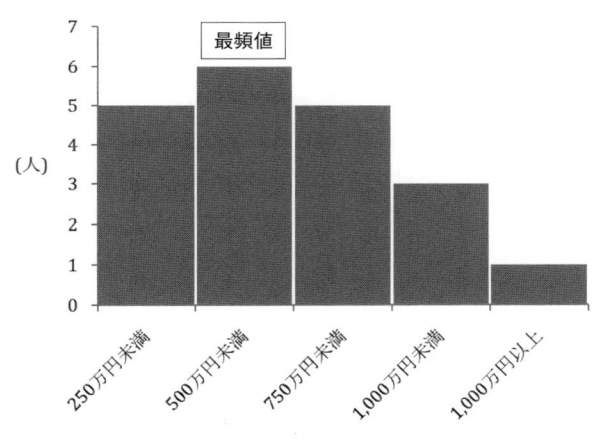

図5.2　年収調査の結果3

5.2.4　代表値の使いわけ

3つの代表値をみてきましたが、どれを使えばいいでしょうか。基本的には、平均値が使われることが多いのですが、データの尺度水準によっては使えないので注意しましょう（表5.5）。

表5.5でとりわけ注意が必要なのは、「△」がついているところです。本来、順序尺度では平均値を計算することができません。しかし実際の分析では、順序尺度変数に特定のポイントを割り振ることで間隔尺度とみなして平均値を計算する場合があります。たとえば、「そう思う」＝4点、「ややそう思う」＝3点、「あまりそう思わない」＝2点、「そう思わない」＝1点などとする場合があります。また本来、量的変数で最頻値を計算することは不適切です。定義

上、重複する値がなければすべてが最頻値、たまたま重複する値があればそれらが最頻値になってしまいます。しかし、前項の図 5.2 のように度数分布表を作成した上で度数がもっとも多い階級を最頻値とするのは問題ありません。

表 5.5　代表値と尺度水準の対応

代表値	量的変数	順序尺度	名義尺度
平均値	○	△（間隔尺度とみなして）	×
中央値	○	○	×
最頻値	△（度数分布表作成後）	○	○

また、平均値を使うときは、はずれ値の存在に気を使わなければなりません。**はずれ値**（outlier）とは、ほかの値と比べて極端に大きかったり小さかったりする値です。たとえば、年収調査の結果が表 5.6 のようになったとしましょう。この場合、平均年収は $(0 + 100 + 200 + 300 + 5,000) \div 5 = 1,120$ 万円になります。ところが、5 人中 4 人は年収 300 万円以下なので、この平均値はデータ全体を代表している値とはいえません。わずか 1 人のお金持ちの年収（＝はずれ値）に平均値が引き上げられているためです。このように、はずれ値があるデータの平均値は、不適切に大きくなったり小さくなったりします。その場合は、はずれ値を除いてから平均値を計算しなおしたり、ほかの代表値を参考にしたりしましょう。

表 5.6　年収調査の結果 4

調査対象	年収（万円）
1	0
2	100
3	200
4	300
5	5000

はずれ値のような極端な値がなくても、分布のかたちによって 3 つの代表値は異なってきます（図 5.3）。3 つの代表値が一致するのは、(a) のような山が 1 つで左右対称型の分布です。データがこうした分布に近い場合は通常通り平均値のみを参照しても問題ないでしょう。しかし、山が 2 つの場合はどうでしょうか。(b) のヒストグラムでは、平均値と中央値は一致しますが、その値をとるケースがありません。したがって、平均値や中央値はデータを代表しているとはいえません。このような場合は、2 つの最頻値を参照したり、データを 2 つにわけた上で代表値を計算しなおしたりするのがいいでしょう。さら

に、左右どちらかに偏っている非対称な分布の場合、3つの代表値はそれぞれ別の値になります。一般に、(c) のように左に山がある場合は最頻値＜中央値＜平均値、(d) のように右に山がある場合は平均値＜中央値＜最頻値という大小関係になります。3つの代表値の差が大きい場合、平均値ではなく中央値や最頻値を参照するのが一般的です。

はずれ値の存在にしても、分布のかたちにしても、ヒストグラムを作成してデータの全体像を眺めればわかります。平均値だけをみると、なんとなく (a) のような分布を思い浮かべてしまうのですが、必ずしもそうではありませんので、このチェック作業を忘れないようにしましょう。

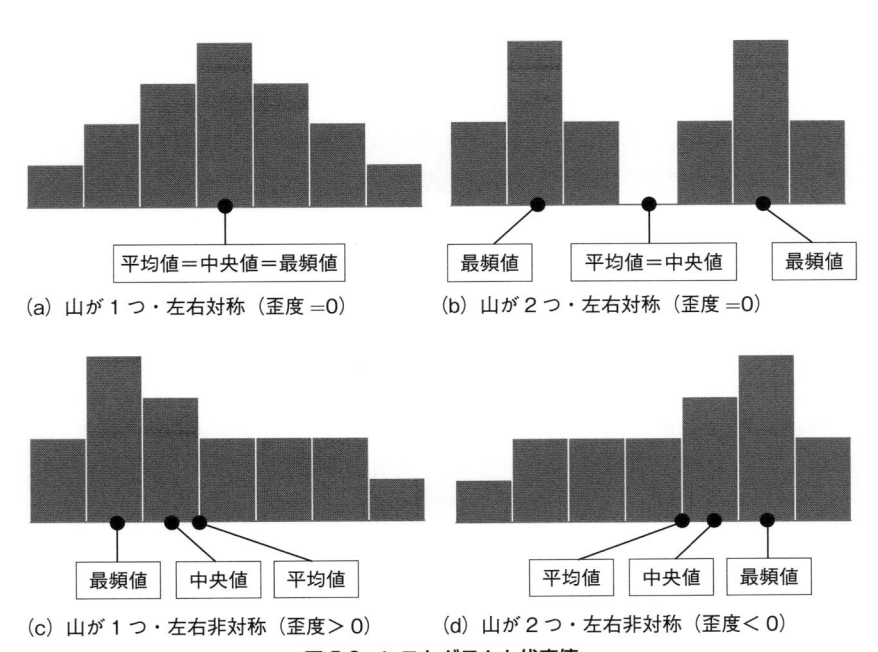

平均値＝中央値＝最頻値	最頻値　平均値＝中央値　最頻値
(a) 山が1つ・左右対称（歪度 =0）	(b) 山が2つ・左右対称（歪度 =0）
最頻値　中央値　平均値	平均値　中央値　最頻値
(c) 山が1つ・左右非対称（歪度＞0）	(d) 山が2つ・左右非対称（歪度＜0）

図 5.3　ヒストグラムと代表値
（☞ 歪度については章末コラム参照）

5.3 データの散らばり：散布度

5.3.1 代表値だけで大丈夫？

これで、データの中心がどのあたりかわかるようになりました。しかし、代表値だけではデータの重要な特徴をみのがしています。次の例を考えてみましょう。友人が「平均年齢25歳の5人グループと食事しない？」という話をもちかけてきたとします。あなたは、どんな年齢構成のグループを想像しますか。

グループ A の年齢構成：24, 25, 25, 25, 26
グループ B の年齢構成：16, 20, 29, 30, 30

上の A と B は両方とも平均年齢25歳のグループです。友人の話をきいたあなたは、おそらくグループ A に近い年齢構成を想像したのではないでしょうか。しかし、実際に食事会に参加してみたらグループ B のような年齢構成だったということもあり得るのです。このように、代表値が同じデータでも分布がずいぶんと違ったものになることがあります。そこで、データの広がりをあらわす散布度をチェックするのが必要なのです。

5.3.2 最大値と最小値の差：範囲（レンジ）

データの最大値と最小値の差を**範囲**（レンジ；range）といいます。食事会の例で範囲を計算すると、グループ A は 26−24=2 歳、グループ B は 30−16=14 歳となり、後者のほうがずっと年齢構成が幅広いことがわかります。このように、範囲は計算がとても簡単な散布度ですが、データの端っこにある2つの値の情報しか反映されていないという欠点があります。そのため、はずれ値がある場合には集団の特徴を正しく反映しないことになります。

5.3.3 平均値からどれくらい離れているか：偏差

社会調査データ分析でもっともよく使われる散布度は、あとでとり上げる分散や標準偏差ですが、これらははじめて統計学を学ぶ人にとって第一の難所になるようです。しかし、分散や標準偏差はその計算方法のもとになっている偏差から導いていけば決して難しいものではありません。

偏差（deviation）は、データの各値と平均値の差 $x_i - \bar{x}$ です。定義式から

もわかるように、偏差は、それぞれの値が平均値からどれくらい離れているかをあらわします。図 5.4 は、グループ A・B の偏差を数直線上にあらわしたものです。グループ A では、24 歳の人の偏差は $24 - 25 = -1$ 歳、26 歳の人の偏差は $26 - 25 = 1$ 歳になります。ほかの 3 人の年齢は平均年齢と同じ 25 歳ですから偏差は 0 になります。グループ B の偏差も同様に計算できます。

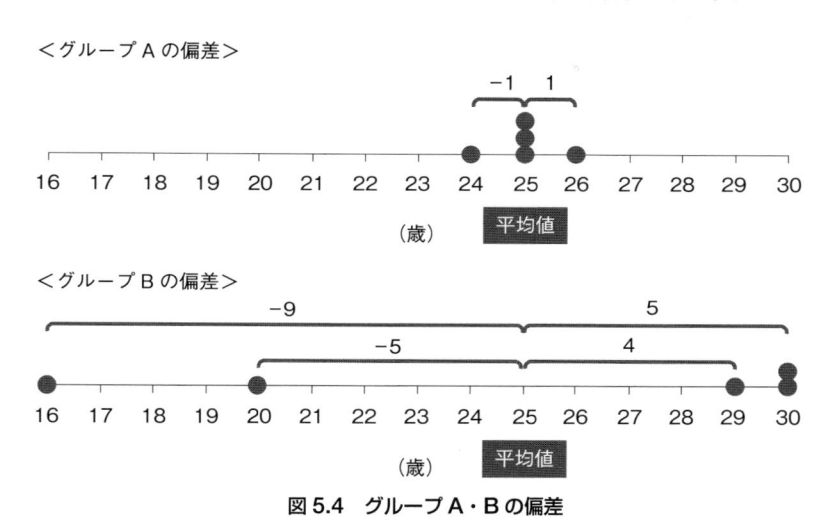

<グループ A の偏差>

<グループ B の偏差>

図 5.4　グループ A・B の偏差

5.3.4　偏差平方の平均値：分散

　偏差は、データの個数だけ計算されます。それらを散らばりの指標として利用するには、1 つの数字に集約しなければなりません。そうすると、すべての偏差を足したり、その平均値を計算したりすればいいと思ってしまうのですが、偏差にはプラスとマイナスのものがあり、そのまま合計すると必ず 0 になってしまうという特徴があります[※4]。そこで、あらかじめ偏差を 2 乗してマイナスをプラスに変えてから 1 つの数字に集約することを考えます。記号であらわすと、$(x_i - \bar{x})^2$ です。これを **偏差平方**（square of deviation）といいます。

　この偏差平方をすべて足して値の個数 n で割ったものを **分散**（variance）といいます。つまり、偏差平方の平均値です。記号 s^2 で表記します[※5]。定義式は、以下のようになります[※6]。

※4　グループ A・B の偏差で確認してみましょう。
※5　とくに「変数 x の分散」と表現したいときには s_x^2 と表現することもあります。
※6　ちなみに、偏差平方を単に合計した $\sum_{i=1}^{n}(x_i - \bar{x})^2$ を **偏差平方和** といいます。

$$s^2 = \frac{1}{n}\sum_{i=1}^{n}(x_i - \bar{x})^2$$

実際に、グループ A・B の分散をそれぞれ計算すると以下のようになり、グループ B の分散のほうがずっと大きいことがわかります。

グループ A の分散：$\{(-1)^2 + 0^2 + 0^2 + 0^2 + 1^2\} \div 5 = 0.4$
グループ B の分散：$\{(-9)^2 + (-5)^2 + 4^2 + 5^2 + 5^2\} \div 5 = 34.4$

以上、分散の計算方法を偏差から導いてきました。要するに分散は、各調査対象のもつ値がデータの中心から平均的にどれだけ離れているかということをあらわす指標です。最後に、分散の計算プロセスをまとめておきます（図5.5）。

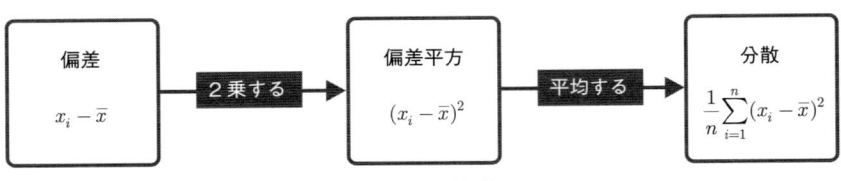

図 5.5　分散の計算プロセス

5.3.5　分散の平方根：標準偏差

5.3.4 項では、分散を計算する際に偏差を 2 乗することでマイナスをプラスに変えました。しかしそうすると、もともとの測定単位が使用できなくなってしまいます。たとえば、偏差が 5 歳のとき偏差平方は $5^5 = 25$ になり、2 乗しているために「歳」という単位が使えません。偏差平方を集めて平均値を計算した分散も同様です。この問題を解決するために、分散の正の平方根をとった値を**標準偏差**[※7]（standard deviation）といい、記号 s で表記します。分散が s^2 と表記されるのは、分散が標準偏差 s の 2 乗だからです。定義式は、以下のようになります。ルートがつくと難しそうにみえますが、単に分散の平方根であることを確認してください。

$$s = \sqrt{\frac{1}{n}\sum_{i=1}^{n}(x_i - \bar{x})^2}$$

※7　頭文字をとって SD と表記されることもあります。

グループ A・B の標準偏差を実際に計算してみましょう。両グループの分散は 5.3.4 項で計算済みですから、それらの平方根を計算するだけです。

グループ A の標準偏差：$\sqrt{0.4} \fallingdotseq 0.6$ 歳
グループ B の標準偏差：$\sqrt{34.4} \fallingdotseq 5.9$ 歳

5.3.6　標準偏差を平均値で割る：変動係数

5.3.5 項で標準偏差について説明した際に、「標準偏差はデータと同じ測定単位」として解釈できるとしました。しかし逆にいえば、単位が異なる変数同士の散布度を単純に比べられないことになってしまいます。たとえば、あるクラスにおけるひと月の携帯電話利用料金が平均 8,000 円、標準偏差 2,000 円だったとします。これを 1 ドル = 100 円として換算すれば、平均 80 ドル、標準偏差 20 ドルとなります。この 2 つの標準偏差はもともと同じものですが、通貨が異なるため数字だけをみれば円のほうがずいぶん大きくなっています。このような比較をするために標準偏差に調整を加えた指標が**変動係数**[8] (coefficient of variation) です。変動係数 CV は、変数の標準偏差を同じ変数の平均値で割ったものです。

$$CV = \frac{s}{\bar{x}}$$

携帯電話利用料金の変動係数を計算してみましょう。円換算では 2,000 ÷ 8,000 = 0.25、ドル換算では 20 ÷ 80 = 0.25 となり、同じということが確認できます。40 代男性の体重（キログラム）と、同じ人びとの年収（円）とではどちらの散布度が大きいのか、というように測定単位の桁が大きく異なるものを比べるときには変動係数を使ってください。

---

[8]　**相対標準偏差**（relative standard deviation）とも呼ばれます。

5.4 Excelで基本統計量を計算しよう

本章ではさまざまな基本統計量を紹介してきましたが、Excelにはそれらを出力する関数があらかじめ用意されていますので、計算方法も含めて表5.7にまとめておきます。

表5.7 基本統計量を出力するExcel関数

	基本統計量	計算方法	Excel関数 ( )内はデータ範囲
代表値	平均値	$\bar{x} = \dfrac{1}{n}\sum_{i=1}^{n} x_i$	=AVERAGE( )
	中央値	大小順に並べたデータの真ん中の値（データが偶数個のときは中央2個の平均）	=MEDIAN( )
	最頻値	度数が一番多い値	=MODE( )
散布度	範囲	最大値−最小値	=MAX( )−MIN( )
	偏差平方和	$\sum_{i=1}^{n}(x_i - \bar{x})^2$	=DEVSQ( )
	分散	$s^2 = \dfrac{1}{n}\sum_{i=1}^{n}(x_i - \bar{x})^2$	=VARP( )
	標準偏差	$s = \sqrt{\dfrac{1}{n}\sum_{i=1}^{n}(x_i - \bar{x})^2}$	=STDEVP( )

関数以外に、［データ分析］を利用する方法もあります。［データ分析］では、さまざまな基本統計量を一度に計算することができます。そのために、あらかじめ以下のように操作して［データ分析］を利用可能な状態にしておきましょう。

① ［Office］ボタンから［Excelのオプション］をクリック（図5.6）。Excel 2010以降では［ファイル］メニューから［オプション］をクリック。
② 左のメニューから［アドイン］を選択し、下にある［管理］の［設定］ボタンをクリック（図5.7）。
③ ［分析ツール］にチェックし、［OK］ボタンをクリック（図5.8）。

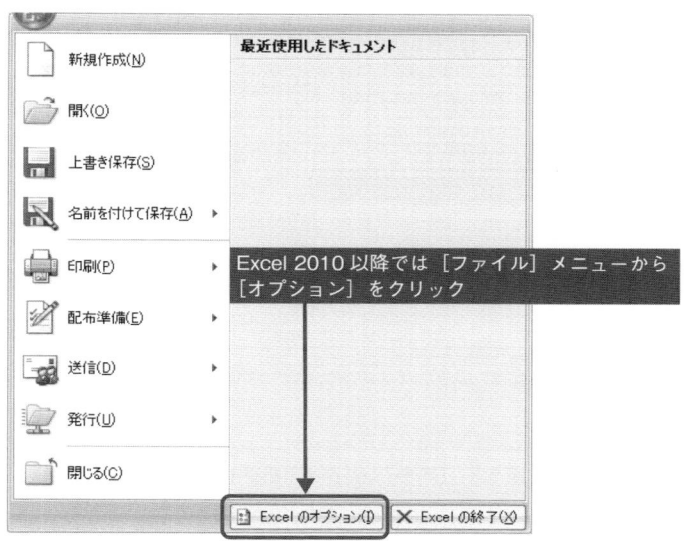

5.4 Excel で基本統計量を計算しよう | 101

図 5.6 [Office] ボタンのメニュー

図 5.7 [Excel のオプション] ダイアログボックス

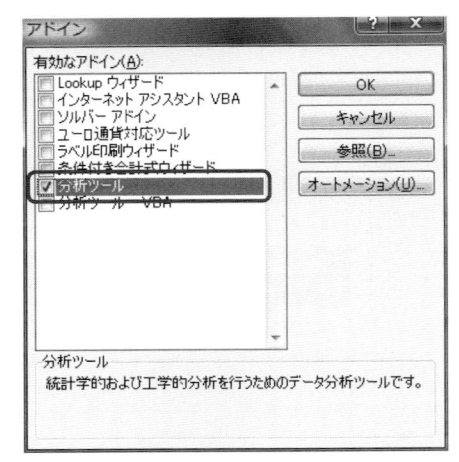

図 5.8 [アドイン] ダイアログボックス

　これで準備完了です。さっそく基本統計量を計算してみましょう。ここでは、「第 5 章 .xlsx」の［県民所得］シートにある都道府県別一人当たり県民所得をとり上げます。

① ［データ］タブ→［データ分析］をクリック。
② ［データ分析］ダイアログボックスから［基本統計量］を選択し、［OK］ボタンをクリック（図 5.9）。
③ ［基本統計量］ダイアログボックスの［入力範囲］にデータ範囲を指定し、［統計情報］をチェックして、［OK］ボタンをクリック（図 5.10）。
④ 新しいシートが挿入され、分析結果が出力される（図 5.11）。

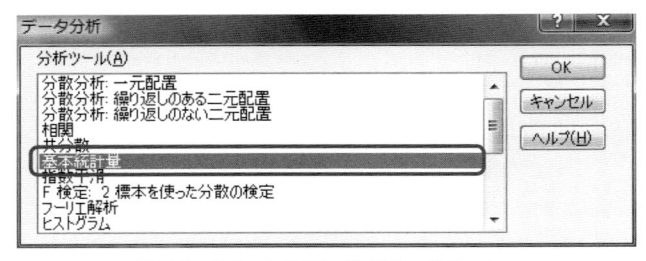

図 5.9 ［データ分析］ダイアログボックス

5.4 Excel で基本統計量を計算しよう 103

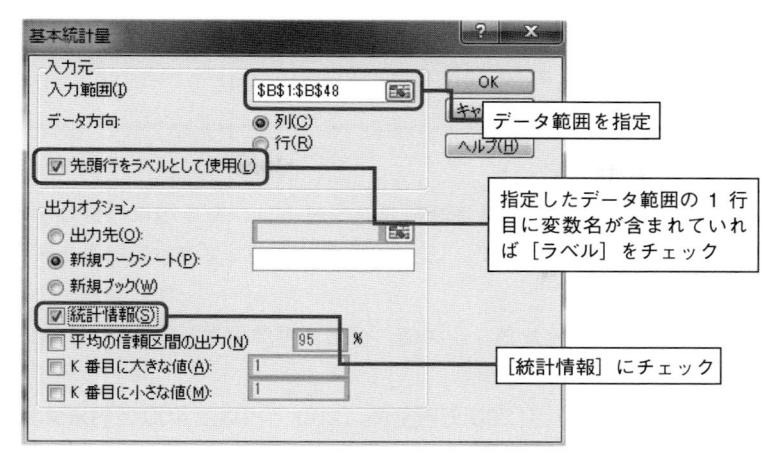

図 5.10 [基本統計量] ダイアログボックス

	A	B
1	一人当たり県民所得（万円）	
2		
3	平均	271.7617
4	標準誤差	5.683866
5	中央値（メジアン）	264.9
6	最頻値（モード）	262.9
7	標準偏差	38.96662
8	分散	1518.398
9	尖度	4.125797
10	歪度	1.303644
11	範囲	222.5
12	最小	204.2
13	最大	426.7
14	合計	12772.8
15	標本数	47

図 5.11 分析結果の出力

　分析結果の出力のなかには、初登場の基本統計量もありますね。標本誤差（standard error）は第 1 章で述べた推測統計学の重要な指標ですが、本書ではあつかいません。尖度と歪度については章末コラムを参照してください。

　ここで、[データ分析] の出力について注意しなければならないことを 2 点指摘しておきましょう。第一に、上記の最頻値は量的変数を対象にそのまま計算されたものなので不適切な値です（☞ 5.2.4 項参照）。第二に、実は、[データ分析] の出力する分散・標準偏差は、表 5.7 の計算方法や関数と若干異なり、n ではなく $n-1$ で割ったものになっています（☞ この違いについては第

6章コラム参照)。記述統計学では n で割ったものが用いられますので、分散・標準偏差は関数を使って求めたほうがいいでしょう。

課題●

① 「第5章.xlsx」の［基本統計量］シートは、ある地域の男性サラリーマンの年収です。［データ分析］を使って基本統計量を求めてみよう。

② 関数を使って平均値、中央値、分散、標準偏差を求め、①の結果と照合してみよう。

③ 200万円区切り（「200万円未満」「200万円以上400万円未満」…「1,400万円以上」）のヒストグラムを作成し、最頻値になる階級を求めてみよう。

集計表から平均値を計算する　　　COLUMN

ローデータが手に入る場合の平均値の計算は、本章で述べたように「全部足してケース数で割る」という方法で簡単におこなうことができます。しかし、次のような集計表しか入手できない場合もあります。

表5.8　所持金の調査結果（集計表）

所持金（円）	人数
100	3
200	8
300	15
400	13
500	7
600	4
合計	50

表5.8から所持金の平均値を計算するにはどうすればいいでしょうか。各カテゴリーの金額に人数を掛けた数をすべて足し上げていくと全員の所持金を合算した総額になるので、それを人数で割れば平均値が計算できます。つまり50人の所持金の平均値は $\bar{x}$ =(100×3+200×8+300×15+400×13+500×7+600×4)÷50=350円と計算できます。このように、各カテゴリーの値に度数を掛けて通算し、全体の度数で割って計算した平均値を**加重平均**（weighted mean）といいます。

加重平均値を計算する際のカテゴリー値は、上のように単一の値であるときもありますが、各カテゴリーが数値の幅をもった階級のときもあります（☞ヒストグラムと階級については4.2節参照）。その場合は、その階級値を用います[9]。集計表をつくる前のもとの数値ではなく階級値を用いるのでローデータから計算した平均値とは少しズレが生じてしまいますが、もとの数値の情報が失われているのでしかたがありません。集計表からおよその平均値を知るための方法として身につけてください。

---

[9] たとえば「0円～99円」のような場合には49.5円として計算しますので、注意してください。

データの歪みと尖り COLUMN

　本章では、代表値と散布度をとり上げましたが、基本統計量はそのほかにもあります。ここでは補足的に、歪度と尖度を紹介します。表5.9は、それぞれの定義式とExcel関数です。

　歪度（skewness）は、分布の左右への歪みの度合い、つまり非対称さの指標です。右に分布のすそが広ければ「右に歪んでいる」といいます。定義式[※10]の丸暗記は必要ありませんが、この数値が正の方向に大きいほど右にすそが長い分布になっていて、負の方向に大きいほど左にすその長い分布になっていることは知っておいてください。歪度0で左右対称の分布です（☞ 歪度と分布のかたちについては図5.3参照）。

　尖度（kurtosis）は、分布の尖り度合い、つまり平べったさの指標です。正規分布のとき尖度は3になります。3より大きければ正規分布よりも尖った分布、3より小さければ正規分布よりも平べったい分布ということになります。尖度も歪度と同じく分散の考え方を利用しており、定義式[※11]も歪度とよく似ています。

表5.9　歪度・尖度を出力するExcel関数

基本統計量	計算方法	Excel関数 ( )内はデータ範囲
歪度	$Sk = \dfrac{\dfrac{1}{n}\sum_{i=1}^{n}(x_i - \bar{x})^3}{s^3}$	=SKEW( )
尖度	$Ku = \dfrac{\dfrac{1}{n}\sum_{i=1}^{n}(x_i - \bar{x})^4}{s^4}$	=KURT( )

※10　分子が、分散の定義式とよく似ています（2乗→3乗）。分母が標準偏差の3乗となっています。
※11　歪度と違う点は、歪度で3乗となっているところが4乗となっているところです。

第 6 章

異なる尺度上の値を比較する：標準化

6.1 ■■ 標準偏差の解釈

　5.3.5項では、散布度の1つとして標準偏差を紹介しました。標準偏差はデータと同じ測定単位が使えますが、その解釈は簡単ではありません。たとえば、平均年齢25歳の2つのグループAとBの標準偏差がそれぞれ0.6歳と5.9歳だったとします[※1]。この場合、その大小関係から前者よりも後者のほうが大きく散らばっていることはわかるのですが、0.6や5.9といった数字をもっと具体的に解釈する方法はないのでしょうか。

　このようなとき、正規分布との関係で標準偏差を解釈することがあります。詳しくは割愛しますが、**正規分布**（normal distribution）は平均値を中心としたツリガネ型で左右対称の分布です（図6.1（c））。横軸はデータの値、縦軸は度数です[※2]。正規分布は、ちょうどヒストグラムの階級をかぎりなく増やして細かくした状態だと考えることができます（☞ヒストグラムについては4.2節参照）（図6.1）。

※1　5.3節の食事会の例を引き続き使っています。
※2　正確には、縦軸は**確率密度**ですが、話を簡単にするためにここでは割愛します。

(a) 11 階級　　　　　　　　　　(b) 25 階級

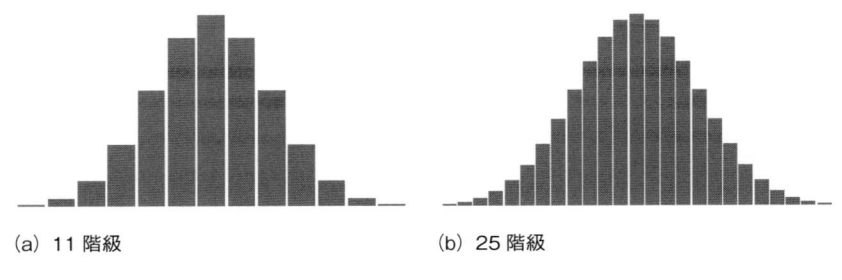

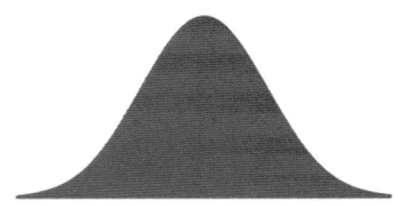

(c) ∞階級＝正規分布

図 6.1　ヒストグラムから正規分布へ

　データが正規分布にしたがっているとき、平均値を中心として標準偏差で区切られた各区間に含まれるデータの割合には法則があります（図 6.2）。この法則を利用して標準偏差を解釈します。平均値から 1 標準偏差離れたところまでにデータの 34.1%、そこからもう 1 標準偏差離れるとさらに 13.6% が含まれます。平均値を中心に左右で考えると、平均値 ± 1 標準偏差の範囲にデータの 7 割（68.3%）、± 2 標準偏差の範囲にほとんど（95.4%）が含まれます。したがって、仮にグループ A の年齢が正規分布していたとすれば、25 − 0.6 = 24.4 歳 〜 25 + 0.6 = 25.6 歳に 7 割、25 − 2 × 0.6 = 23.8 歳〜 25 + 2 × 0.6 = 26.2 歳にほとんどのメンバーが含まれると解釈できます[※3]。

　この解釈は、データが正規分布していることを前提としたものですから、まったく異なったかたちの分布のときには通用しません。ただ、分布が似たようなものであれば目安としてこのように解釈してもいいでしょう。

※3　グループ B でも計算してみましょう。

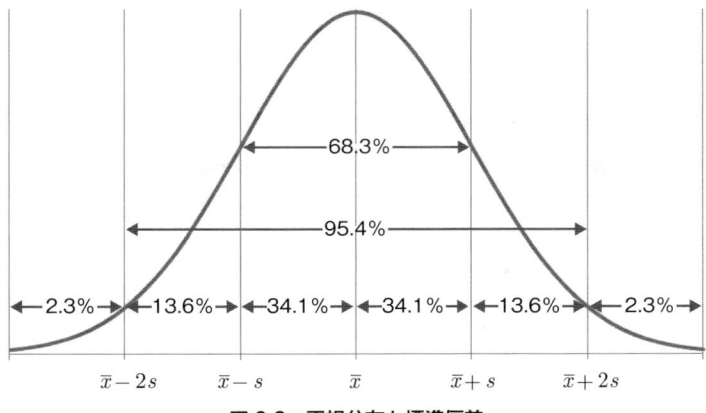

図6.2 正規分布と標準偏差

> **課題●**
> 第5章でExcelを使って計算した標準偏差を、上記の方法で解釈してみよう。

6.2 テストの点数だけで得意科目がわかるか

次の例を考えてみましょう。あるクラスでテストを実施したところ、Aさんの結果は、英語86点、国語64点、数学44点でした。Aさんの得意科目は一番得点が高い英語でしょうか。この問題の答えは、Aさん1人ではなくクラス全体の得点のことを考慮しなければわかりません。表6.1はAさんの得点、クラス全体の平均点、標準偏差をまとめたものです。

表6.1 テストの結果

科目	Aさん 得点	クラス 平均点	クラス 標準偏差
英語	86	90	4
国語	64	50	10
数学	44	30	4

まずは平均値です。どんなにAさんの得点が高くても、それがクラスの平均点よりも低ければ、ほかのメンバーと比べて成績が悪いことになります。こ

こではAさんの偏差を計算し、各科目の得点が平均点よりどのくらい高い／低いかをみてみましょう。

　　　Aさんの英語の偏差：86 − 90 = −4
　　　Aさんの国語の偏差：64 − 50 = 14
　　　Aさんの数学の偏差：44 − 30 = 14

　この結果から、英語は平均点よりも4点低く、国語と数学は14点高いので、Aさんは英語が不得意なことがわかります。では、国語と数学ではどっちが得意なのでしょうか。これには、標準偏差を考慮する必要があります。なぜなら、クラスのほとんどの人が平均点前後に集中している場合（標準偏差小）と、散らばりが大きい場合（標準偏差大）とでは偏差でも意味が違ってくるからです。同じ偏差でも、前者の場合のほうがほかのメンバーに比べて成績が良いと考えられるでしょう。そこで、標準偏差を基準として偏差の大きさを比べるために、後者を前者で割ります。

　　　Aさんの英語の偏差÷クラスの標準偏差：−4 ÷ 4 = −1
　　　Aさんの国語の偏差÷クラスの標準偏差：14 ÷ 10 = 1.4
　　　Aさんの数学の偏差÷クラスの標準偏差：14 ÷ 4 = 3.5

　この結果から、国語の偏差は標準偏差の1.4倍、数学は3.5倍なので、Aさんは3科目のなかで数学が一番得意という結論になります。

6.3 偏差÷標準偏差：標準得点

　前節の例では、各科目の偏差を標準偏差で割ることによってAさんの得点の価値を比較しました。もちろん、Aさん以外の人も同じ方法でどの科目が得意か比較することができます。全員の得点をこの方法で変換すると、どの科目も変換後の平均が0、標準偏差が1になります。

　このように、平均値・標準偏差が異なる複数の量的変数を特定の平均値・標準偏差に変換して、そのなかの個々の値を比較できるようにすることをデータの**標準化**[4]（standardization）といいます。また、標準化後のデータのことを

※4　**基準化**とも訳されます。

標準得点[5]（standard score）といいます。一般に、標準化は平均が 0、標準偏差が 1 になるようにおこなわれます。このときの標準得点 z_i は、各値 x_i の偏差 $\bar{x}$ を標準偏差 s で割ることによって得られます[6]。

$$z_i = \frac{x_i - \bar{x}}{s}$$

この定義式からもわかるように、標準得点は、各値の偏差が標準偏差何個分かということを示しています。つまり標準化は、データの各値を偏差と標準偏差の比に変換することによって測定単位に左右されないようにしています。また、最大・最小が何点の量的変数でも比較が可能になります。

受験などでよく耳にする**偏差値**（deviation score）も標準得点の一種で、小さい値やマイナスの値が含まれる標準得点をわかりやすいかたちに変換したものです。偏差値 Z_i は平均 50、標準偏差 10 になるよう、以下のように計算します[7]。

$$Z_i = 10 z_i + 50$$

前項の例で A さんの偏差値は以下のようになります。

    A さんの英語の偏差値：10 × (−1) + 50 = 40
    A さんの国語の偏差値：10 × 1.4 + 50 = 64
    A さんの数学の偏差値：10 × 3.5 + 50 = 85

なお、標準化の前後で個々の数値は変化するのですが、データ全体でみれば分布のかたちは一切変化しません。

---

[5] 標準化前のデータを標準得点と区別するために**素点**と呼ぶことがあります。
[6] 平均 0、標準偏差 1 に標準化されたデータを **z 得点**と呼びます。単に「標準得点」といった場合、この z 得点のことを意味します。
[7] z 得点が小文字の z なのに対して、偏差値は大文字の Z で表記されることが多いです。

6.4 標準得点と正規分布の関係

変数を標準得点や偏差値に標準化すると、6.1 節の図 6.2 で説明した標準偏差と正規分布の関係がもっと簡単になります。平均値と標準偏差が固定されるからです（図 6.3）。ここから、標準得点 −1 〜 1（偏差値 40 〜 60）にデータの約 7 割、標準得点 −2 〜 2（偏差値 30 〜 70）にほとんどが含まれることになります。また、ある特定の標準得点よりも低い人が何%で高い人が何%といったこともわかるようになります。たとえば、標準得点 1（偏差値 60）から下（上）に全体の約 84%（16%）が含まれることがわかります[8]。

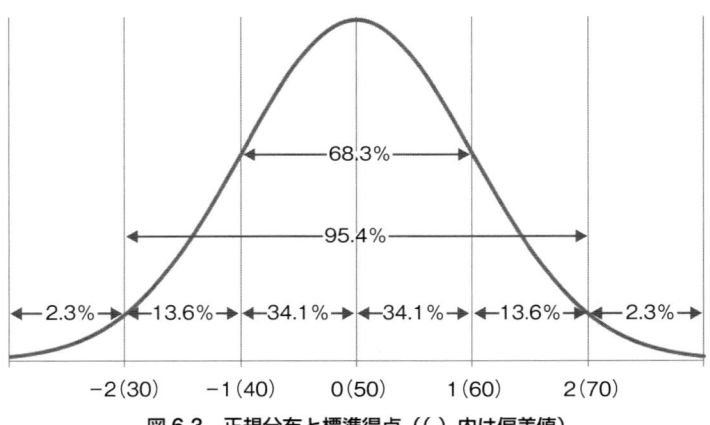

図 6.3 正規分布と標準得点（（ ）内は偏差値）

6.5 Excel で標準化しよう

前述のように、標準化の計算は難しくありません。平均値・標準偏差を求め、定義式を入力して標準得点を求めましょう。また、以下の Excel 関数を利用してもいいでしょう。

=STANDARDIZE(素点 , 平均値 , 標準偏差)

---

[8] 本書では割愛しますが、この標準得点と正規分布の関係は、推測統計学で非常に重要な役割を果たすことになります。

6.5 Excelで標準化しよう

この関数を利用して偏差値を求める場合は以下のように入力します。

=10*STANDARDIZE(素点, 平均値, 標準偏差)+50

正規分布との関係（図6.3）から、特定の標準得点から下に全体の何％が含まれるか詳細に求めるExcel関数もあります[9]。

=NORMSDIST(標準得点)

6.4節の図6.3では、切れのいい標準得点と割合の関係を示しましたが、この関数を使えば1.5などといったもっと半端な標準偏差からも割合を求めることができます（図6.4）。

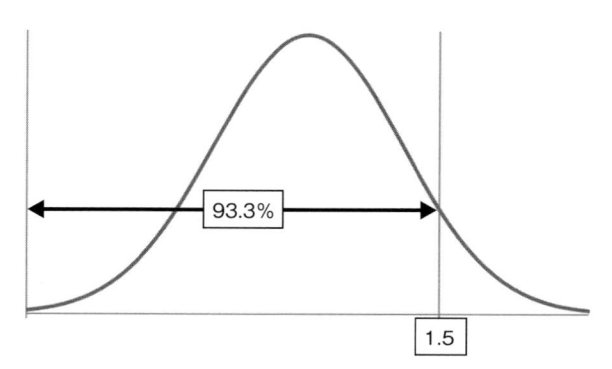

図6.4　NORMSDIST関数

実際にNORMSDIST関数を使って、6.1節で求めたAさんの得点から下の人の割合を求めてみましょう。

英語でAさんから下の人の割合：NORMSDIST(−1)=0.159
国語でAさんから下の人の割合：NORMSDIST(1.4)=0.919
数学でAさんから下の人の割合：NORMSDIST(3.5)=1.000

したがって、英語では15.9％、国語では91.9％、数学では100.0％がAさんから下にいるということになります。

---

[9] このほかにも、標準化データの平均値・標準偏差を引数として指定するNORMDIST関数があります。偏差値などのように、平均値0、標準偏差1以外の標準得点にはこちらを使ってください。

> **課題●**
> ① 「第 6 章 .xlsx」の［標準化］シートは、あるテストの結果です。この得点から、標準得点と偏差値を求めてみよう。
> ② テストを受けた人から 1 人を選び、正規分布を前提とした場合、その人の点数から下の人の割合を求めてみよう。

$n-1$ で割る分散と標準偏差 COLUMN

本章では、分散の計算方法を、「偏差平方をすべて足して n で割る（偏差平方の平均）」と学びました。しかしややこしいことに、分散には n で割るもののほかに $n-1$ で割るものがあります。これは、データをなんらかの母集団から抽出した標本とみなしたとき、$n-1$ で割るほうが母集団の分散を推測するのに都合がよいという数学的な理由によります。$n-1$ で割った分散を、**不偏分散**（unbiased variance）といいます。同様に、不偏分散の平方根を**不偏標準偏差**（unbiased standard deviation）といいます。

本書で「分散」「標準偏差」といえば n で割るほうを意味しますが、標本調査や推測統計学の文脈で「分散」「標準偏差」といえば普通は不偏分散・不偏標準偏差のほうを指します（☞ 標本調査や推測統計学については 1.7 節と 1.8 節参照）。Excel でもこれらを区別して別々の関数が用意されています（表 6.2）。

表 6.2 分散・標準偏差を出力する Excel 関数

	基本統計量	計算方法	Excel 関数 ( ) 内はデータ範囲
記述 統計学	分散	$s^2 = \dfrac{1}{n}\sum_{i=1}^{n}(x_i - \bar{x})^2$	=VARP( )
	標準偏差	$s = \sqrt{\dfrac{1}{n}\sum_{i=1}^{n}(x_i - \bar{x})^2}$	=STDEVP( )
推測 統計学	不偏分散	$\hat{\sigma}^2 = \dfrac{1}{n-1}\sum_{i=1}^{n}(x_i - \bar{x})^2$	=VAR( )
	不偏標準偏差	$\hat{\sigma} = \sqrt{\dfrac{1}{n-1}\sum_{i=1}^{n}(x_i - \bar{x})^2}$	=STDEV( )

第7章

データを視覚化する：グラフの読み方・つくり方

7.1 なぜわざわざグラフをつくるのか

　新聞、雑誌、テレビのニュースや情報バラエティ番組などをみていると、多彩なグラフが頻繁に登場しますので、みなさんも日常的にグラフに接していると思います。こうしたグラフは、数字が並んだ表をもとにつくられています。どうしてわざわざグラフ化するのでしょうか。それは、次のような理由があるからです。

① **効率**：データの特徴をすぐに効率よく把握するため
② **分析**：数字だけではわかりにくい視点からデータを分析するため
③ **提示**：データの特徴をわかりやすく印象強く人に伝えるため

　これらを確認するために、表7.1と図7.1を見比べてみてください。表7.1は、普段の朝食のメニューについて「和食中心」「洋食中心」「その他の料理中心」「どれが中心ともいえない」という回答の割合を年代別にまとめたものです。また、図7.1はそれをグラフ化したものです。どちらももとになったデータに違いはないのですが、明らかにグラフのほうがわかりやすくなっています。まず、表のほうはパッとみただけでは数字の羅列で全体像をとらえるのが困難です。これに対して、グラフはビジュアルで瞬時に把握することができて効率的です（①）。また、各年代で回答分布の違いを分析したいときも、グラフなら色の面積によって簡単かつ正確に比較することができます（②）。そして、人にデータを提示するときも、グラフの表現力があれば数字や文章よりも印象

を強化することができます（③）。

表7.1　年代別朝食の種類（%）

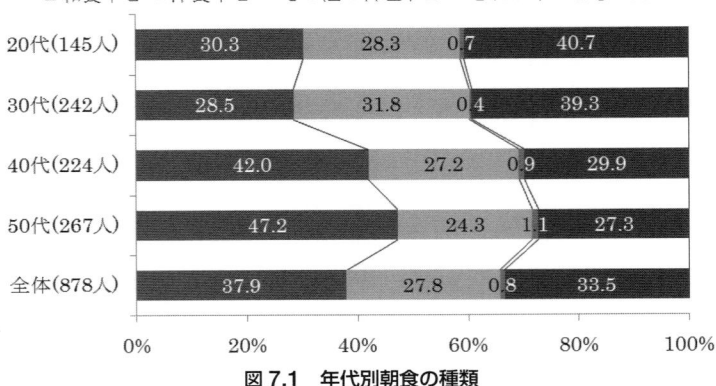

	和食中心	洋食中心	その他の料理中心	どれが中心ともいえない	合計（度数）
20代	30.3	28.3	0.7	40.7	100.0 (145)
30代	28.5	31.8	0.4	39.3	100.0 (242)
40代	42.0	27.2	0.9	29.9	100.0 (224)
50代	47.2	24.3	1.1	27.3	100.0 (267)
全体	37.9	27.8	0.8	33.5	100.0 (878)

図7.1　年代別朝食の種類

　このようなメリットがあるグラフですが、ソフトウェアを使えばさまざまな種類のものが作成可能になっています。分析者は、目的やデータのかたちに応じて適切なグラフを選択することになります。本章では、調査報告書などで使われることの多い代表的なグラフを紹介します。

7.2 グラフのもとになるデータと系列

　グラフの説明に入る前に、元データの「系列」について押さえておきましょう。**系列**（series）とは、グラフのもとになるひとまとまりの数値のことです。たとえばAさんの携帯電話利用料金1年ぶんのデータや、Bさんの摂取カロリー1週間ぶんのデータは1つの系列です。前述のように、グラフは数表をもとにつくられますが、系列はその表の各行または各列にあたります。行と

列の違いはありますが、表7.2と表7.3はどちらも1系列のデータです。一方、表7.4は行からみても列からみても4系列のデータということになります。系列の数によって使えるグラフがかぎられてきたり、グラフが複雑になったりするので、作成時はあらかじめ系列の数を意識しておきましょう。

> ちなみに冒頭の表7.1を行でみると、「20代」〜「50代」に「全体」含めて5系列ということになります。列でみた場合は、グラフを作成する際に不要な「合計」「(度数)」を除く4系列になります。

表7.2　2009年の携帯電話契約者数(1系列)

	D社	A社	S社	E社
2009年	54,219,400	30,562,800	20,120,200	1,191,800

表7.3　D社の携帯電話契約者数(1系列)

	D社
2006年	50,496,200
2007年	52,220,800
2008年	53,170,300
2009年	54,219,400

表7.4　2006-2009年の携帯電話契約者数(4系列)

	D社	A社	S社	E社
2006年	50,496,200	24,802,500	15,134,300	—
2007年	52,220,800	27,433,900	15,660,500	—
2008年	53,170,300	29,637,500	17,814,200	238,500
2009年	54,219,400	30,562,800	20,120,200	1,191,800

7.3　大小を比較する：棒グラフ

7.3.1　棒グラフ

　数値を棒の長さで表現し、大小を比較するのが**棒グラフ**（column chart）です。図7.2は表7.2をもとにした棒グラフです。これは縦棒ですが、横棒にすることも可能です。

> ⚠ 項目のラベル（ここでは「D社」など）が長い場合は、横棒グラフにしたほうがキレイなグラフができます。

項目の並びに特別な意味がない場合、大きい順に並べるほうが親切です。

> ⚠ たとえば、血液型の人数をグラフにする場合、大きい順に並べるよりも慣例にしたがってA、B、O、ABの順に並べるほうが自然です。

棒グラフは、時系列データに使われることもありますが、推移を強調する場合は折れ線グラフ（後述）が優先的に使われます。なお、ヒストグラムは縦棒グラフの特殊なかたちです（☞ヒストグラムについては、4.2節参照）。

図7.2 携帯電話契約数（棒グラフ）

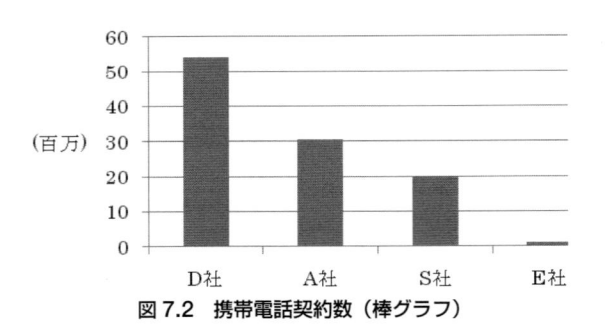

図7.3は表7.4をもとにしたグラフです。このように、多系列のデータを1つの棒グラフにまとめることもできます。ただし、系列数が多くなると棒グラフではみづらくなります。元データが同じでも、合計を強調する場合は積み上げ棒グラフ（☞7.3.2項参照）を使います。

> ⚠ 多系列データの棒グラフを**複合棒グラフ**と呼ぶことがあります。

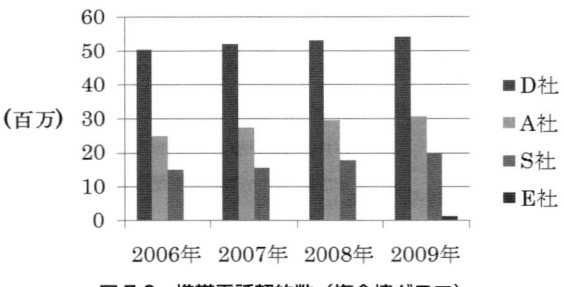

図7.3 携帯電話契約数（複合棒グラフ）

7.3.2　積み上げ棒グラフ

内訳を表示した棒グラフを**積み上げ棒グラフ**（stacked column chart）といいます。多系列データの合計と内訳の大小を同時に比較するときに用いられます。図7.4は、図7.3と同様、表7.4から作成した積み上げ棒グラフです。全体として携帯電話契約数が伸びていることと、その内訳としてはS社がとくに伸びていることがわかります。この例では時系列データに積み上げ棒グラフを使いましたが、推移を強調する場合は面グラフ（☞7.5.2項参照）を使います。

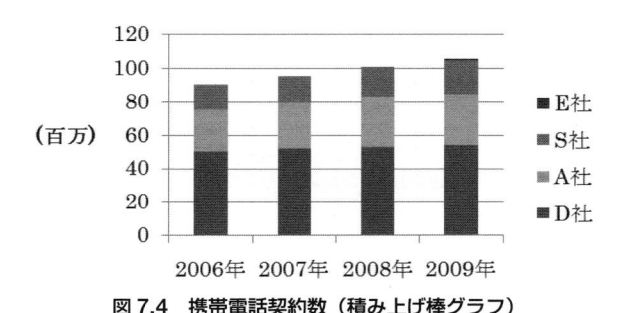

図 7.4　携帯電話契約数（積み上げ棒グラフ）

7.4 構成比をあらわす：円グラフと帯グラフ

7.4.1　円グラフ・ドーナツグラフ

360°を100％として中心角の角度で内訳の構成比をあらわすのが**円グラフ**（pie chart）（図7.5左）や**ドーナツグラフ**（doughnut chart）（図7.5右）です。棒グラフと同様、項目の並びに特別な意味がない場合、12時から時計回りに構成比が大きい順に並べると親切です。ドーナツグラフの場合、真ん中の穴のところにタイトルや合計などを表示することが多いです。

図7.6のように、複数の系列を1つにまとめて構成比を比較することもできます。ただし、3つ以上をまとめると非常にみづらくなってしまいます。そのときは、帯グラフ（☞7.4.2項参照）を使ったほうがいいでしょう。

> ⚠ 多系列データの円グラフを**多重円グラフ**と呼ぶことがあります。

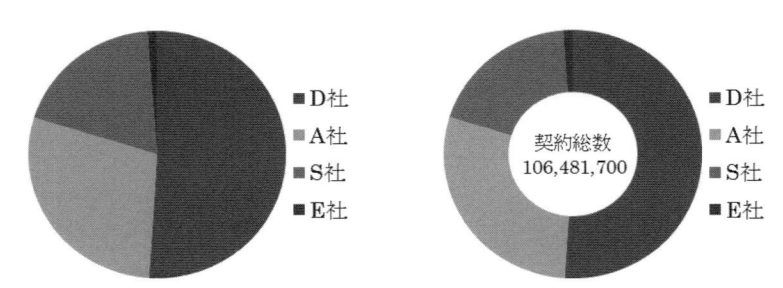

図7.5　携帯電話契約数のシェア（円グラフ・ドーナツグラフ）

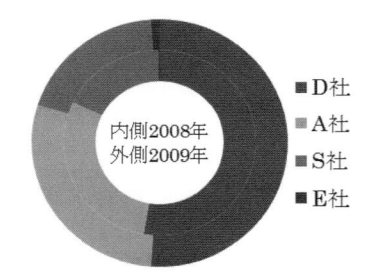

図7.6　携帯電話契約数のシェア（多重円グラフ）

7.4.2　帯グラフ

帯の全長を100％として内訳の構成比をあらわすのが**帯グラフ**（stacked bar chart）です。図7.7は図7.5と同じデータから作成した帯グラフです。これらは横帯ですが、縦帯にすることも可能です。積み上げ棒グラフとの違いに注意してください（☞7.8節の(3)も参照してください）。

> ⚠ 棒グラフと同様、項目ラベルが長いときは横帯グラフのほうがキレイです。

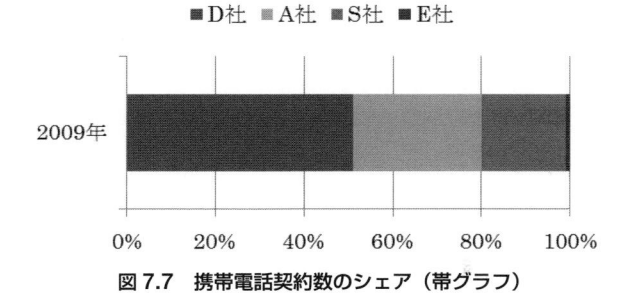

図 7.7　携帯電話契約数のシェア（帯グラフ）

　多系列データを1つにまとめて構成比の比較に使われこともあります。クロス集計表のグラフ化が代表的ですが、帯グラフはそうした用法が多いです。図7.8は図7.6と同じデータがもとになっています。この例のように、区分線を追加すると内訳の差が強調されます。

> 冒頭の図7.1がクロス集計をグラフ化したものです（☞クロス集計については第11章参照）。

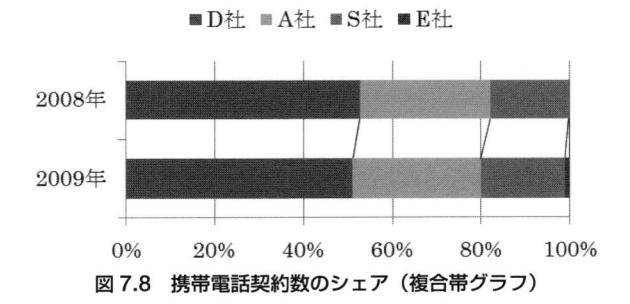

図 7.8　携帯電話契約数のシェア（複合帯グラフ）

7.5 推移をあらわす：折れ線グラフと面グラフ

7.5.1　折れ線グラフ

　主にデータの時間的な変化をみるときに使われるのが**折れ線グラフ**（line chart）です。横軸を時点、縦軸をなんらかの集計値にし、時点間を直線でつなぎます。図7.9は図7.3と元データが同じ（表7.4）ですが、棒グラフに比べてデータの推移が強調されています。これは4年ぶんのデータですが、もっと

時点の多いデータでも折れ線グラフならキレイに表現できます。時系列データ以外でも、棒グラフにするとゴチャゴチャとみえてしまうようなデータは折れ線グラフで代用されることがあります。

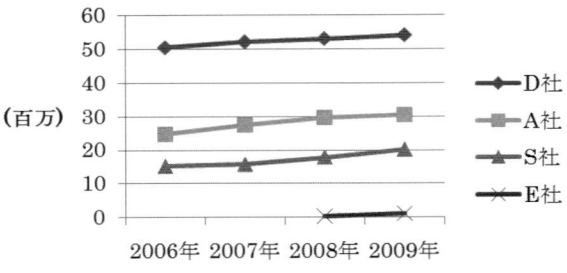

図7.9 携帯電話契約数（折れ線グラフ）

7.5.2　面グラフ

合計と内訳の時間的変化を同時にみるときに使われるのが**面グラフ**（area chart；層グラフとも呼ばれます）です（図7.10）。7.3.2項の積み上げ棒グラフと似ていますが、折れ線グラフと同様、時系列データに特化して使われます。時点数がかなり多いときは面グラフを使うほうがスッキリとみえます。

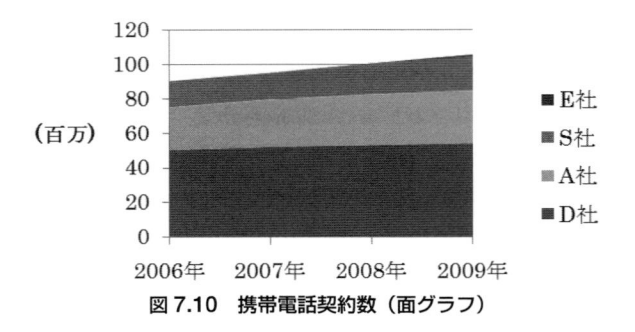

図7.10 携帯電話契約数（面グラフ）

7.6 2つの量的変数の分布をあらわす:散布図

2つの量的変数を平面上にプロットして分布状況をみるのが**散布図**(scatter plot)です。分布のかたちによって2変数の相関関係がわかります(☞ 相関関係については8.1節参照)。通常、2つの変数に因果関係が想定される場合、横軸に原因、縦軸に結果となる変数をもってきます。図7.11は、表7.5の都道府県データをもとに作成した散布図です(ただし、東京都のみ除いています)。このグラフの分布状況から、県民所得の高い都道府県のほうが携帯電話普及率が高いという傾向を読みとることができます。

表7.5 県民所得と携帯電話所有状況(2系列)

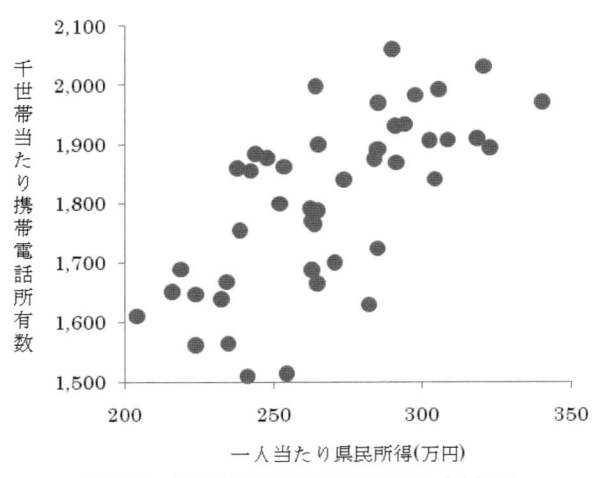

都道府県	一人当たり県民所得(万円)	千世帯当たり携帯電話所有数
北海道	254.5	1,514
青森県	216.0	1,651
:	:	:
沖縄県	204.2	1,610

図7.11 県民所得と携帯電話普及状況(散布図)

7.7 バランスをあらわす：レーダーチャート

3変数以上のバランスをみるときによく使われるのが**レーダーチャート**（radar chart）です。電化製品の性能評価や食品の栄養バランスでお馴染みですね。図7.12は、メディア重要度データ（5点満点）の世代別平均点（表7.6）をレーダーチャートにしたものです。ここから、20代ではインターネットと携帯電話、60代ではラジオと新聞の重要度が相対的に高いことが一目でわかります。この例のように複数の系列をグラフ化することも可能ですが、系列が少し増えただけでとてもみにくくなってしまうところがレーダーチャートの弱点です。多くても3系列にとどめておくほうが無難です。

表7.6 メディア重要度（5点満点）の世代別平均点（2系列）

メディア	20代	60代
テレビ	4.2	4.5
ラジオ	2.2	3.1
新聞	3.3	4.5
雑誌	3.1	3.0
インターネット	3.5	2.1
携帯電話	3.5	2.2

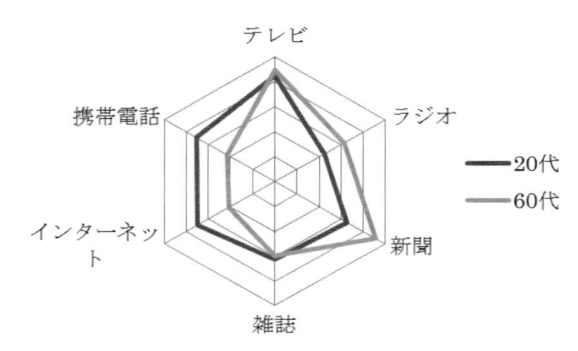

図7.12 メディア重要度（5点満点）の世代別平均点（レーダーチャート）

7.8 グラフ作成の注意点

(1) 変数の単位を明記する

グラフ作成時にうっかり忘れてしまいがちなのが軸の単位表記です。円グラフや帯グラフのような構成比をあらわすグラフ以外は、縦軸や横軸の単位が不明です。本章のグラフのように、（ ）内や軸ラベルに単位を明記するようにしましょう。

(2) 縦横比や軸のきざみを適切にする

ソフトウェアによるグラフの作成では、グラフの縦横比や軸のきざみを自由に設定することができます。ところが、設定によっては情報が大げさになったり控えめになったりするので注意してください。図 7.13 と図 7.14 は図 7.2 と同じ棒グラフですが、それぞれグラフの縦横比と軸のきざみを変更しています。これだけで、各社の差が過剰にも過小にもみえてしまいます。情報のもつ意味を歪めてしまうおそれがありますので、極端な設定は避けるようにしましょう。

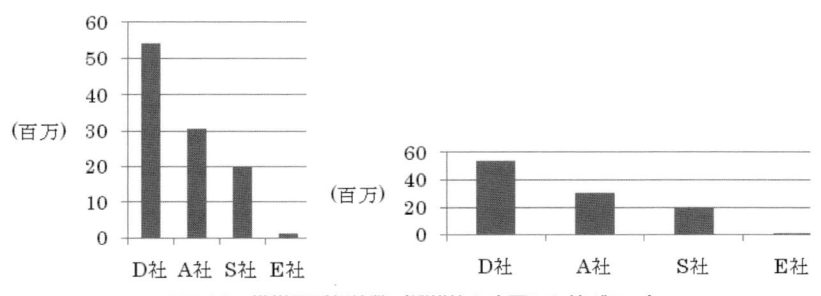

図 7.13　携帯電話契約数（縦横比を変更した棒グラフ）

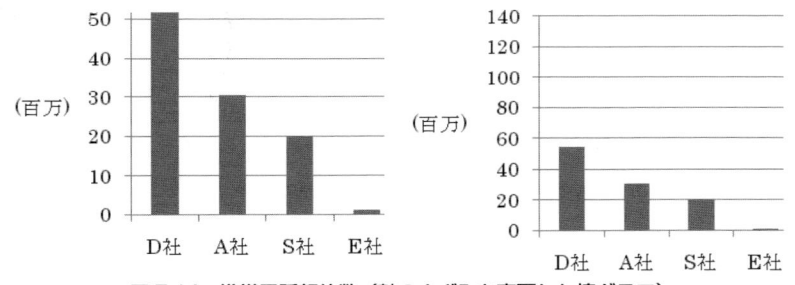

図 7.14　携帯電話契約数（軸のきざみを変更した棒グラフ）

(3) 構成比をあらわすグラフに分母を表記する

　円グラフや帯グラフなど構成比をあらわすグラフには共通の弱点があります。それは、内訳の各項目の大小はわかる反面、内訳を計算するケースの規模（分母）がわからないということです。図 7.15 の縦帯グラフをみてください。このグラフから、男性の過半数が「賛成」、女性の過半数が「反対」ということがすぐにわかります。ところが、そもそも男女何人ずつがこの質問に回答しているかグラフからはわかりません。ひょっとしたら男性 10 人、女性 1,000 人の回答なのかもしれません。必要に応じてグラフ中に構成比の分母を補うようにしましょう。

> 冒頭の図 7.1 では、グラフ中の（　）内に人数を表記しています。

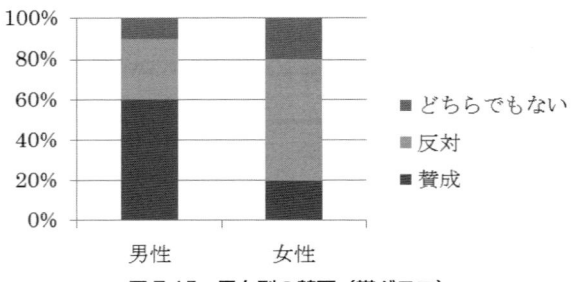

図 7.15　男女別の賛否（帯グラフ）

(4) 3D グラフはなるべく使わない

　現在では、ソフトウェアを使えば 3D グラフを簡単に描くことができます。3D グラフは見栄えがするためプレゼンテーションに用いられることが多いのですが、元データの内容を正確に伝えないことが多々あるので注意が必要です。これは、3D グラフの角度によって目の錯覚が生じやすいからです。図 7.16 は同じ元データから作成した 2D と 3D の円グラフです。これらを見比べてみると、B 社と C 社のシェアは同じ 20％なのに、右の 3D グラフでは C 社よりも B 社のほうが大きく、A 社に近いシェアに錯覚してしまいます。錯覚を起こしやすいのは円グラフだけではありません。図 7.17 は D 社の携帯電話契約数を 3D 棒グラフにしたものですが、実際の増加よりも大きく変化している印象を受けます。このようなことを避けるために、基本的には 2D グラフをつくるようにしましょう。

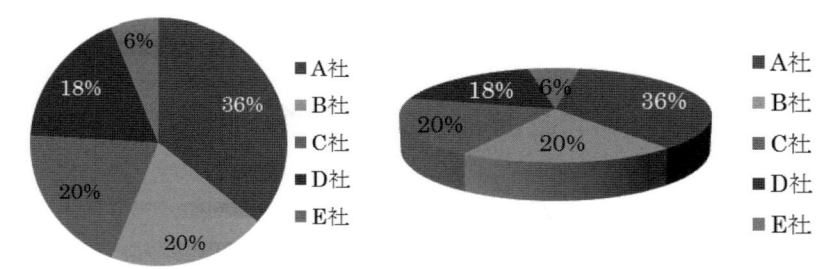

図 7.16　市場シェア（左：円グラフ、右：3D 円グラフ）

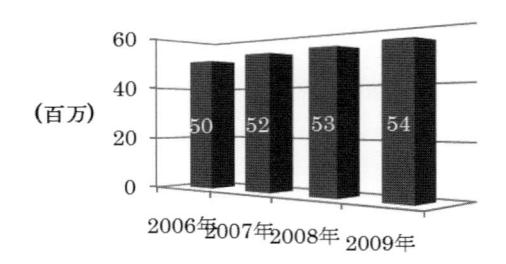

図 7.17　D 社の携帯電話契約数（3D 棒グラフ）

(5) グラフの上下に図番号および適切なタイトルをつける

　これまでに本章で登場したグラフをみてください。グラフの下には「図 7.1 年代別朝食の種類」といった、図番号とタイトルがついています。このように、グラフが完成したら、そこだけみても内容が把握できるように適切なタイトル（キャプションともいう）をつけておきます。図番号を振っておくと、本文で引用するときに便利です。

> ⚠ Microsoft Word 2007 の図表番号機能が便利です（☞ 詳しくは 14.3.3 項参照）。

(6) 色づかいにも注意する

　Excel は多彩な色づかいのグラフを簡単に作成してくれますが、あまり微妙な色づかいを同時に使ったり、濃すぎる色を複数用いたりすることは避けるほうが無難です。というのは、いつもカラーで表示できる環境とはかぎらないからです。とくにグラフをレポートなどに貼り付けて提出するときはモノクロのプリンタで出力することが多いでしょうから注意が必要です。最近のプリンタでは色を網掛けなどのパターンで置き換える機能もあるのでまるっきり色の情

報が失われるわけではありませんが、あまり期待せずにはじめから網掛けや斜線を用いることを考慮したほうがいいでしょう。また、濃い色の場合は黒に近い色に置き換えられることもあるので、グラフ内の数値が読みとりにくくなることもあります。

> **課題●**
> 　総務省統計局のウェブサイト「グラフで見る日本の統計」(http://www.stat.go.jp/data/nihon/graph.htm) から任意のグラフを選び、グラフの種類を答え、データの傾向について考察してみよう。また、グラフのデザインに不適当な点があったら指摘してみよう。

7.9 Excelでグラフをつくってみよう

7.9.1　基本設定

　Excelで実際にグラフをつくってみましょう。どのグラフも基本的な作成手順は以下の通りです。

① グラフ化したいデータの範囲を選択（図7.18）。
② ［挿入］タブ→［グラフ］からデータに適したグラフを選択（図7.19）。
③ 元データと同じシートにグラフが出力される（図7.20）。
④ グラフを選択するとあらわれる［グラフツール］リボンの［デザイン］［レイアウト］［書式］の各タブでグラフを修正する（図7.21、図7.23）。

　ここでは、社会調査データの分析で頻繁にみかけるクロス集計の帯グラフを作成する手順を例としてとり上げましょう。

⚠️　「第7章.xlsx」の［帯グラフ］シートにデータがあります。

　まず、クロス集計表をセルに入力します。ピボットテーブルなどの機能を使えば楽に集計できます（☞ピボットテーブルによるクロス集計については

11.4節参照)。次に、グラフ化したいデータ範囲をドラッグして選択します。図7.18は、「携帯電話はファッションの一部だと思う」という考えが自分にあてはまるかどうかという回答を、男女別に集計した結果です。このとき、表の右側にある「合計」列はグラフ化に不要なデータなので、選択しないようにしてください。

	A	B	C	D	E	F
1	Q. 携帯電話はファッションの一部だと思う					
2		よくあてはまる	ややあてはまる	あまりあてはまらない	まったくあてはまらない	合計
3	男性(153人)	10.5	22.2	27.5	39.9	100
4	女性(171人)	11.7	35.7	26.3	26.3	100
5	全体(324人)	11.1	29.3	26.9	32.7	100

図7.18 元データ(クロス集計表)

元データを選択したら、[挿入] タブ→ [グラフ] から作成したいものを選択します。横帯グラフを作成するには、[挿入] タブ→ [グラフ] → [横棒] → [100%積み上げ横棒] を選択します (図7.19)。はじめは図7.20のようなグラフがシート内に出力されます。

> ⚠ Excel 上では、帯グラフのことを「100%積み上げ棒グラフ」と表現されています。

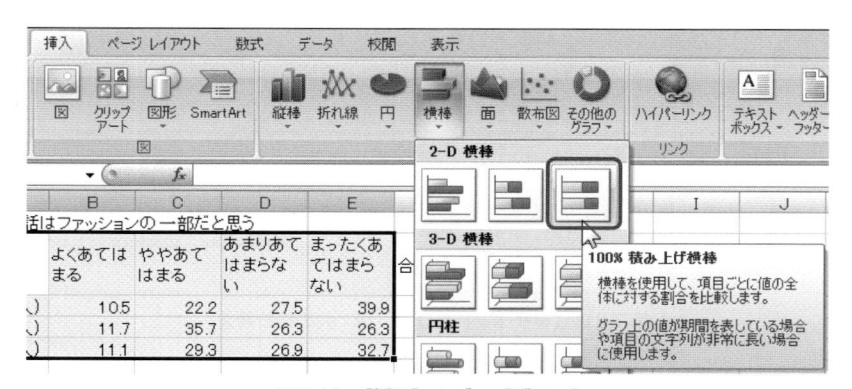

図7.19 [挿入] タブ→ [グラフ]

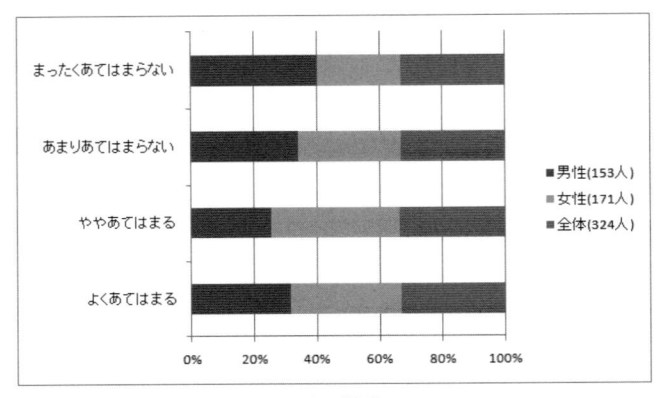

図 7.20 帯グラフ

　元データは行％のクロス集計なので、それに対応するように図 7.20 の行と列の系列を切り替えなくてはなりません（☞クロス集計とパーセンテージの方向については 11.6 節参照）。出力されたグラフをクリックすると、［グラフツール］というリボンがあらわれ、［デザイン］［レイアウト］［書式］という 3 つのタブが操作可能になります。そこで、［デザイン］タブ→［行／列の切り替え］をクリックすると（図 7.21）、グラフが図 7.22 のように変更されます。

> ［グラフツール］リボンを操作することで、グラフのデザインを細かく変更することができますが、本書では詳しい説明を割愛します。Excel のヘルプや参考書を参照しください。

図 7.21　［デザイン］タブ→［行／列の切り替え］

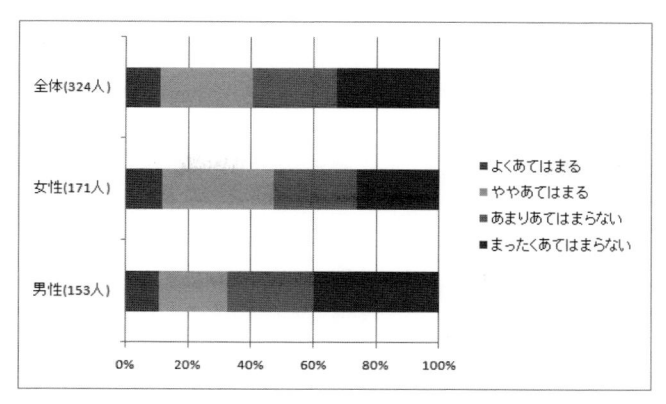

図7.22　帯グラフ（行／列の切り替え後）

このままではややわかりにくいので、［レイアウト］タブから微調整をおこないます（図7.23）。

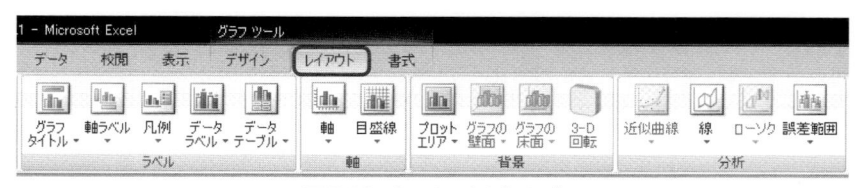

図7.23　［レイアウト］タブ

図7.24は、［レイアウト］タブから以下のような微調整をおこなったものです。

- ［グラフタイトル］→［グラフの上］でタイトルを入力。
- ［凡例］→［凡例を上に配置］で凡例の位置を調整。
- ［データラベル］→［中央］でグラフにパーセンテージを表示。
- ［線］→［区分線］で区分線を追加。

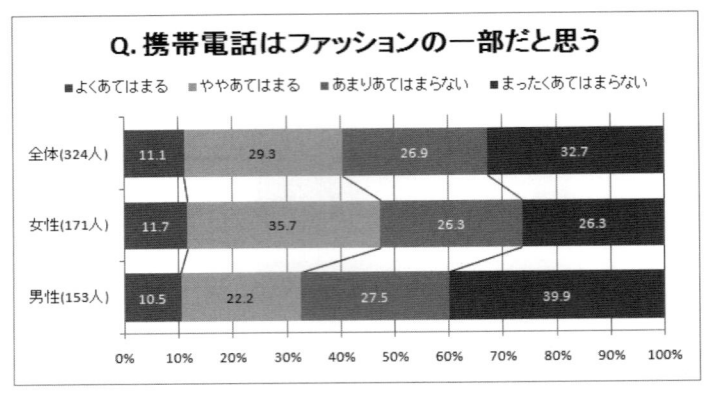

図7.24 帯グラフ（微調整後）

7.9.2 困ったら右クリック：その後の詳細設定

　以上でおおよその設定はできますが、それでも不十分な場合は修正したいパーツ（図7.25）を右クリックして［○○の書式設定］（○○は各パーツの名称）を選択します。パーツに対応したダイアログボックスがあらわれますので、そこで細かい設定をしてください。

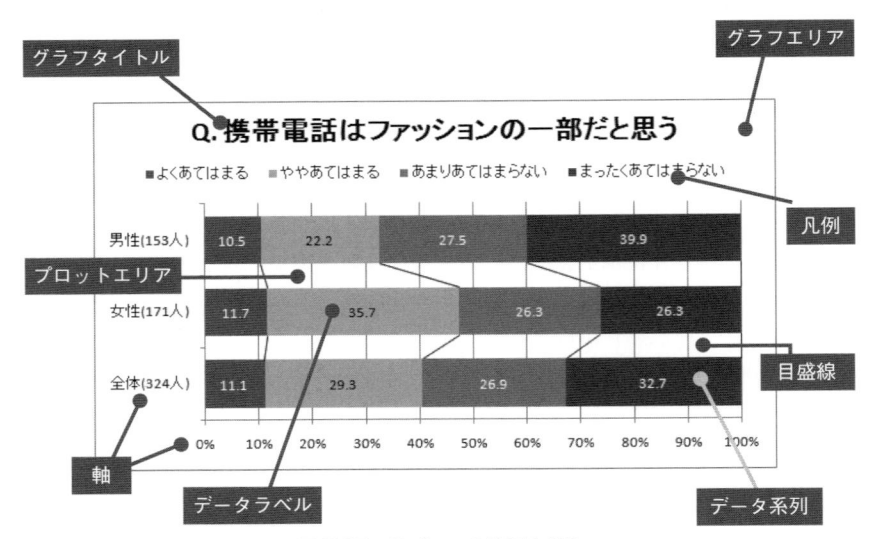

図7.25 各パーツの位置と名称

なお、図 7.24 は軸ラベル「男性」「女性」「全体」の並びが元データと逆になっていますので、図 7.25 では修正しています。軸を右クリック→［軸の書式設定］を選択し、ダイアログボックス上で［軸を反転する］にチェックを入れ、［横軸との交点］を［最大項目］に変更することで修正できます（図 7.26）。

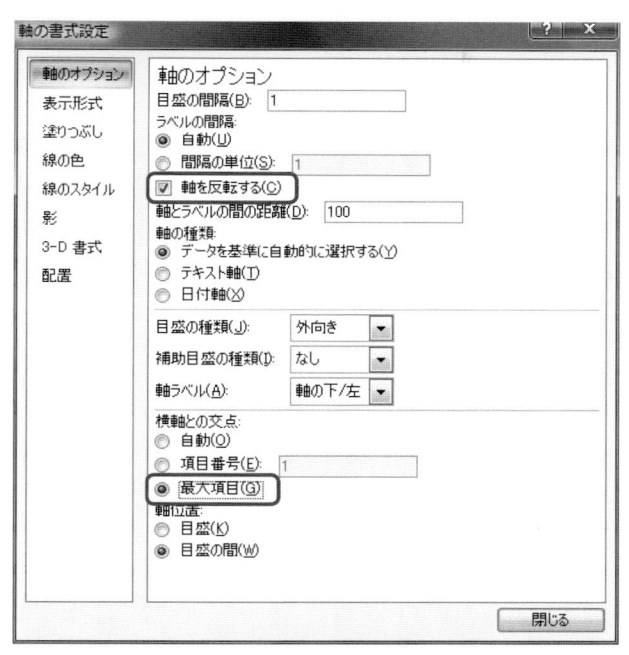

図 7.26 ［軸の書式設定］ダイアログボックス

課題●

① 「第 7 章.xlsx」を開き、［時系列］シートのデータをもとに適切なグラフを作成し、データの変化について考えてみよう。
② ［クロス表］シートのクロス集計表をもとに適切なグラフを作成し、2 変数の関係について考えてみよう。
③ ［相関］シートのデータをもとに適切なグラフを作成し、2 変数の関係について考えてみよう。

第8章

2つの量的変数の関連をみるⅠ:相関係数

8.1 散布図からわかること

7.6節では、2つの量的変数の関係をみる方法として散布図を作成しましたが、基本統計量（☞第5章参照）のように1つの数字であらわすことができればもっと便利です。本章ではその便利な数字、相関係数について勉強します。

その前に、まずは都道府県データの散布図（図8.1）をみてください。これは、各都道府県の一人当たり県民所得（万円）と高等学校卒業者の進学率（％）をプロットした散布図です[1]。

これをみると、県民所得の高い都道府県は進学率も高く、県民所得の低い都道府県は進学率も低い傾向にあることがわかります。図を全体として眺めると点の分布が右上がりになっています。このとき、県民所得と進学率という2つの量的変数は、一方が大きくなるときにもう一方も大きくなるという関係にあると考えられるでしょう。

---

[1] 第7章の課題で作成しました。

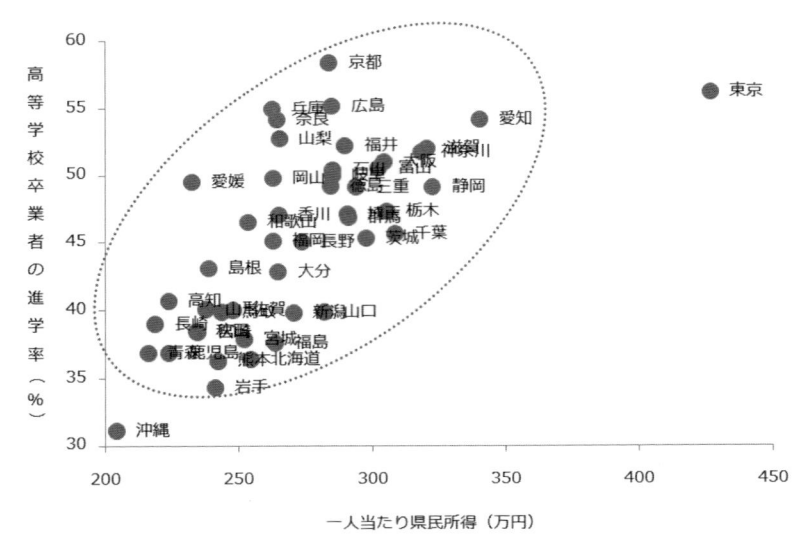

図 8.1　県民所得と進学率の散布図

　このように、一方が大きく（小さく）なるときにもう一方も大きく（小さく）なるという関係を **正の相関** といいます。逆に、一方が大きく（小さく）なるときにもう一方が小さく（大きく）なるという関係を **負の相関** といいます。一般に、2 つの変数に正の相関があるとき散布図は右上がり、負の相関があるとき散布図は右下がりの分布になります（図 8.2）（☞ 相関と散布図の関係については 8.3.2 項で再びとり上げます）。

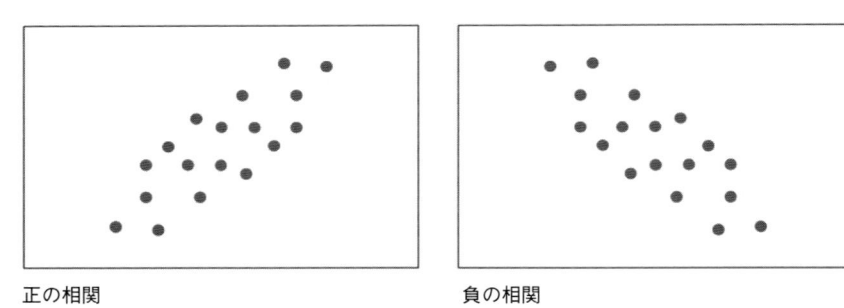

正の相関　　　　　　　　　　負の相関

図 8.2　正負の相関と散布図のかたち

8.2 相関関係の指標：共分散

8.2.1 相関関係を数字であらわす

問題は、相関関係をどうやって1つの数字であらわすかということです。ここで、相関関係をあらわす基本的な指標である共分散の考え方を押さえておきましょう。2つの量的変数 x と y の共分散を計算するプロセスをはじめに提示しておきます（図8.3）。以下、各プロセスについて順にみていきましょう。

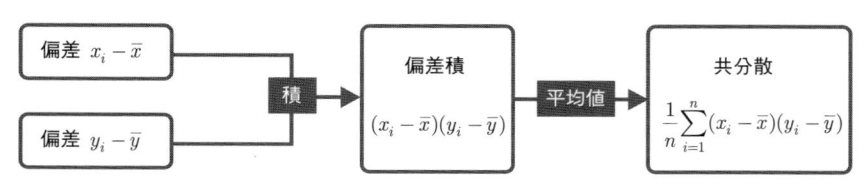

```
偏差 x_i − x̄  ┐
              ├─ 積 → 偏差積 (x_i − x̄)(y_i − ȳ) → 平均値 → 共分散 (1/n) Σ_{i=1}^{n} (x_i − x̄)(y_i − ȳ)
偏差 y_i − ȳ  ┘
```

図 8.3　共分散の計算プロセス

8.2.2 まずは偏差から

第1ステップは偏差の計算です。分散や標準偏差のときにも勉強しましたが、偏差はデータの各値と平均値との差でした（☞偏差については5.3.3項参照）。いまは2つの変数 x と y の関係をみたいので、それぞれの変数の各値の偏差 $x_i - \bar{x}$ と $y_i - \bar{y}$ を計算します。

散布図で考えてみましょう。偏差 $x_i - \bar{x}$ は点 (x_i, y_i) から平均値 $\bar{x}$ の線に引いたヨコの線の長さ、偏差 $y_i - \bar{y}$ は点 (x_i, y_i) から平均値 $\bar{y}$ の線に引いたタテの線の長さになります（図8.4）。

このように考えると、平均値の線で分割された4つの領域によって各偏差の正負が異なることがわかります。図8.5をみてください。領域Iにある点は、x_i と y_i が両方とも平均値より大きいので、偏差 $x_i - \bar{x}$ と $y_i - \bar{y}$ は正の値をとります。一方、領域IIにある点は、x_i が平均値よりも小さく y_i が平均値よりも大きいので、$x_i - \bar{x}$ は負、$y_i - \bar{y}$ は正の値をとります。残る領域IIIとIVも同様に考えます。この各偏差の正負が次のステップで重要になってきます。

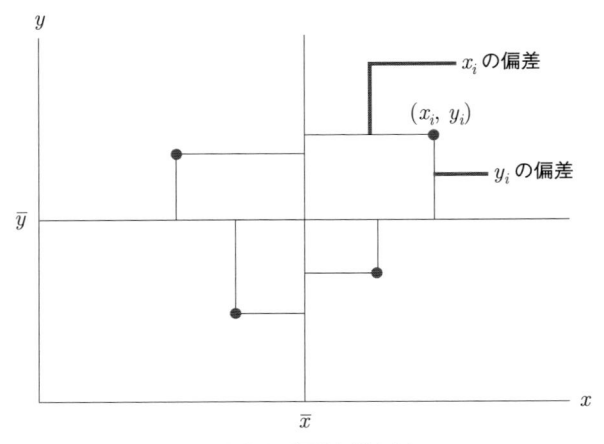

図 8.4 偏差と散布図

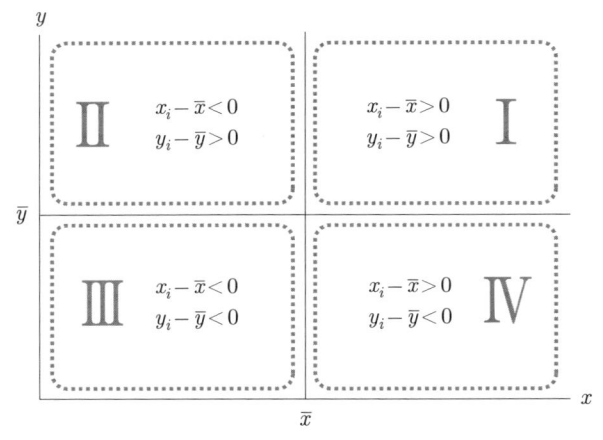

図 8.5 偏差の正負

8.2.3 x と y の偏差を掛ける：偏差積

　第 2 ステップとして、2 つの偏差 $x_i - \bar{x}$ と $y_i - \bar{y}$ を掛けます。つまり、$(x_i - \bar{x})(y_i - \bar{y})$ です。これを**偏差積**といいます。なぜこんなことをするのかというと、偏差積の正負によってもとの点が平均値の線で分割された 4 つの領域のどこにあるかをあらわせるからです。図 8.6 をみてください。偏差積が正のとき、2 つの偏差は同符号（正・正または負・負）なので、もとの点は領域 I か III にあることがわかります。偏差積が負のとき、2 つの偏差は異符号（正・

負または負・正）なので、もとの点は領域 II か IV にあることがわかります。

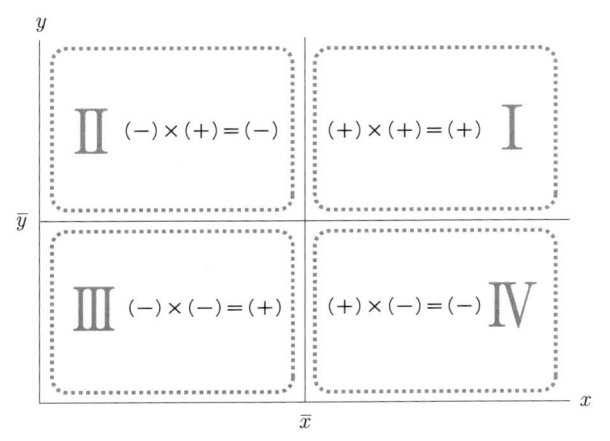

図 8.6 偏差積の正負

8.2.4 偏差積の平均値：共分散

　最終ステップです。8.2.3 項で計算した偏差積をすべて足して値の個数で割ります。つまり、偏差積の平均値を計算するわけです。これを**共分散**[※2]（covariance）といい、2 つの変数が x と y なら記号 s_{xy} と表記します。定義式は以下のようになります。

$$s_{xy} = \frac{1}{n}\sum_{i=1}^{n}(x_i - \bar{x})(y_i - \bar{y})$$

　偏差積の平均値を計算するとなにがわかるのでしょうか。それは、平均値の線で分割された 4 つの領域のどこにデータが集まっているのかがわかるのです。偏差積が正の値をとるデータが多いとき、その平均値である共分散も正の値をとります。これを散布図でいえば、領域 I と III に点が集まるということです。領域 I と III に点が集まっている状態というのは、右上がりの分布になっている＝正の相関ということを意味します（図 8.7 左）。このとき、共分散の値が大きければ大きいほど領域 I と III に点が集中し、領域 II と IV の点が少なくなります。つまり、相関が強くなるということです。同様に、共分散が負のときは領域 II と IV に点が集まっている状態です。これは、右下がりの分

※2　s_{xy} という記号は、変数 x や y の分散を s^2_x や s^2_y と表記するのと対応しているようです。

布ですから負の相関ですね（図 8.7 右）。なお、共分散が 0 のときは散布図の点がまんべんなく 4 つの領域にあって偏差が正負で打ち消しあっている状態と考えられます。これは無相関の状態です。

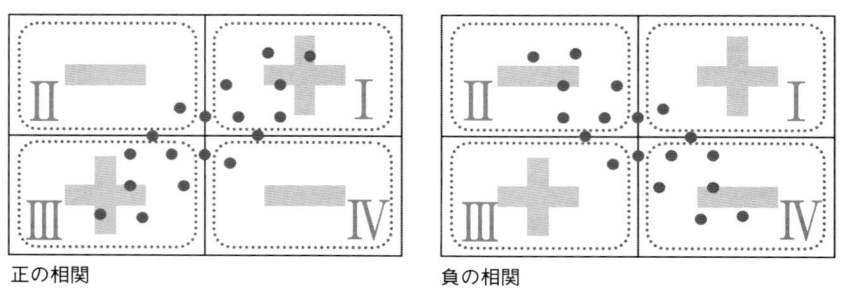

正の相関　　　　　　　　　負の相関

図 8.7　正負の相関と偏差積の符号

まとめると、共分散の符号は相関の正負、共分散の（絶対値の）大きさは相関の強さを示します。たとえば、県民所得と進学率（図 8.1）の共分散を計算すると 173.8 になり、2 変数に正の相関があることがわかります。なお、共分散は以下の Excel 関数で簡単に計算することができます。

$=\mathrm{COVAR}(x のデータ範囲, y のデータ範囲)$

> **課題●**
> ①「第 8 章 .xlsx」の［散布図］シートを開き、偏差、偏差積、偏差積の平均値を求めよう。
> ② COVAR 関数でも共分散を求め、①の計算結果と比べてみよう。

8.3 標準化データの共分散：ピアソンの積率相関係数

8.3.1 共分散から相関係数へ

　こうして、共分散を使って2変数の関係を1つの数字であらわすことができるようになりました。ところがこの共分散、大きな問題があります。それは、変数の測定単位に影響されてしまうということです。たとえば県民所得と進学率の共分散は173.8でしたが、それは県民所得の測定単位が（万円）だからです。県民所得の単位を（千円）に変えて共分散を計算してみると1737.9になり、実質的な相関の強さは一緒なのに値だけが大きくなってしまいます。それに、共分散は値の範囲に上限下限がないため、大きさの解釈が難しいです。これでは、共分散の大きさをみても相関関係が強いのか弱いのか判断に困ってしまいます。

　そこで、標準得点（☞6.3節参照）を利用します。データを標準化すれば、測定単位や分布が異なる変数も比較可能なかたちにできるのでした。この性質を利用して、2つの変数を標準化して単位を整えてから共分散を計算するのです（図8.8）。こうして求められた指標を**相関係数**[3]といいます。小文字の r で表記し、変数 x と y の相関係数を r_{xy} と書いたりします。

図 8.8　相関係数の計算プロセス

　「もう共分散を求めてしまったから、わざわざもとのデータに戻って標準化するのがめんどくさい！」という人、大丈夫です。実は、共分散を標準偏差の積で割ることでも相関係数を求めることができます。つまり、

$$r_{xy} = \frac{s_{xy}}{s_x s_y}$$

---

[3]　正確には、**ピアソンの積率相関係数**（Pearson's product-moment correlation coefficient）といいますが、単に「相関係数」といった場合はこれを指します。「ピアソン」はこの指標の提唱者 K. Pearson のことです。

です（☞ なぜこうなるのかは章末コラム参照）。一般的な教科書では、だいたいこちらの定義式が載っています。

> **課題●**
> 「第8章.xlsx」で計算済みの共分散から2変数の標準偏差を割って相関係数を求めてみよう。

8.3.2　正の相関・無相関・負の相関

　以上のように計算された相関係数は必ず $-1 \sim 1$ の値をとるため、とてもあつかいやすい指標になります。相関係数は、-1 に近づくほど負の相関、0 に近づくほど**無相関**、1 に近づくほど正の相関ということを意味します。負の相関というのは反比例的な関係のことで、一方が大きいときもう一方が小さいという関係です。同様に、正の相関は正比例的な関係のことで、一方が大きいときもう一方も大きいという関係です。無相関は、そういう関係がみられないということです。また、相関係数の絶対値の大きさは関係の強さを示します。

　以上のことは、散布図と重ねてみるとわかりやすいでしょう（図 8.9）。負の相関のときは右下がり、正の相関のときは右上がりの分布になります。無相関のときはそういう傾向はありません。また、相関係数の絶対値が大きいほど分布が直線に近くなります。$|r|=1.0$ のときは点が一直線上に並ぶことになります。したがって、相関係数はデータの直線関係の程度をあらわす指標といえます。

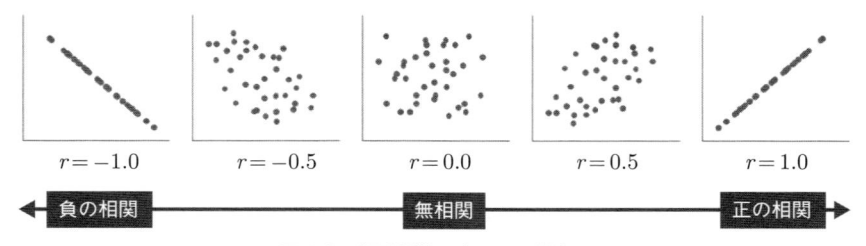

$r=-1.0$　　$r=-0.5$　　$r=0.0$　　$r=0.5$　　$r=1.0$

◀ 負の相関　　　　　無相関　　　　　正の相関 ▶

図 8.9　相関係数の大きさと散布図

8.3.3 相関係数の解釈

相関係数の値の大きさは、どのように解釈すればいいでしょうか。教科書的にはだいたい表 8.1 のような目安のようです。しかしこの目安は絶対ではありません。実際の社会調査データを分析してみると、相関係数の絶対値が 0.7 〜 1.0 になることは稀です。したがって、表 8.1 の目安では「ほとんど相関がない」か「弱い相関」に判定されてしまう $|r|=0.2$ でも「相関があった」と堂々と主張することもあります。

表 8.1　相関係数の大きさと解釈の目安

$|r|$	解釈
0.0 〜 0.2	ほとんど相関がない
0.2 〜 0.4	弱い相関がある
0.4 〜 0.7	中程度の相関がある
0.7 〜 1.0	強い相関がある

8.4 相関係数の注意点

2 変数間の関係を 1 つの数字で示すことができるたいへん便利な相関係数ですが、実際に使うときには以下のことに注意しなければなりません。

(1) はずれ値に注意する

相関係数ははずれ値に大きな影響を受けます。本当は無相関なのにたった 1 つのはずれ値の影響で相関係数が大きくなったり、本当は相関があるのにたった 1 つのはずれ値の影響で無相関になったりすることがあります（図 8.10）。あらかじめ散布図を作成してはずれ値をチェックし、必要に応じてはずれ値を除いてから相関係数を計算しましょう。

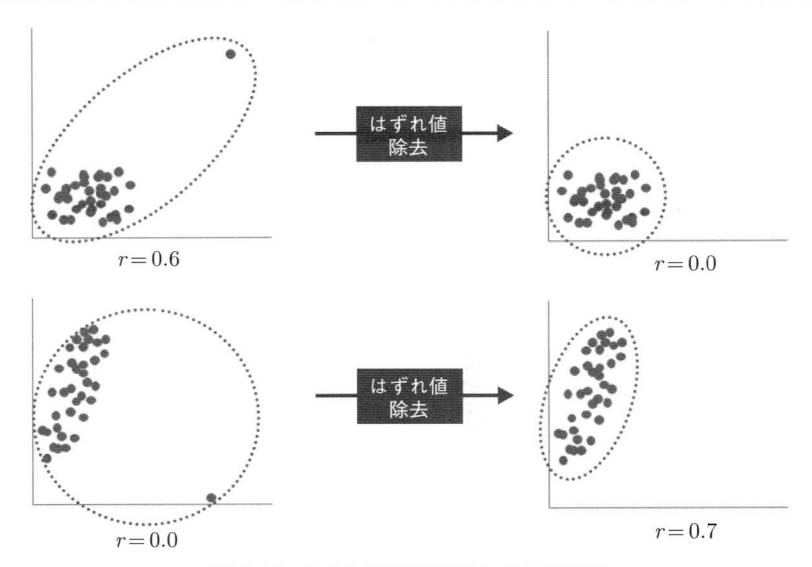

図8.10　はずれ値が相関係数に与える影響

(2) 曲線関係には使えない

　前述のように相関係数は直線関係の指標ですから、曲線関係には反応しません。2つの変数に強い曲線関係があっても無相関と判定されることがあります。図8.11は曲線関係の散布図です。左の図は∩型、右の図は∪型の関係を示していますが、相関係数は両方とも $r=0.0$ になります。年齢と脚力の関係を考えてみてください。脚力は、体が成長するとともに徐々に強くなりますが、ピークを過ぎると衰えていきます。相関係数はこういう関係を見落としてしまうので注意してください。曲線関係についても事前に散布図を作成してチェックしておきましょう。

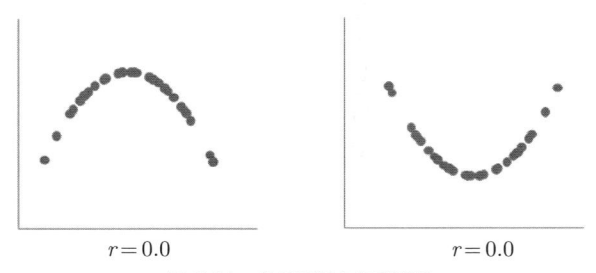

図8.11　曲線関係と相関係数

（3）グループにわけると結果が変わることもある

社会調査では、性別、年齢層、職業などが異なるさまざまな人びとを対象にデータを収集します。そういう人びとを一緒くたにした相関係数と、グループにわけて計算したものとではまったく違った結果が得られる場合があります。図 8.12 のように、全体だと無相関なのにグループ別では大きな相関がみられたり、全体だと相関があるようにみえるのにグループにわけると無相関だったりすることがあります。実際の社会調査データ分析では、いかに適切にグループ別の分析をするかというところが腕の見せどころになります。

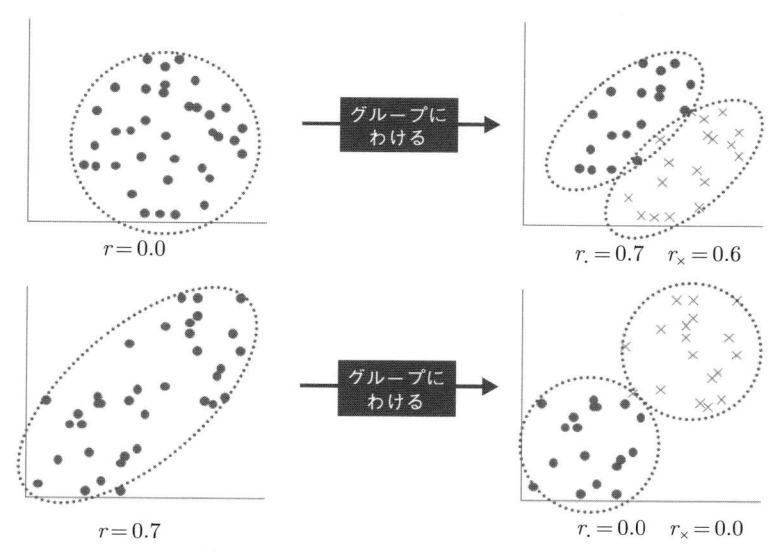

注）$r_{\bullet}$ は●印、$r_{\times}$ は×印のグループにおける相関係数

図 8.12 グループ別相関係数

（4）因果関係があるとはかぎらない

2 変数間に相関関係がみられたからといって、そのあいだに因果関係があるとはかぎりません。一般に、変数 x と y に因果関係 $x \to y$ があると自信をもって主張するには、① x と y に相関があること、② それが擬似相関でないこと（後述）、③ x が y よりも時間的に先にあること、が必要です。単に相関関係がみられたというのは①を満たしているにすぎません。相関係数から因果関係を主張するときは、このことに注意してください。

(5) 擬似相関に気をつける

次の例を考えてみましょう。ある小学校で学力テストを実施したところ、身長とテストの点数に正の相関がみられました。身長が高い生徒ほど勉強ができるといえるでしょうか。答えは No です。実はこのテスト、1〜6年の全校生徒を対象にしたものでした。年長のほうが身長は高く、同時に学力もついている傾向があります。だから身長とテストの点数に相関がみられたわけです（図8.13）。このように、2つの変数に因果関係がないのにあらわれてしまうみせかけの相関関係を**擬似相関**（spurious correlation；☞詳しくは 10.2 節参照）といいます。身長と学力テストの例では、学年別の相関係数を計算すれば、擬似相関を避けられるでしょう[※4]。この擬似相関、社会調査データの分析ではよくみられる現象です。相関係数を解釈するときは十分に気をつけましょう。

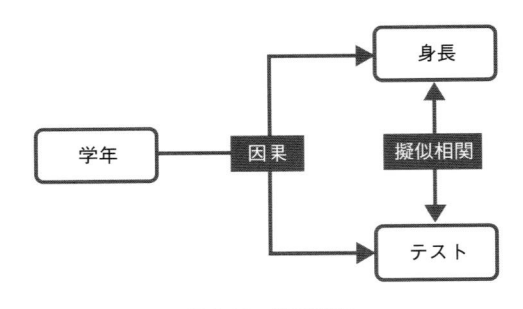

図 8.13　擬似相関

8.5 Excel で相関係数を求めてみよう

Excel では、以下のように関数が用意されているので相関係数を簡単に計算することができます[※5]。

=CORREL(xのデータ範囲 , yのデータ範囲)

基本統計量のときに使った［データ分析］を利用する方法もあります（☞［デ

※4　偏相関係数を計算する方法もあります（☞詳しくは第 10 章参照）。
※5　「共分散と標準偏差から計算させられたのはなんだったの？」という声がきこえてきそうですね。でも、考え方と計算方法を知ってほしかったのです。

ータ分析]を利用可能にする設定方法については 5.4 節参照)。[データ分析]の場合、3 つ以上の変数も一度に相関係数を出力することができます。分析したい変数の数で関数と使いわけるといいでしょう。

① [データ] タブ→ [データ分析] をクリック。
② [データ分析] ダイアログボックスから [相関] を選択し [OK] ボタンをクリック (図 8.14)。
③ [相関] ダイアログボックスの [入力範囲] にデータ範囲を指定して [OK] ボタンをクリック (図 8.15)。
④ 新しいシートが挿入され、分析結果が出力される (図 8.16)。

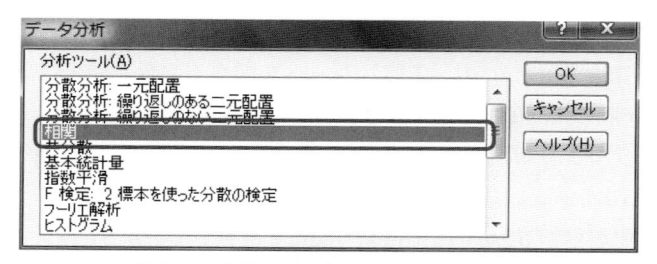

図 8.14 [データ分析] ダイアログボックス

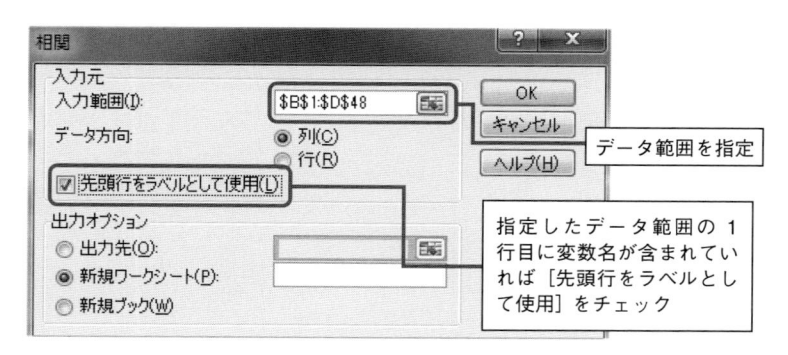

図 8.15 [相関] ダイアログボックス

	一人当たり県民所得(万円)	高等学校卒業者の進学率(%)	教育費割合(%)
一人当たり県民所得(万円)	1		
高等学校卒業者の進学率(%)	0.679744	1	
教育費割合(%)	0.340351	0.302795	1

図 8.16 分析結果の出力

図 8.16 は、冒頭の図 8.1 で示した県民所得と進学率に加えて家計に占める教育費の割合（％）を含めた相関係数の計算結果です。図のように相関係数をまとめた表を**相関行列**（correlation matrix）といいます。各相関係数は行と列の変数の組に対応します。表の対角線は同じ変数の相関係数なのですべて $r = 1.0$ になります。なお、相関行列の右上部分に相関係数が表示されないのは、行と列の変数の組が左下部分と重複するからです。

⚠️　「第 8 章 .xlsx」の［相関行列］シートにデータがあります。

> **課題●**
> ① 「第 8 章 .xlsx」の［年収］シートを開き、関数を使って年齢と年収の相関係数を求めよう。
> ② ［データ分析］を使って年齢、教育年数、年収の相関行列を作成しよう。
> ③ 相関係数の結果から変数間の関係を解釈してみよう。

標準得点の共分散が相関係数の定義式になるワケ　　COLUMN

本章では、相関係数を標準得点の共分散だと定義しました。しかし通常、相関係数の定義としては、以下のものが使われます。

$$r_{xy} = \frac{s_{xy}}{s_x s_y} = \frac{\sum_{i=1}^{n}(x_i-\bar{x})(y_i-\bar{y})}{\sqrt{\sum_{i=1}^{n}(x_i-\bar{x})^2}\sqrt{\sum_{i=1}^{n}(y_i-\bar{y})^2}}$$

そこで、標準得点の共分散から上の式を導いてみましょう。共分散の定義式は、

$$s_{xy} = \frac{1}{n}\sum_{i=1}^{n}(x_i-\bar{x})(y_i-\bar{y})$$

でした（☞ 8.3.1 項参照）。ここで、x_i と y_i をその標準得点 $\frac{x_i-\bar{x}}{s_x}$ と $\frac{y_i-\bar{y}}{s_y}$ で置き換えて考えると、平均値が 0 になるので、

$$\frac{1}{n}\sum_{i=1}^{n}\left(\frac{x_i-\bar{x}}{s_x}-0\right)\left(\frac{y_i-\bar{y}}{s_y}-0\right)$$

となります。これを、以下のように整理すると相関係数の定義式があらわれます。

$$\frac{1}{s_x s_y} \times \frac{1}{n}\sum_{i=1}^{n}(x_i-\bar{x})(y_i-\bar{y}) = \frac{s_{xy}}{s_x s_y}$$

順位データ用の相関係数：スピアマンの順位相関係数　COLUMN

　ピアソンの積率相関係数は2つの量的変数の関係をみるための指標でしたが、成績の順位や売上ランキングなどの順位データ（1位、2位、…、n位）の相関をみたい場合は**スピアマンの順位相関係数**[※6]（Spearman's rank correlation coefficient）ρ（ロー）という指標が使われます。ρは、x_iとy_iを順位データとして以下のように定義されます[※7]。

$$\rho = 1 - \frac{6}{n(n^2-1)}\sum_{i=1}^{n}(x_i - y_i)^2$$

　これは、ピアソンの積率相関係数rから導かれた特殊なケースで、同じ順位のないデータならrとρは等しくなります。残念ながら、Excelにはρを出力する関数やデータ分析は用意されていませんが、自分で式を入力してρを計算してもいいですし、関数でrを計算してもいいでしょう。

　ρは、前述したはずれ値対策としても利用することができます。ほかの値よりも飛びぬけて大きな値も、順位データに変換してしまえば単に順位が1つ違うだけになるからです。図8.17は、図8.10でとり上げたはずれ値を含むデータを順位に変換したときの相関係数の変化を示しています。図8.10でははずれ値を除いていましたが、順位相関係数を使えばはずれ値を含んだままでも本来の相関関係がわかります。

> ⚠️ Excelでデータを順位に変換するときは、RANK関数が便利です。

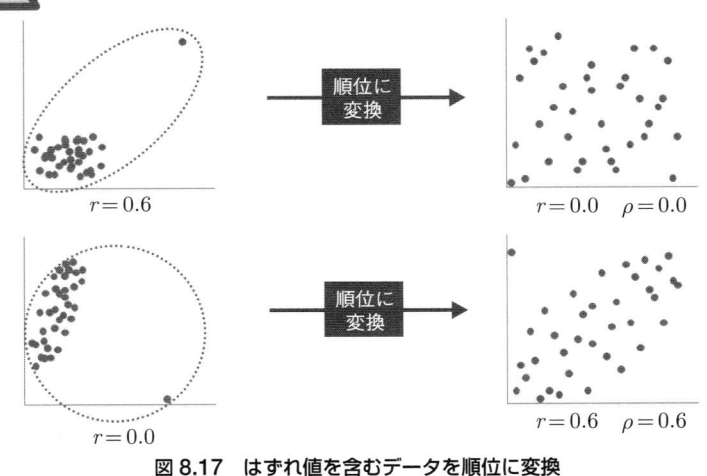

図8.17　はずれ値を含むデータを順位に変換

※6　「スピアマン」はこの指標の提唱者 C. Spearman のことです。r_sという記号が使われることもあります。

※7　ここでは割愛しますが、同じ順位があるときは別の計算式が使われることもあります。

第9章

２つの量的変数の関連をみるⅡ：回帰分析

9.1 ■■ 散布図に直線を引いてみよう

　第8章では、相関係数を使って2つの量的変数の関連の大きさを1つの数字であらわすことを勉強しました。たとえば、年齢と収入の関係がひと目でわかるようになったわけです。こんどは、一方の変数からもう一方の変数を予測することを考えてみましょう。たとえば、38歳の人はだいたいどれくらいの収入があるのでしょうか。こうした予測を可能にするのが**回帰分析**（regression analysis）です。

　回帰分析は、2つの量的変数 x と y を $y = a + bx$（a, b は定数）という1次関数であらわすことで予測を可能にします[※1]。これを図であらわすと、散布図に1本の直線を引いていることになります。これを**回帰直線**（regression line）といいます。この1本の直線で、2変数の関係を表現してしまおうということです。

　イメージをつかむために、実際に散布図上に回帰直線を引いてみましょう。Excelを使えば簡単に回帰直線を描くことができます。ためしに、第8章で作成した県民所得と進学率の散布図（図8.1）に以下の操作をおこなってください。

> ⚠️ 「第8章.xlsx」の［散布図］シートにデータと散布図があります。散布図には図9.2にあるような都道府県名は記入されていません。

※1　1次関数は中学のときに習ったと思いますが、おぼえていますか。中学では $y = ax + b$ という書き方をしましたが、回帰分析では慣習的に $y = a + bx$ と書き、切片を a、傾きを b で表記するのが一般的です。a と b が入れ替わっているので注意してください。

第9章 2つの量的変数の関連をみるII：回帰分析

① 散布図を選択。
② ［グラフツール］リボンの［レイアウト］タブ→［近似曲線］→［その他の近似曲線オプション］を選択。
③ ［線形近似］を選択（デフォルト）、［グラフに数式を表示する］［グラフに R-2 乗を表示する］にチェックし（図9.1）、［閉じる］をクリック。

図 9.1　近似曲線のオプション

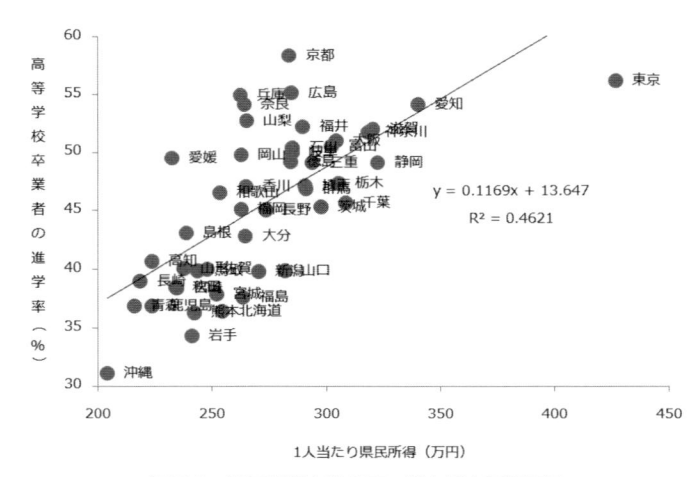

図 9.2　県民所得と進学率の散布図と回帰直線

$y = 0.1169x + 13.647$

$R^2 = 0.4621$

図9.2のような右上がりの直線が描かれたでしょう。これが回帰直線です。図中にあるように、この直線の式は $y = 13.647 + 0.1169x$ です。これを**回帰式**（regression equation）ということがあります。回帰直線が引ければ、x から y を予測することができるようになります。たとえば、一人当たり県民所得が300万円の県があったとして、その県はだいたいどれくらいの進学率なのでしょうか。この場合、回帰直線の式に $x = 300$ を代入すればいいのです。そうすれば $y = 13.647 + 0.1169 \times 300 = 48.717$ となり、約49％の高校生が卒業後に進学するということが予測できます。

このように、散布図にみられたような2変数間の雑然とした関係を直線 $y = a + bx$ という単純な**モデル**（model）で表現し、それをもとに予測をおこなうことが回帰分析の一連の流れになります（図9.3）。

図9.3　回帰分析のプロセス

①データ収集　②モデル構築　③予測

9.2 用語と記号

用語と記号を整理しておきましょう。予測のために使う変数を**独立変数**（independent variable；**説明変数**（explanatory variable）ともいいます）、それによって予測されるほうの変数を**従属変数**（dependent variable；**被説明変数**（explained variable）ともいいます）といいます。一般に、独立変数は x、従属変数は y で表記されます（図9.4）。

図9.4　回帰分析のイメージ

独立変数 x → 予測 → 従属変数 y

調査によって得られた変数 x や y の具体的な値 x_i や y_i を**観測値**（observed value）といいます。これに対して、回帰直線から予測される値を**予測値**（estimated value）と呼びます。予測値は、観測値をあらわす記号に「＾」（ハット）をつけて表記します。たとえば、1番目の調査対象者の収入の予測値は

$\hat{y}_1$ と書きます。観測値と同様、一般化した書き方では、予測値は $\hat{y}_i$ となります。予測値 $\hat{y}_i$ は、x_i に対応する回帰直線上の値です。いいかえれば、回帰直線とは x_i と予測値 $\hat{y}_i$ の集まって描かれた線です。したがって、回帰式はより正確に $\hat{y} = a + bx$ と書けます。左辺の y に「^」がつきました。

なお、回帰直線の傾き b は**回帰係数**（regression coefficient）といいます。a はそのまま**切片**（intercept；**定数項**（constant term）ともいいます）と呼びます。

9.3 ■■「ズレ」を最小にする直線を引く：最小二乗法の考え方

さて、いよいよ回帰直線の求め方です。この直線、どのように引いていると思いますか。決して「えいやっ！」といいかげんに引いているわけではありません。ある方法を使って、散布図データのちょうど「真ん中」を通るように切片 a と傾き b を計算しているのです。データの端っこを通るような直線をモデルとして設定してしまうと、的外れな予測ばかりして後々困ってしまいそうです。では、どうすれば「真ん中」を通るような直線が描けるでしょうか。

回帰分析では、直線とデータの「ズレ」に着目します。より正確にいえば、観測値 y_i と予測値 $\hat{y}_i$ の差なので、「タテのズレ」です。図 9.2 をみればわかるように、実際のデータが散布図で一直線上に並ぶことはまずありませんから、モデルと実際のデータには多かれ少なかれ「ズレ」が生じます。京都府の県民所得は 284 万円です。これを式に代入して予測値を計算すると $\hat{y}_{京都} = 13.647 + 0.1169 \times 284 \fallingdotseq 47\%$ となりますが、実際の進学率、つまり観測値は $y_{京都} \fallingdotseq 58\%$ です。この場合、約 11 ポイントというかなり大きな「ズレ」があります。このような観測値と予測値の差 $y_i - \hat{y}_i$ を**残差**（residual）といい、記号 e_i で表記します（図 9.5）。ここで添字 i をつけたのは、各調査対象によって残差が異なるからです。図 9.2 をみれば明らかなように、各都道府県の残差は大小それぞれです。

9.3 「ズレ」を最小にする直線を引く：最小二乗法の考え方

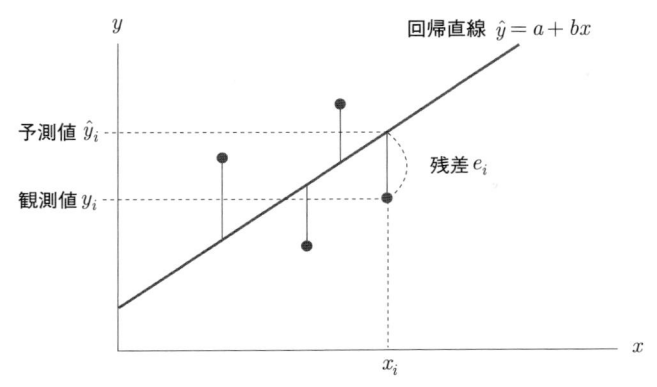

図 9.5　回帰直線と残差

データの「真ん中」を通る直線は、この残差が全体としてもっとも小さくなるように描くのがよさそうです。つまり、すべての残差の合計を最小にする方法です。ところが、残差にはプラスのものとマイナスのものがあり、それらすべてを合計してしまうと互いに打ち消しあって計算がうまくいきません[※2]（図9.6）。

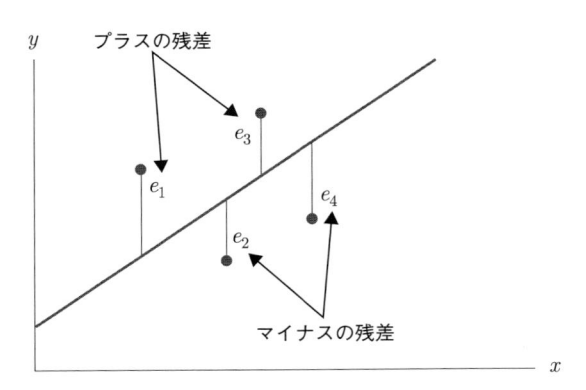

図 9.6　プラス・マイナスの残差

そこで、すべての残差を 2 乗してから合計することにします[※3]。2 乗すれば、マイナスもプラスになります。ちょうど 1 辺の長さが e_i の正方形の面積

[※2]　$e_i = y_i - \hat{y}_i$ なので、観測値が予測値よりも大きいときにプラス、小さいときにマイナスになります。

[※3]　このアイディアは、偏差平方和、分散、標準偏差と同じです。それらの計算では、プラス・マイナスのある偏差を 2 乗してから合計していました（☞ 5.3 節参照）。

をすべて足していくイメージです（図 9.7）。

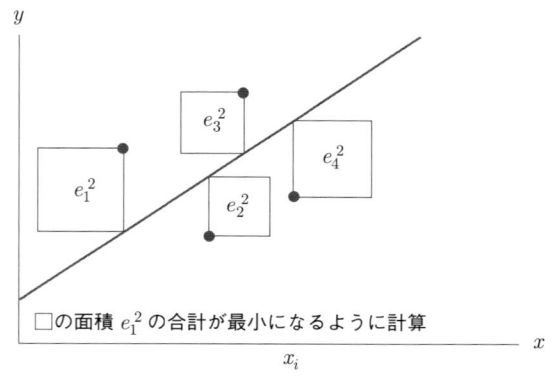

図 9.7　最小二乗法

答えだけ書くと、この方法で計算した a と b は以下のようになります（☞ 具体的な計算方法は章末のコラム参照）。

$$a = \bar{y} - b\bar{x}$$

$$b = \frac{s_{xy}}{s_x^2}$$

つまり、切片 a は x と y の平均および回帰係数 b から求められます。また、回帰係数 b は変数 x と y の共分散を x の分散で割ると求められます。さらに、下の式の右辺に $\frac{s_y}{s_y}$ を掛けると出来上がる $\frac{s_{xy}}{s_x s_y}$ という部分は相関係数 r_{xy} の定義式です（☞ 8.3.1 項参照）。

$$b = \frac{s_{xy}}{s_x^2} \times \frac{s_y}{s_y} = \frac{s_{xy}}{s_x s_y} \times \frac{s_y}{s_x} = r_{xy} \times \frac{s_y}{s_x}$$

したがって、回帰係数 b は変数 x と y の相関係数とそれぞれの標準偏差がわかっていれば簡単に計算できるのです。

9.4 x が y にどのくらい影響を与えているか：回帰係数の解釈

これまで、回帰分析の目的は、収集されたデータから単純な直線モデルをつくることによって独立変数 x から従属変数 y を予測することだと解説してきました。$\hat{y} = a + bx$ というモデルが出来上がったら、好きな値を x に代入して予測値を得ることができます。こうした性質から、回帰分析はお店の売上予測、経済予測、自然現象の予測などにさまざまな分野で幅広く利用されています。ところが実際の社会調査では、回帰分析が予測に使われることはあまりありません。むしろ、モデルから独立変数と従属変数の関係を考察することがメインとなります。

通常、社会調査データの分析では、回帰係数に注目して独立変数が従属変数にどのくらい影響を与えているか解釈することに力点をおきます。回帰係数 b は直線 $\hat{y} = a + bx$ の傾きですから、x が1増えたときの $\hat{y}$ の増加量と考えられます（図 9.8）。$\hat{y}$ は従属変数の予測値ですから、x が1増えたとき実際の y もだいたい b 増えるのではないかと予測されるのです[※4]。

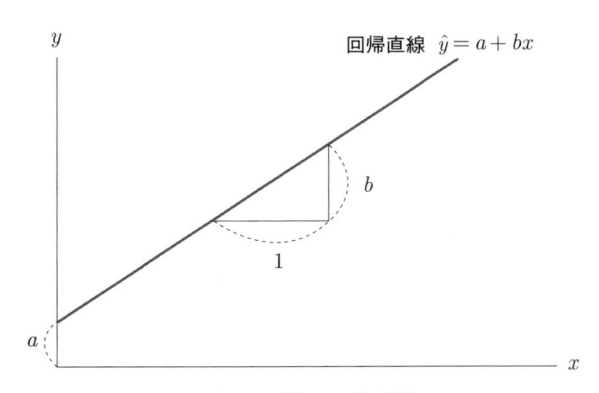

図 9.8 切片と回帰係数

県民所得と進学率の例（図 9.2）では、$b = 0.1169$ となりました。これを解釈すれば、「県民所得が1万円増えれば進学率がだいたい 0.12％増えることが予測される」や「県民所得1万円が進学率をおよそ 0.12％押し上げる効果をも

※4　もちろん、もとになっているのはあくまで実際のデータを模したモデルですから、この解釈を絶対視するのは禁物です。この解釈がどれだけ妥当かは、モデルがデータをどれだけうまく表現できているかによります（☞ 9.5 節参照）。

っていることが予測される」ということになります。ここから、回帰係数を「独立変数が従属変数に与える影響の大きさ」と解釈するわけです。

　第8章で勉強した相関係数は、2つの量的変数の関係の強さをあらわす指標でした。これに対して、回帰係数は2つの量的変数のうち片方からもう片方を説明しようと試みます。このため、回帰分析は因果関係の分析によく用いられます。多くの場合、社会調査は、ある社会現象がなにによって引き起こされているかということに関心があります。たとえば、現在の日本では晩婚化が進んでいますが、ある人の結婚意欲はなにに影響を受けているのでしょうか。年をとると余計結婚したくなるかもしれませんし、給料が増えて生活が安定すれば結婚しようという意欲が強くなるかもしれません。このようなときに、回帰分析を使って結婚意欲に影響を与える原因を調べるのです。

9.5 ■モデルによってどれくらいデータを表現できたか：決定係数

　ところで、もう一度冒頭の図9.2をみてください。回帰式の下にもう1つの式「$R^2 = 0.4621$」が表示されています。いままで放置してきましたが、忘れていたわけではありません。ここできちんと説明しておきましょう。

　繰り返しになりますが、回帰分析では、単純な直線モデルでもって散布図データを表現しようと試みます。このモデルがうまく実際のデータを表現できていれば精度の高い予測が可能になりますが、イマイチならば予測にはあまり役立たないでしょう。たとえモデルがデータとかけ離れたものであっても、上記の最小二乗法によって切片や回帰係数は計算できてしまいます。でも、そうして計算された切片や回帰係数はあまり役に立ちません。したがって、回帰分析をおこなうときはモデルとデータがどの程度フィットしているかに注意を払わなければなりません。このように、モデルが実際のデータを表現できている度合いを**適合度**（goodness of fit）といい、適合度が高い（低い）ことを「モデルの説明力が高い（低い）」「モデルの当てはまりが良い（悪い）」「予測の精度が高い（低い）」などと表現します。

　では、どのようにしてモデルの適合度を判断すればよいでしょうか。ここで、残差 e_i を利用することを考えます。残差は実際の観測値とモデルから得られる予測値とのズレ $y_i - \hat{y}$ ですから、モデルがデータを表現しきれなかった部分と解釈できます。ここから、残差がデータ全体の何割くらいを占めるか

9.5 モデルによってどれくらいデータを表現できたか：決定係数

ということがわかれば、それを適合度の目安として用いることができそうです。

どうすればそれがわかるでしょうか。実は、観測値の分散は予測値の分散と残差の分散の和に等しいという性質がありますので、これを利用します。すなわち、

$$s_y^2 = s_{\hat{y}}^2 + s_e^2$$

です。図 9.9 のようなイメージです。

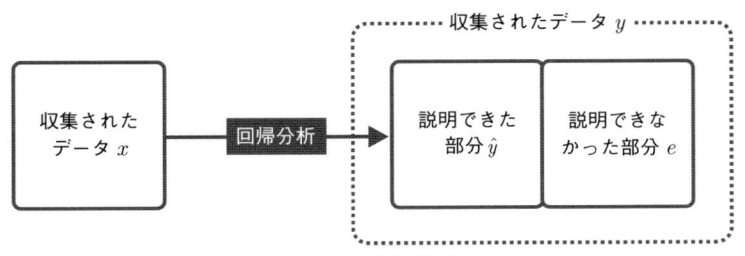

図 9.9　回帰分析による説明のイメージ

ここからわかることは、収集されたデータ x と y の関係は、回帰分析でつくった $\hat{y} = a + bx$ というモデルによって説明できた部分とできなかった部分にわけられるということです。さらに、説明できた部分（予測値の分散）とできなかった部分（残差の分散）がトレードオフの関係にあるということです。つまり、予測値の分散が大きく（小さく）なれば、そのぶんだけ残差の分散が小さく（大きく）なってモデルの適合度が高く（低く）なるということです（図 9.10）。

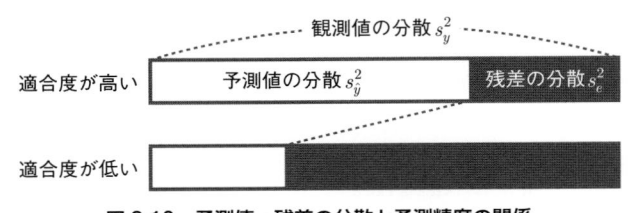

図 9.10　予測値・残差の分散と予測精度の関係

この性質から、観測値の分散 s_y^2 に占める予測値の分散 $s_{\hat{y}}^2$ の割合を計算して、適合度の指標にします。この指標を**決定係数**（coefficient of determination）といい、記号 R^2 で表記します。つまり、以下のようになります。

$$R^2 = \frac{s_{\hat{y}}^2}{s_y^2} = 1 - \frac{s_e^2}{s_y^2}$$

　決定係数は比率なので 0 〜 1 の値をとり、1 に近いほど適合度が高いことを示します。とてもわかりやすい指標です。$R^2 = 1$ のとき、残差の分散 s_e^2 が 0 なので、予測値が観測値に完全に一致している状態にあることを意味しています。図 9.2 に表示されていた「$R^2 = 0.4621$」は、従属変数（進学率）の約 46％が独立変数（県民所得）によって説明できたというように解釈します[※5]。

　なお、適合度の指標には、観測値と予測値の相関係数も用いられます。これを**重相関係数**（multiple correlation coefficient）といい、普通の相関係数 r と異なり大文字の R で表記します。重相関係数も 0 〜 1 の値をとり、1 に近いほど適合度が高いことを意味します。普通の相関係数と同じで、$R = 1$ のときは 2 つの変数が一致していることを意味します。実は、重相関係数を 2 乗すると決定係数と等しくなります。これが、決定係数の記号を R^2 と表記する理由です。

　さらに、独立変数が 1 つの回帰分析では[※6]、独立変数 x と従属変数 y の相関係数 r_{xy} が R と等しくなります。ということは当然、$r_{xy}^2 = R^2$ ということでもあります。これまで相関係数を 2 変数間の関連の強さとして解釈してきましたが、これで別の観点から解釈できるようになります。すなわち、一方の変数でもう一方の変数を説明できる程度としても考えることができるということです。これをおぼえておけば、解釈の幅が広がります。

9.6 回帰分析の注意点

　前述のように、回帰分析と相関係数は密接な関係にあります。したがって、以下のような相関係数の注意点は基本的にすべて回帰分析にも当てはまります（☞ 相関係数の注意点については 8.4 節参照）。

① はずれ値に注意する（図 9.11）。
② 曲線関係には使えない。

[※5]　このように、決定係数を 100 倍して％で示したものを**分散説明率**や**寄与率**と呼ぶことがあります。

[※6]　本書ではあつかいませんが、独立変数が複数の回帰分析もあります（☞ 15.2 節参照）。

③ グループにわけると結果が変わることもある。
④ 因果関係があるとはかぎらない。
⑤ 擬似相関に注意する。

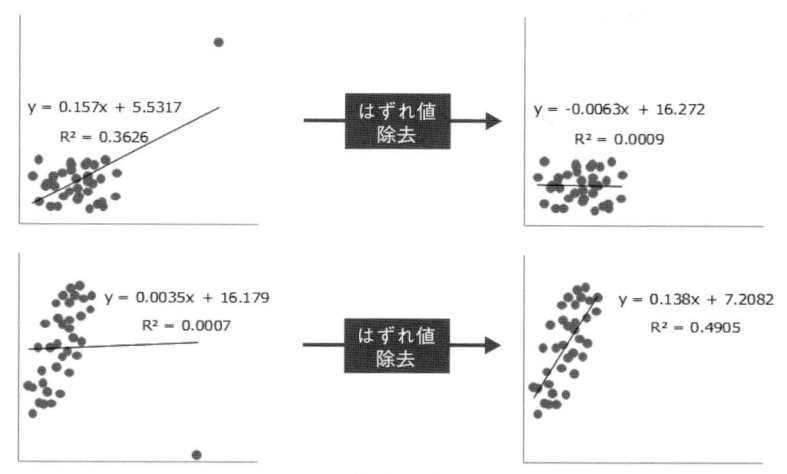

図 9.11　はずれ値が回帰分析に与える影響

対策も相関係数のときと一緒です。分析前に散布図をチェックすること、性別などの重要なグループにわけて分析すること、分析後の解釈では因果関係に注意することを忘れずに。

このほかに、回帰分析ならではの注意点も追加しておきましょう。

(1) 収集されたデータの範囲外の値を代入するときは慎重に

回帰分析では、求められた回帰式に値を代入して従属変数を予測することができました。では、冒頭の県民所得と進学率で得られた回帰式 $\hat{y} = 13.647 + 0.1169x$ に $x = 1000$ を代入してみましょう。これは、一人当たり県民所得が 1,000 万円の都道府県の進学率を予測していることになりますが、結果は $\hat{y} = 13.647 + 0.1169 \times 1000 = 130.547$ となり、約 131％ の進学率というありえない値になってしまいます。この例で収集されたデータの県民所得の範囲は 204〜427 万円なので、1,000 万円はその外です。このように、範囲外の値で予測することを**外挿**[※7]（extrapolation）といいます。外挿は誤った予測を導くことがありますので注意しましょう。

※7　反対に、収集されたデータの範囲内で予測することを**内挿**（interpolation）といいます。

9.7 [データ分析] で回帰分析をしてみよう

Excel の [データ分析] を使えば、回帰分析を簡単におこなうことができます (☞ [データ分析] を利用可能にする設定方法については 5.4 節参照)。以下のように操作してください。

> ⚠ 「第8章.xlsx」の [散布図] シートのデータを利用します。

① [データ] タブ→ [データ分析] をクリック。
② [データ分析] ダイアログボックスから [回帰分析] を選択し [OK] ボタンをクリック (図 9.12)。
③ [回帰分析] ダイアログボックスの [入力 Y 範囲] に従属変数、[入力 X 範囲] に独立変数のデータ範囲を指定して [OK] ボタンをクリック (図 9.13)。
④ 新しいシートが挿入され、分析結果が出力される (図 9.14)。

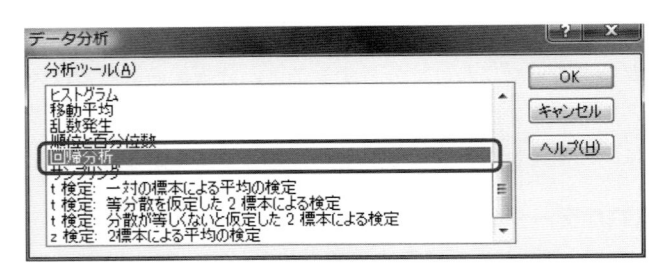

図 9.12 [データ分析] ダイアログボックス

9.7 ［データ分析］で回帰分析をしてみよう

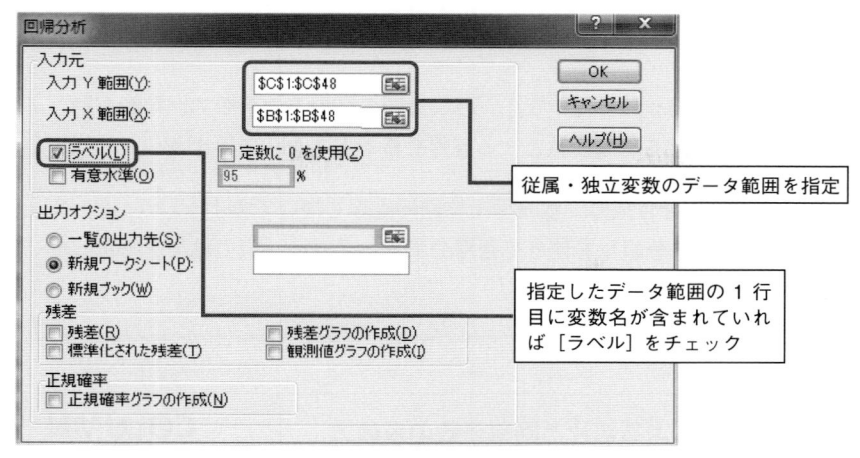

図9.13 ［回帰分析］ダイアログボックス

図9.14 分析結果の出力

図9.14は、冒頭の図9.2と同じデータを使った出力結果です。ここから、重相関係数 $R = 0.679744$、決定係数 $R^2 = 0.462052$、切片 $a = 13.64666$、回帰係数 $b = 0.116944$ ということがわかります。

> ほかにもさまざまな数字が出力されていますが、そのほとんどが推測統計学の範囲になるため本書では割愛します。ただし、1.9節に推測統計学のヒントが書いてあります。

> **課題●**
> 「第9章.xlsx」の［年収］シートを開き、以下の手順で、年齢を独立変数、年収を従属変数とする回帰分析をおこなってみよう。
>
> ① 散布図を作成し、散布図上に回帰直線を描いてみよう。
> ② ［データ分析］を使って回帰分析をおこない、出力結果を解釈してみよう。

最小二乗法による切片と回帰係数の求め方　　　COLUMN

本章で解説したように、切片 a と回帰係数 b は、残差の2乗 e_i^2 を全体としてもっとも小さくなるように最小二乗法で求めます。ここでは、その計算方法を補足しておきましょう。

残差の定義式 $e_i = y_i - \hat{y}_i$ と回帰直線の式 $\hat{y}_i = a + bx_i$ から、残差の2乗の合計は以下のように書けます。

$$\sum_{i=1}^{n} e_i^2 = \sum_{i=1}^{n}(y_i - \bar{y})^2 = \sum_{i=1}^{n}\{y_i - (a + bx_i)\}^2$$

この右辺を a と b について偏微分して0とおくと以下の2本の式が得られます。

$$-2\sum_{i=1}^{n}(y_i - a - bx_i) = 0 \qquad ①$$

$$-2\sum_{i=1}^{n}x_i(y_i - a - bx_i) = 0 \qquad ②$$

①が a、②が b について偏微分した式です。①式は、

$$\sum_{i=1}^{n} y_i - na - b\sum_{i=1}^{n} x_i = 0$$

$$a = \frac{1}{n}\sum_{i=1}^{n} y_i - \frac{b}{n}\sum_{i=1}^{n} x_i$$

と変形できます。右辺の $\frac{1}{n}\sum_{i=1}^{n} y_i$ や $\frac{b}{n}\sum_{i=1}^{n} x_i$ には平均の定義式が含まれてるので、

$$a = \bar{y} - b\bar{x}$$

と書けます。これで切片 a は、平均 $\bar{x}$、$\bar{y}$ と回帰係数 b であらわすことができるようになりました。こんどは、これを②式のほうに代入して展開すると、

$$-2\sum_{i=1}^{n} x_i \{y_i - (\overline{y} - b\overline{x}) - bx_i\} = 0$$

$$\sum_{i=1}^{n} x_i y_i - (\overline{y} - b\overline{x})\sum_{i=1}^{n} x_i - b\sum_{i=1}^{n} x_i^2 = 0$$

となります。ここで、左辺第 2 項の $\sum_{i=1}^{n} x_i$ に $\dfrac{n}{n}$ を掛けて $n\overline{x}$ というかたちに変形し、b について解くと以下のようになります。

$$\sum_{i=1}^{n} x_i y_i - (\overline{y} - b\overline{x})n\overline{x} - b\sum_{i=1}^{n} x_i^2 = 0$$

$$\sum_{i=1}^{n} x_i y_i - n\overline{x}\overline{y} + bn\overline{x}^2 - b\sum_{i=1}^{n} x_i^2 = 0$$

$$b = \frac{\sum_{i=1}^{n} x_i y_i - n\overline{x}\overline{y}}{\sum_{i=1}^{n} x_i^2 - n\overline{x}^2}$$

この式の分子と分母はそれぞれ $\sum_{i=1}^{n}(x_i - \overline{x})(y_i - \overline{y})$ と $\sum_{i=1}^{n}(x_i - \overline{x})^2$ を展開したかたちなので、以下のように変形できます。

$$b = \frac{\sum_{i=1}^{n}(x_i - \overline{x})(y_i - \overline{y})}{\sum_{i=1}^{n}(x_i - \overline{x})^2}$$

さらに、この式の分子と分母を n で割ると、

$$b = \frac{\dfrac{\sum_{i=1}^{n}(x_i - \overline{x})(y_i - \overline{y})}{n}}{\dfrac{\sum_{i=1}^{n}(x_i - \overline{x})^2}{n}} = \frac{s_{xy}}{s_x^2}$$

となり、結局のところ回帰係数 b は x と y の共分散と x の分散で計算できることがわかります。

Excel 関数でもできる回帰分析 COLUMN

9.7 節では、データ分析を使って回帰分析をしましたが、Excel には回帰分析についての関数が数多く用意されていますので、ここでまとめておきます（表9.1）。

表9.1 回帰分析に関する Excel 関数

出力結果	関数
切片	=INTERCEPT(y のデータ範囲 , x のデータ範囲)
回帰係数	=SLOPE(y のデータ範囲 , x のデータ範囲)
決定係数	=RSQ(y のデータ範囲 , x のデータ範囲)
切片、回帰係数、決定係数ほか	=LINEST(y のデータ範囲 , x のデータ範囲 , TRUE, TRUE)
予測値	=FORECAST(x の代入値 , y のデータ範囲 , x のデータ範囲)
予測値	=TREND(y のデータ範囲 , x のデータ範囲 , x の代入値)

⚠ LINEST 関数は、データ分析でも出力されるさまざまな値を返す多機能な関数です。詳しくは Excel のヘルプを参照してください。

第10章

3つの量的変数の関連をみる：偏相関係数

10.1 ■ 変数間に相関があったときにどう解釈するか

8.4節では、2変数間に相関関係がみられたからといって、そのあいだに因果関係があるとはかぎらないという注意点を指摘しました。この問題をもう少し詳しくみてみましょう。いま、変数 x と y に相関関係がみられたとします。このとき、次のような関係を主に想定することができます。

① 直接的因果関係（x が y の原因）

$$x \longrightarrow y$$

② 逆の因果関係（y が x の原因）

$$x \longleftarrow y$$

③ 間接的因果関係（z が x と y の因果関係を媒介）

$$x \longrightarrow z \longrightarrow y$$

④ 擬似相関（z が x と y の共通の原因）

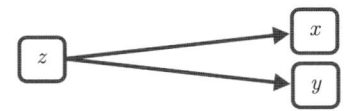

$$z \longrightarrow x$$
$$z \longrightarrow y$$

このうち①が一番シンプルなので、分析者はまっさきにこの関係を想定しがちです。ところが、想定したものとは逆の②のような因果関係がみられることもあります。たとえば、「ダイエット食品を食べる回数 x が多いとき、肥満度 y も高い」という正の相関関係がみられたとします。ここから、ダイエット食品が肥満の原因になっているといえるでしょうか。つまり、直接的因果関係（①）を想定できるでしょうか。もしそうなら、ダイエット食品はダイエットに効果がないばかりではなく、肥満にとって悪い影響をもっているということになります。しかしこの場合、逆の因果関係（②）のほうが妥当です。肥満度が高い人ほどダイエット食品の食べる回数が多いと考えられるからです。

x と y 以外のなんらかの変数 z を含んだ比較的複雑な因果関係を想定することもできます。たとえば、「国語の点数 x が高いとき、数学の点数 y も高い」という正の相関関係を考えてみましょう。このとき、問題読解能力 z という別の変数を想定すれば、「国語の点数 x が高い→問題読解能力 z が高い→数学の点数が高い」という z を媒介とした間接的因果関係（③）が考えられます[※1]。あるいは、勤勉さ z を別の変数として想定すれば、国語も数学もマジメさの結果であり、そのあいだにみられた相関関係は擬似相関（④）であるともいえるでしょう。

以上では単純な関係をあげましたが、実際はこうした関係が複雑に組み合わさっていたり、単なる偶然で相関がみられたりすることも多くあります[※2]。たとえば、所得と消費意欲のあいだに相関がみられたとします。所得が上昇したぶん消費に旺盛になる側面もあれば、たくさん消費したいから余計に働いて所得を増やそうとするという側面もあります。この場合、①と②が組み合わさって双方向の因果関係があると考えられるでしょう。またデフレ・スパイラルは、「物価下落→企業収益減少→雇用調整→需要低迷→物価下落（最初に戻る）」という因果関係が組み合わさった複雑な経済現象です。このように、変数間に相関がみられた場合、その背後のメカニズムとしてさまざまな可能性を想定するクセをつけるようにしましょう。

※1　このとき、z を**媒介変数**（mediator variable）と呼びます。
※2　谷岡〔2000〕に詳しい説明とさまざまな例が載っています。本章の例の多くも、ここから引用しています。

10.2 みせかけの関係を暴け：擬似相関、第3変数、コントロール

社会調査データ分析でとりわけ注意を払わなければならないのが擬似相関（④）です。8.4節でも少し触れましたが、同じ例を使ってもっと詳しく説明しておきましょう。その例は、次のようなものでした。ある小学校の全校生徒を対象に学力テストを実施したところ、身長xとテストの点数yの相関係数r_{xy}がプラスになりました。このことから、身長の大小が成績の良し悪しに影響していると考えてもいいでしょうか。答えは、学年zが高いほど身長もテストの点数も大きくなるため、r_{xy}は擬似相関ということでした（図10.1）。この例での学年のように、xとyの共通の原因となっている変数zを**第3変数**（third variable）といいます。

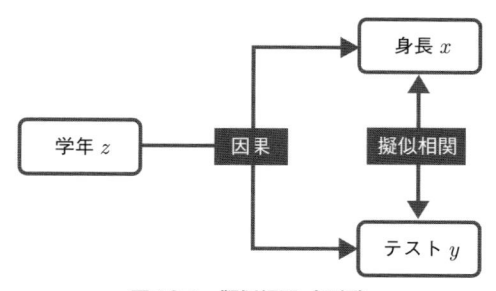

図10.1 擬似相関（再掲）

分析者が知りたいことは、多くの場合、因果関係です。間違って擬似相関を因果関係として解釈してしまうとたいへんです。そのためには、第3変数zの影響をとり除いたxとyの関係を調べなければなりません。身長とテストの例の場合、学年別にそれらの相関係数を計算したり、後述する偏相関係数を計算したりすることによって学年の影響をとり除くことができます。「とり除く」というのは、第3変数の影響を「一定にする」ということと同じです。学年別に相関係数を計算するという分析は、学年を一定にしているということに当たります。こうしてxとy以外の変数を一定にしてその影響をとり除くことを、「**コントロール**（control；訳して「統制する」ともいいます）する」といいます。また、そのときコントロールされた変数を**統制変数**（control variable）といいます。

10.3 残差間の相関係数：偏相関係数

　第 3 変数が量的変数の場合、それをコントロールした相関係数として**偏相関係数**（partial correlation coefficient）という指標があります。偏相関係数の記号は通常の相関係数と同じ r を使いますが[※3]、添字がちょっと複雑で、変数 z をコントロールした x と y の偏相関係数を $r_{xy \cdot z}$ と表記します。つまり、「・」のあとが統制変数ということになります。

　偏相関係数の考え方には、第 9 章で勉強した回帰分析がかかわってきます。回帰分析の従属変数 y は、独立変数 x によって説明できた部分（予測値 $\hat{y}$）とできなかった部分（残差 e）にわけることができました（図 10.2）（☞ 9.5 節参照）。偏相関係数は、このうち説明できなかった部分を使います。

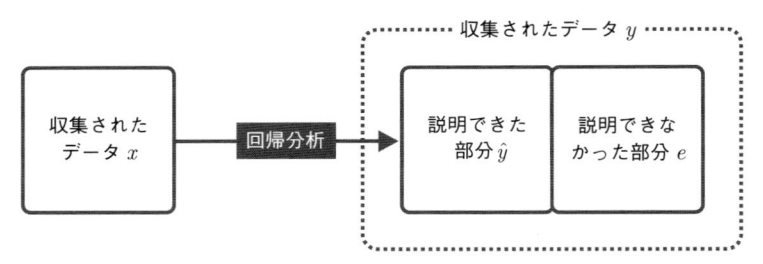

図 10.2　回帰分析による説明のイメージ（再掲）

　偏相関係数 $r_{xy \cdot z}$ を求める場合、まず z を独立変数、x を従属変数とする回帰分析をおこないます。このとき z では説明できなかった部分を残差 e としましょう。次に、独立変数は z のままで、従属変数を y とする回帰分析をおこないます。このとき説明できなかった部分を残差 u とします。偏相関係数は、まさにこの 2 つの残差 e と u の相関係数 r_{eu} です。いいかえれば、第 3 変数 z で説明できなかった部分同士の相関係数なのです（図 10.3）。

[※3]　偏相関係数と区別するために、通常の相関係数を**単相関係数**（simple correlation coefficient）や **0 次の相関係数**（zero-order correlation coefficient）と呼ぶことがあります。

10.3 残差間の相関係数：偏相関係数

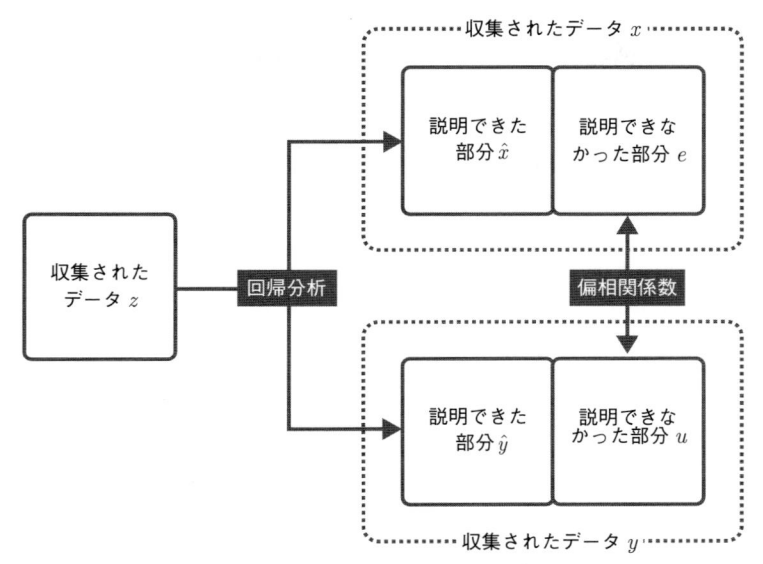

図 10.3　偏相関係数のイメージ

では、偏相関係数を計算してみましょう。「わざわざ回帰分析を 2 回もしてから相関係数を求めるのが面倒！」という声がきこえてきそうですが、実際には回帰分析をやらなくても以下の公式で偏相関係数を求めることができます。それでも結構面倒なのですが…

$$r_{xy \cdot z} = \frac{r_{xy} - r_{xz} r_{yz}}{\sqrt{1 - r_{xz}^2} \sqrt{1 - r_{yz}^2}}$$

この公式は、3 つの変数 x, y, z 間のすべての相関係数がわかっている必要がありますので、あらかじめ相関行列を求めておくと楽です（☞ 相関行列については、8.5 節参照）。ためしに、一人当たり県民所得 x、人口千人当たり自家用乗用車数 y、人口集中地区人口比率 z の相関行列をもとに偏相関係数を求めてみましょう（表 10.1）。

表10.1 相関行列

	x	y	z
一人当たり県民所得 x	1.00		
人口千人当たり自家用乗用車数 y	−0.22	1.00	
人口集中地区人口比率 z	0.48	−0.78	1.00

ここで、一人当たり県民所得は経済的豊かさ、人口千人当たり自家用乗用車数は自家用車普及率、人口集中地区人口比率は都市度の指標として考えてください。表10.1では、県民所得と自家用車数に負の相関があり（$r_{xy}=-0.22$）、経済的に豊かなほど車を所有しない傾向があると解釈できます。逆にいえば、貧しいほど車をもっているということですから、相関の程度が大きくないとはいえ、常識に反する値です。これは、両者に都道府県の都市度が関係しているからです。都市度の高い地域ほど経済的に豊かなので県民所得と人口集中地区人口比率は正の相関があります（$r_{xz}=0.48$）。また、都会の住人は車を維持する費用が田舎よりもかかるため、車の代わりに発達している公共の交通機関を使います。したがって、自家用車数と人口集中地区人口比率には負の相関があります（$r_{yz}=-0.78$）。そこで、人口集中地区人口比率をコントロールした県民所得と自家用車数の偏相関係数 $r_{xy \cdot z}$ を求めてみましょう。各相関係数を公式に当てはめると、以下のようになります。

$$r_{xy \cdot z} = \frac{-0.22 - 0.48 \times (-0.78)}{\sqrt{1-0.48^2}\sqrt{1-(-0.78)^2}} = 0.28$$

ここから、人口集中地区人口比を一定とすれば県民所得と自家用車数は正の相関があることがわかります。つまり、都市度が同じくらいなら経済的に豊かなほど自家用車所有率が上がる傾向があると解釈できるわけです。

10.4 ▓ 偏相関係数の注意点

前述のように、偏相関係数は通常の相関係数をもとに計算されています。したがって、以下のような注意点も共通しています（☞ 相関係数の注意点については8.4節参照）。

① はずれ値に注意する。

② 曲線関係には使えない。
③ グループにわけると結果が変わることもある。
④ 因果関係があるとはかぎらない。

ただし偏相関係数の場合、変数が3つに増えています。したがって、単に x と y の関係だけではなく、x と z、y と z の関係についてもこれらの点に注意しましょう。

10.5 Excel で偏相関係数を求めてみよう

　残念ながら、Excel には偏相関係数を一発で出力する機能はありません。ですが、前述の定義式で示したように、3変数の相関係数をもとに計算することができます。あらかじめ［データ分析］で3変数の相関行列を出力しておくと計算が楽（☞［データ分析］による相関行列の出力方法については8.5節参照）です。

　また、偏相関係数が残差間の相関係数であるという性質を利用する方法もあります。第9章では使いませんでしたが、［データ分析］の回帰分析には、残差データを出力する機能があります。これを利用して2つの残差データを出力し、それらの相関係数を計算します。

　まず、以下のように操作して z を独立変数、x を従属変数とする回帰分析をおこない、残差 e を出力します。

> 「第10章.xlsx」の［自動車］シートのデータを利用します。

① ［データ］タブ→［データ分析］をクリック。
② ［データ分析］ダイアログボックスから［回帰分析］を選択し［OK］ボタンをクリック。
③ ［回帰分析］ダイアログボックスの［入力Y範囲］に従属変数、［入力X範囲］に独立変数のデータ範囲を指定し、［残差］にチェックして［OK］ボタンをクリック（図10.4）。
④ 新しいシートが挿入され、分析結果が出力される（図10.5）。

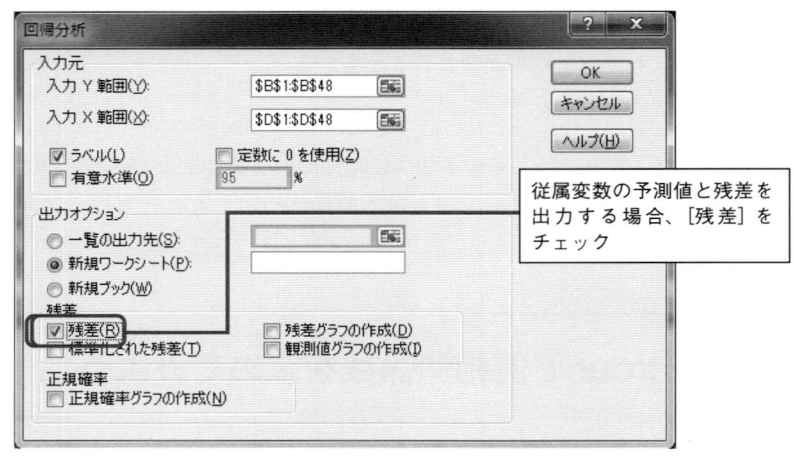

図 10.4 [回帰分析] ダイアログボックス

(従属変数の予測値と残差を出力する場合、[残差] をチェック)

	A	B	C
22	残差出力		
23			
24	観測値	予測値:一人当たり県民所得(万円)	残差
25	1	293.8042	-39.3042
26	2	266.3658	-50.3658
27	3	250.4595	-9.25949
28	4	278.9915	-26.8915
29	5	254.7343	-20.4343
30	6	262.4886	-24.7886
31	7	259.5062	4.193788
32	8	256.9214	40.77857
33	9	263.5822	41.81779
34	10	260.5998	30.50023

図 10.5 残差出力

図 10.5 は、人口集中地区人口比率を独立変数、一人当たり県民所得を従属変数とした回帰分析の残差出力です。このように、観測値（ここでは都道府県）の数だけ残差が出力されます。

次に、同様の手順を繰り返して、こんどは z を独立変数、y を従属変数とする回帰分析で残差 u を出力したら、CORREL 関数などを使って相関係数 r_{eu} ＝偏相関係数 $r_{xy \cdot z}$ を求めます。

課題●

① 「第10章.xlsx」の［自動車］シートを開き、残差を使った方法で人口集中地区人口比率をコントロールした県民所得と自家用車数の偏相関係数を計算し、10.3節の答えと一致するか確かめてみよう。

② 「第10章.xlsx」の［テスト］シートを開き、身長、テストの点数、年齢の相関行列を求めよう。

③ 相関行列をもとに、年齢をコントロールした身長とテストの点数の偏相関係数を計算しよう。

集団レベルの相関の解釈は慎重に：生態学的誤謬　　COLUMN

第8〜10章では、都道府県データを使いながら量的変数間の関係を分析する方法を勉強してきました。しかし、都道府県のように多くの人から構成される地域や集団を1つのケースとして相関を分析する場合、結果の解釈を慎重におこなう必要があります。地域や集団レベルでみられた相関が個人レベルでもみられるとはかぎらないからです。

次の例を考えてみましょう[4]。アメリカの州データ（1930年）を分析したところ、黒人人口比率と文盲率（文字の読み書きができない人の比率）のあいだに0.77という強い相関係数がみられました[5]。ここから、文盲の黒人がとても多いといえるでしょうか。答えはNoです。もともとの個人データがもつ情報が州単位に集計されることによって減少し、州レベルと個人レベルでは相関の程度が違ってくるからです。多くの場合、集団レベルの相関のほうが個人レベルの相関よりも大きくなります。実際この例では、個人レベルのデータで四分点相関係数を計算したところ0.20という弱い相関でした。

このように、集団レベルの相関から個人レベルの相関を類推することの誤りを**生態学的誤謬**（ecological fallacy）といいます。これを避けるために、個人レベルの相関に関心がある場合は個人のデータを収集・分析しなければなりません[6]。

---

[4]　Robinson〔1950〕による有名な例です。
[5]　このような地域や集団レベルの相関のことを**生態学的相関**（ecological correlation）といいます。
[6]　「第10章.xlsx」の［生態学的誤謬］シートに都道府県の外国人人口と刑法犯認知件数のデータがあります。相関係数を計算して外国人犯罪について考えてみましょう。

【文献】

Robinson, W. S., 1950, "Ecological Correlations and the Behavior of Individuals", *American Sociological Review* 15: 351-7.

谷岡一郎, 2000, 『「社会調査」のウソ──リサーチ・リテラシーのすすめ』文藝春秋.

第11章

2つの質的変数の関連をみるⅠ：クロス集計

11.1 グループ別の単純集計

この章では、2つの質的変数の関係を分析する方法について説明します。第4章では単純集計について学びましたが、この章で学ぶ**クロス集計**（cross tabulation）は、単純集計の応用ということができます。たとえば、第4章の例からつくった表 11.1 をみてください。

表 11.1 授業満足度の分布：単純集計とクロス集計

(a)

授業満足度	
満足	12
どちらかというと満足	18
どちらともいえない	15
どちらかというと不満	16
不満	19
合計	80

(b)

授業満足度	1組	2組
満足	6	6
どちらかというと満足	10	8
どちらともいえない	9	6
どちらかというと不満	12	4
不満	13	6
合計	50	30

この表 11.1 では、(a) は全体についての授業満足度の分布をみる単純集計表であるのに対して、(b) ではクラスごとに授業満足度の分布をみる**クロス集計表**（contingency table；あるいは単純に**クロス表**ともいいます）ということが異なります。このように、クロス集計表は、ある変数についての単純集計表を、別の変数のグループ別に集計しなおしたものだといえます[1]。

---

[1] 1つの変数の単純集計の結果を、別の変数のグループ別に分割したものなので、クロス集計表は**分割表**ともいいます。

このことは、変数を入れ替えて考えても同じです。表 11.2 では、クラスの人数の構成を、授業満足度の回答グループごとに分割したものと考えてさしつかえありません。

表 11.2　授業満足度の分布

(a)

	度数
1 組	50
2 組	30
合計	80

(b)

	満足	どちらかというと満足	どちらともいえない	どちらかというと不満	不満	合計
1 組	6	10	9	12	13	50
2 組	6	8	6	4	6	30
合計	12	18	15	16	19	80

単純集計は、ある質的変数の値の分布（回答の散らばり）特徴を知ることが目的でした。クロス集計の目的は、単純集計の結果をさらに別の変数のカテゴリー[※2]別にわけることによって、カテゴリー間で値の分布に違いがあるのかを知ることです。クロス集計は、ある変数の分布が別の変数によって変わるのか、ということがわかるので、2 つの質的変数間の関係を知るためのもっとも基本的かつ重要な分析方法だということになります。なお、質的変数どうしの関係は、とくに**関連**（association）あるいは**連関**と呼ぶことがありますので注意してください。

11.2 クロス集計表の構成

クロス集計表のつくり方について具体的な説明をする前に、クロス集計表を構成する各部分の呼び方について説明しましょう。行および列のカテゴリーの交差するところは、Excel と同様にセルと呼び、個々のセルには行と列のカテゴリーに同時に該当する**度数**[※3]（frequencies；☞ 第 4 章を参照）が書かれています。図 11.1 に示したクロス集計表には、架空データによる度数が書かれています。

また、クロス集計表の左側を**表側**といい、そこにおく変数を表側項目と呼びます。一方、クロス集計表の上側を**表頭**といい、そこにおく変数は表頭項目と

[※2]　調査単位が個人である場合には、この「カテゴリー」を「グループ」などと読みかえると理解の助けになるでしょう。

[※3]　クロス集計表の場合はセル度数ともいいます。

いいます。

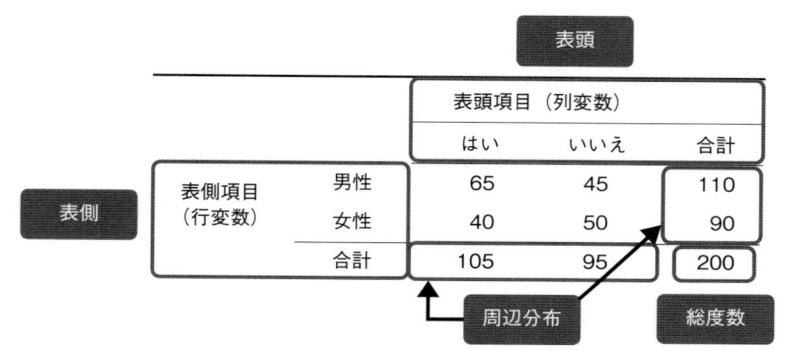

		表頭項目（列変数）		
		はい	いいえ	合計
表側項目 （行変数）	男性	65	45	110
	女性	40	50	90
	合計	105	95	200

表頭（表側）、周辺分布、総度数

図11.1　クロス集計表を構成する要素

　クロス集計表の一番右と下には、「合計」と書かれた行と列があり、**周辺分布**（marginal distribution）と呼びます。「合計」と書かれているので説明不要でしょうが、たとえば表側項目のある行のセル度数を、すべての列について横に合計した数となっています。この合計された度数を**周辺度数**といいます。各行の周辺度数を**行周辺度数**、各列の周辺度数を**列周辺度数**といいます。

　行変数の各カテゴリーの周辺度数、たとえばこの図11.1の数値例では男性の周辺度数が110、女性の周辺度数が90となっています。この性別という表側項目（行変数）の周辺度数は、そのままこの行変数の単純集計の結果（変数の値の分布）と同じであることを確認してください。周辺分布は、それぞれの変数の値の分布を示していますので、クロス集計の重要な要素です。なお、表の右下の数字は**総度数**（grand total）で、クロス集計表の2つの変数にかかわるすべてのケース数をあらわしています。総度数は大文字英数字で N と表現することが多く、総度数のことを「**N数**」という人もいます。

11.3 クロス集計による分析のポイント

クロス集計では、ある質的変数の値の分布が、別の変数で分類したときのカテゴリーごとに異なっているのか、ということに注目します。

いま、分類する変数を仮に X とします。このような変数を、**説明変数**[※4] といいます。そして説明変数のカテゴリーごとに分布に違いがあるのかどうか調べる変数を Y とします。このような変数を、**被説明変数**といいます。

日本では多くの場合、クロス集計表をつくるときに説明変数 X を表の左側（**表側**）におきます。そして被説明変数 Y を表の上側（**表頭**という）におきます[※5]。

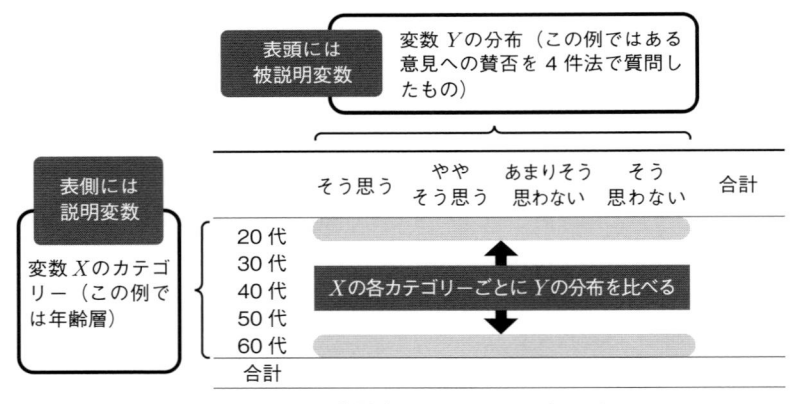

図11.2 クロス集計表をつくるときのポイント

クロス集計では、説明変数のカテゴリーごとに被説明変数の分布を比べるということが目的ですから、説明変数の選び方が1つのポイントになります。社会調査データでは、性別・年齢層・学歴・配偶状態・就業状態・職業・所得・居住地域などのような、行動や意見・態度に影響を与えると考えられる変数で分類して基礎的な集計をおこなうことが多いです[※6]。自分でクロス集計をおこなう際には、まずはこれらの変数を説明変数としてみてください。

もちろん、なにを被説明変数とするかによって説明変数の選び方は変わって

※4 別のいい方では、**区分変数・分類変数**、あるいは**分析軸**などといったりします。
※5 スペースの都合で、この方法では表がうまく書けない場合は、表頭に説明変数を、表側に被説明変数をおいてもかまいません。
※6 第2章で紹介した政府統計（官庁統計）でも、これらのような説明変数によってクロス集計した表を公表しています。

くるでしょう。1つの方針は、被説明変数に関連の大きそうな変数を説明変数とするというものです。もし、説明変数のカテゴリーごとに被説明変数の分布が大きく異なる（相対比率で比べたとき、数値に大きな差がある）ならば、その2つの変数は「関連が大きい」と考えられます。関連の大きさを示す指標は第12章で紹介しますが、まずはカテゴリーごとの比較[※7]をしてみましょう。

11.4 ピボットテーブルによるクロス集計の方法

　クロス集計をおこなう方法は、単純集計と同様にピボットテーブルによっておこないます。ピボットテーブルによる単純集計のやり方については第4章を参照しておいてほしいのですが、クロス集計のやり方も途中まではほとんど同じです。

　ここでは、「第11章.xlsx」の［テスト点数］シートを開いて実習してみましょう。表頭におく被説明変数を「授業満足度」とし、表側におく説明変数を「クラス」としてみましょう。つまり、クラス別に授業満足度の分布を比較してみようというのがここでの関心ということになります。

① ［挿入］タブ→［ピボットテーブル］をクリック。
② ［ピボットテーブルの作成］ダイアログボックスで分析するデータの範囲を選択し、ピボットテーブルの作成先を［新規ワークシート］または［既存のワークシート］から選び［OK］ボタンをクリックする（図11.3）。

> ⚠ データの範囲を選択するには、必要なデータ範囲をマウスでドラッグするか、あらかじめ必要なデータ範囲にカーソルをおいておいてください。

③ 右側に表示された［ピボットテーブルのフィールドリスト］で、被説明変数（ここでは「授業満足度」）を［列ラベル］ボックス、ケースを識別する変数（ここでは「id」）を［Σ値］ボックスにドラッグする（図11.4）。
④ 続けて、右側の［ピボットテーブルのフィールドリスト］で、説明変数（ここでは「クラス」）を［行ラベル］ボックスにドラッグする（図11.4）。

[※7] これを**層別比較**といったりします。層別比較は、データ分析の基本です。

⑤ 表示されたピボットテーブルの「合計／id」と表示されているセルで右クリックし、[データの集計方法]（Excel 2010 以降では[値の集計方法]）→[データの個数]を選択（図 11.5）。

> ⚠ この操作を忘れないでください。でないと、各数値の「合計」（変数「id」の数値をすべて足し合わせた数）が計算されてしまい、正しいクロス集計表にならないからです。

⑥ クロス集計完了（図 11.6）。
⑦ ピボットテーブルの範囲をコピーし、適当な箇所に[値の貼り付け]をする。適当に表のかたちを整えてクロス集計表を完成させる。

> ⚠ コピーは右クリックしてメニューから[コピー]を選ぶか、[Ctrl]+[C]キーを押します。
> 値の貼り付けは、[ホーム]タブ→[貼り付け]ボタン→[値の貼り付け]を選びます。

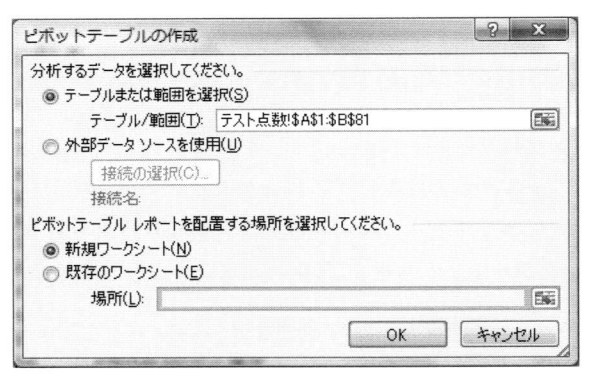

図 11.3 [ピボットテーブルの作成]ダイアログボックス

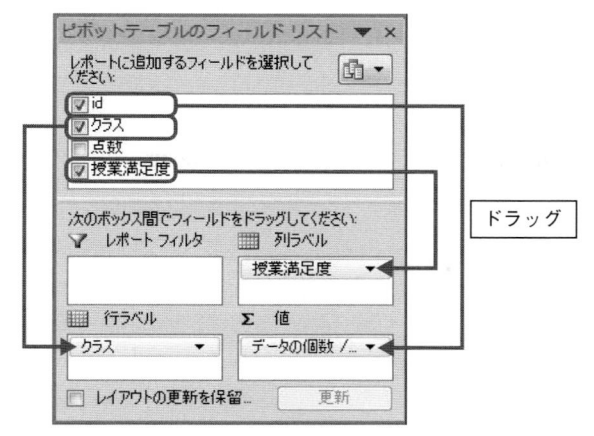

図 11.4 [ピボットテーブルのフィールドリスト]

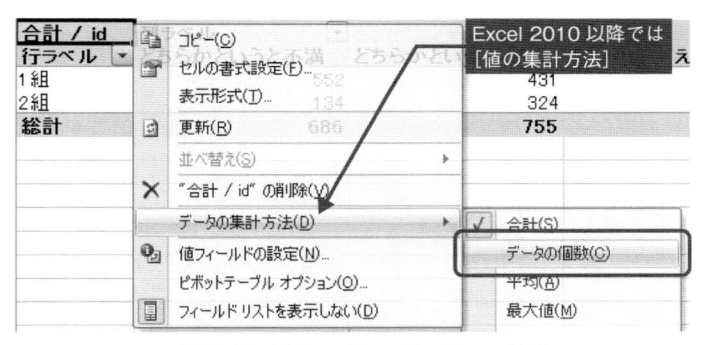

図 11.5 ピボットテーブルのフィールド

これでできるのが図 11.6 のピボットテーブルです。しかし、このクロス表は十分ではありません。なぜなら、授業満足度は順序尺度（☞ 変数の尺度については第 2 章を参照）の変数であるにもかかわらず、表頭にある列のカテゴリーが適切な順序になっていないからです。このようなときは、ピボットテーブルのなかの「満足」といったラベルの書かれたセルをアクティブにし、マウスカーソルを隣のセルとの境目に動かしてカーソルのかたちが四方向の矢印付きに変わったら、適切な位置にドラッグすればカテゴリーの順序を変えることができます（図 11.7）。

第 11 章　２つの質的変数の関連をみる I：クロス集計

図 11.6　ピボットテーブルによるクロス表の例

図 11.7　マウスによるカテゴリーの移動

あるいは、移動させたいカテゴリーで右クリックして出るコンテキストメニューから［移動］をクリックし、左右に移動することもできます（図 11.8）。

図 11.8　右クリックメニューによるカテゴリーの移動

もちろん、Excel のほかの適当な箇所にピボットテーブルをコピーして通常の（ピボットテーブルでない）表にしてからカテゴリーを入れ替えてもかまいません。このコピーや貼り付けの方法も、単純集計の場合とまったく同じです。こうしてできたのが、さきほどの表 11.2（b）です。

個票データファイルの多くは、個々のデータ値が 1, 2, 3 あるいは a, b, c といったコード[※8]で入力されています。あたりまえのことですが、そのようなデータファイルからピボットテーブルを作成すると、できたクロス集計表も行や列のカテゴリーを示すラベルが数字や文字のままになります。そのような場合は、調査で用いた質問紙やコードブックなどをみて、それぞれのコードに対応する回答内容（「満足している」など）を表のなかに書き入れましょう。

最後に、罫線を引いたり列幅を調整したりして体裁を整え、クロス集計表を完成させます。論文やレポートに用いる際は、それぞれの学問分野で一般的なスタイルにのっとってクロス集計表を整形してください（☞ 第 14 章を参照）。

11.5 クロス表のセルに記すこと

11.5.1 度数とパーセント

クロス集計表には、① 度数だけを示す場合、② 相対度数だけを示す場合、③ 度数と相対度数の両方を示す場合、の 3 つがあります。

説明変数の各カテゴリーの人数がだいたい等しい場合[※9]は、①のように度数だけで示しても問題はありません。また、カテゴリー間での人数そのものの差を比較する必要がある場合には**度数**を示す必要があります。一方、構成比（度数の割合）違いを表現したい場合には②や③のように**相対度数**[※10]（☞ 第 4 章を参照）を記す必要があります。

しかし、各カテゴリーの人数が大きく異なる場合や、いずれかのカテゴリーの人数があまりに少ない場合には②のように構成比だけを示すことは避けまし

※8 選択肢番号など、回答の内容を文字や数字であらわしたもの（☞ 第 2 章を参照）。
※9 これについては、たまたまそうなった場合だけでなく、標本設計の段階でカテゴリーの構成比を等しくした場合や、人数が等しくなるようにカテゴリーを合併したような場合がそれにあたります。
※10 クロス集計表の場合は、相対度数をパーセンテージで記すことがほとんどのようです。

ょう。たとえば「100人中の75人」であっても「4人中の3人」であっても、相対度数では同じ75%と表現されてしまいますが、「4人中の3人」の場合には1人の回答が変われば相対度数は50%あるいは100%と大きく変化してしまいます。これを「100人中の75人」と同列に比べて論じることはあまり適切とはいえませんので、③のようにするのがよいでしょう。

クロス集計表で相対度数（パーセンテージとして考えます）を計算するときには、どこを基準に相対度数を計算するかに注意する必要があります。ここでは、表11.2（b）を例にして説明していきます。表11.2（b）の各クラスはそれぞれ50人と30人であり、大きく人数が異なるとはいえませんので、さきほどの②のタイプ（相対度数だけの表）をつくります。

11.5.2　行パーセントによるクロス集計表

各行の周辺度数を分母として、その行にあるセル度数を分子として計算したのが**行パーセント**（row percent）です。行ごとにパーセンテージを計算するので、このような名前がついています。

表11.3　行パーセントの例

	満足	どちらかと いうと満足	どちらとも いえない	どちらかと いうと不満	不満	合計
1組	12.0	20.0	18.0	24.0	26.0	100.0
2組	20.0	26.7	20.0	13.3	20.0	100.0
合計	15.0	22.5	18.8	20.0	23.8	100.0

行パーセントで相対度数を計算することは、行変数（表側項目）に説明変数を、列変数（表頭項目）に被説明変数をおくという一般的なクロス表のつくり方（☞11.3節を参照）をした場合にはもっとも一般的で、かつ有用でしょう。なぜなら、「説明変数のカテゴリーごとに被説明変数の分布を比べる」というクロス集計の目的にいちばん合っているからです。

この例では、クロス集計表をおこなう際の分析関心が「クラスの違いによって、授業への満足度の分布は異なるだろうか」ということでした。この行パーセントの表では、行の周辺度数を分母（100パーセント）として計算しているので、それぞれの行がクラスごとの授業満足度の分布になっています。

1組の行と2組の行をそれぞれ横方向にみていき、それぞれのカテゴリー（クラス）ごとの分布を比べると、どうやら1組よりは2組のほうが満足度が

高そうです。逆にいうと、1組のほうが不満が高そうです。このように、行変数（表側項目）に説明変数をおいた場合は、行パーセントを計算して結果を読みとっておけばまず間違いはありません。

11.5.3 列パーセントによるクロス集計表

各列の周辺度数を分母とし、その列のセル度数を分子として計算したのが**列パーセント**（column percent）です。列ごとにパーセンテージを計算するので、このような名前がついています。

表11.4 列パーセントの例

	満足	どちらかといえば満足	どちらともいえない	どちらかといえば不満	不満	合計
1組	50.0	55.6	60.0	75.0	68.4	62.5
2組	50.0	44.4	40.0	25.0	31.6	37.5
合計	100.0	100.0	100.0	100.0	100.0	100.0

列パーセントを用いるのはどのような場合でしょうか。行変数に説明変数をおいた場合には、列パーセントがあらわすものは「被説明変数のカテゴリーにおける、説明変数のカテゴリーごとの構成比」ということになります。この例の場合は、たとえば「授業に対して不満をもっている人のうち、1組と2組の構成比をみると1組のほうが多い」と読みとることができます。

するとこの列パーセントという方法でも分析目的である「クラスの違いによる授業満足度の分布」に答えられると思えるかもしれませんが、残念ながらそうはいきません。授業に対して満足している人の構成比をみると1組と2組が同じだからです。行変数に説明変数をおいた場合には、やはり行パーセントのクロス表を用いて分布を比べるのがよさそうです[11]。

列パーセントを用いるのが適切なのは、スペースの都合などで列変数のほうに説明変数をおいた場合です。この場合は列パーセントを計算するのがいちばん分析目的に合っているでしょう。このような例が表11.1（b）で、ここから計算した列パーセントのクロス集計表が次の表11.5です。

---

[11] 行変数に説明変数をおいた場合に列パーセントを用いるのは、すぐ前の段落にあるように、被説明変数の各カテゴリーがどのような人びとで構成されているかを知るという、わりと特殊な関心の場合にとどめておきましょう。

表 11.5　列パーセントを用いる場合

授業満足度	1 組	2 組
満足	12.0	20.0
どちらかというと満足	20.0	26.7
どちらともいえない	18.0	20.0
どちらかというと不満	24.0	13.3
不満	26.0	20.0
合計	100.0	100.0

　この表 11.5 は、表 11.3 で表側においた説明変数を表頭にもってきて行と列を入れ替えたものですから、もちろん分析目的に合っています。

11.5.4　全体パーセントによるクロス集計表

　相対度数を用いたクロス集計表には、**全体パーセント**（total percent）表というものもあります。これは、総度数を分母として個々のセル度数を割り算し、それぞれの相対度数として示すものです。

　これは、表頭項目・表側項目のカテゴリーの組み合わせが、全体のケース数のなかでどれくらいの割合をしめているのかを示すものです。カテゴリーの組み合わせのケース数や出現頻度[※12]だけに関心をおくので、説明変数・被説明変数の区別をしない場合に用いる方法といえます。ただし、全体パーセントの表を社会調査データの分析で用いることはあまり多くありません。

表 11.6　全体パーセントの例

	満足	どちらかというと満足	どちらともいえない	どちらかというと不満	不満	合計
1 組	7.5	12.5	11.3	15.0	16.3	62.5
2 組	7.5	10.0	7.5	5.0	7.5	37.5
合計	15.0	22.5	18.8	20.0	23.8	100.0

11.5.5　ピボットテーブルでのパーセンテージの計算

　11.5 節の冒頭であげた、相対度数（パーセンテージ）を用いたクロス集計表のタイプ①、②、③は、いずれもピボットテーブルの機能を使って作成できます。はじめに、行パーセントを用いたクロス集計表をつくってみましょう。まず 11.4 節にある手順①〜⑤までを実行してください。

※12　これを**同時分布**や**共起性**といいます。

11.5 クロス表のセルに記すこと

① ［Σ値］ボックスのなかの▼をクリックし、［値フィールドの設定］を選択。
② ［値フィールドの設定］ダイアログボックスが開いたら、［集計の方法］タブで［データの個数］を選択、［計算の種類］タブで［列方向の比率］（Excel 2010 以降では［行集計に対する比率］）を選択（図 11.9）。
③ そのまま［値フィールドの設定］ダイアログボックスで［表示形式］ボタンを押し、［セルの書式設定］ダイアログボックスが開いたら［分類］ボックスのなかが［パーセンテージ］となっていることを確認し、さらに右にある［小数点以下の桁数］を 1 にしてから［OK］ボタンをクリック（図 11.10）。
④ ［値フィールドの設定］に戻ったら［OK］ボタンをクリック。
⑤ セルのなかの数値が行パーセントになったクロス集計表（ピボットテーブル）ができる。これをコピーし、適当な箇所に［値の貼り付け］をする（図 11.11）。

図 11.9　［値フィールドの設定］ダイアログボックス

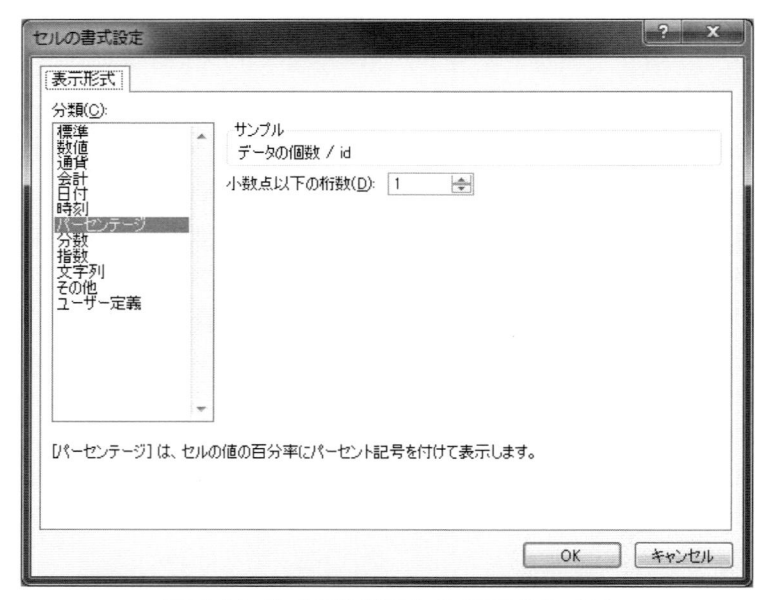

図11.10　[セルの書式設定] ダイアログボックス

	A	B	C	D	E	F	G
1							
2							
3	データの個数 / id	列ラベル					
4	行ラベル	どちらかというと不満	どちらかというと満足	どちらともいえない	不満	満足	総計
5	1組	24.0%	20.0%	18.0%	26.0%	12.0%	100.0%
6	2組	13.3%	26.7%	20.0%	20.0%	20.0%	100.0%
7	総計	20.0%	22.5%	18.8%	23.8%	15.0%	100.0%
8							

図11.11　行パーセントで表示されたピボットテーブル

　ここで注意すべきことは、Excel 2007 までででは行パーセントのことを「列方向の比率」と呼んでいるということです。ちょっとややこしいのですが、それぞれの行で、各列のカテゴリーの比率をとっているのだと考えてください。最初はちょっととまどいますが、そういう言葉づかいになっているのだからしかたがないのだと思ってください。同様の考えから、列パーセントを計算するときは「行方向の比率」を指定します。全体パーセントは「全体に対する比率」を指定します。Excel 2010 以降では、行パーセントが「行集計に対する比率」、列パーセントが「列集計に対する比率」と直感に合う言葉に改められています。

11.5.6　度数と行パーセントを併記したクロス集計表の作成

　度数と相対度数の両方を記すタイプ③は少し面倒ですが、4.2.5項で紹介したように、idを複数指定することでできます。これはいままでのピボットテーブル操作の応用です。

> ⚠️ もちろん、Excelのほかの箇所に「形式を選択して貼り付け」をおこなったあとに自分で計算してもできます。

① ［挿入］タブ→［ピボットテーブル］をクリック。
② ［ピボットテーブルの作成］ダイアログボックスで分析するデータの範囲を選択し、ピボットテーブルの作成先を［新規ワークシート］または［既存のワークシート］から選び［OK］ボタンをクリック。
③ 右側に表示された［ピボットテーブルのフィールドリスト］で、表頭項目（被説明変数）を［列ラベル］ボックス、ケースを識別する変数を［Σ値］ボックスに2回ドラッグ（図11.12）。

> ⚠️ ここでは「id」を［Σ値］に2回ドラッグします。

④ 続けて、右側の［ピボットテーブルのフィールドリスト］で、表側項目（説明変数）を［行ラベル］ボックスにドラッグする（図11.12）。
⑤ ［Σ値］ボックスのなかの▼をクリックし、［値フィールドの設定］を選択（図11.13）。
⑥ ［値フィールドの設定］ダイアログボックスで、以下の通りに設定する。
● id：［集計の方法］タブで［データの個数］を選択し［OK］ボタンをクリック。

> ⚠️ くり返しになりますが、くれぐれもこの操作を忘れないでください。

● id2：［集計の方法］タブで［データの個数］を選択、［計算の種類］タブで［列方向の比率］（Excel 2010以降では［行集計に対する比率］）を選択して［OK］ボタンをクリック。

> ⚠️ このとき、小数点以下の桁数を1桁にしておくとよいでしょう（☞具体的なやり方は、11.5.5項の手順③を参照）。

⑦ クロス集計が出力される（図 11.14）。
⑧ ピボットテーブルの範囲をコピーし、適当な箇所に［値の貼り付け］をする。適当に表のかたちを整えてクロス集計表を完成させる。

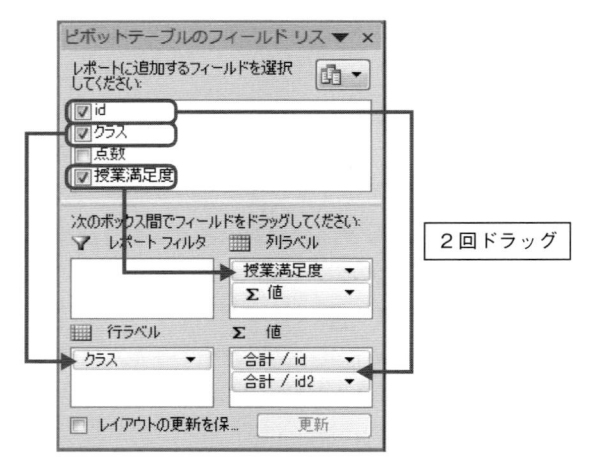

図 11.12 ［ピボットテーブルのフィールドリスト］

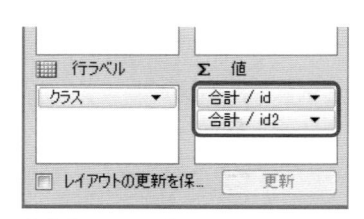

図 11.13 ［ピボットテーブルのフィールドリスト］下部

図 11.14 クロス集計表

さて、このようにして作成した、度数と行パーセントを併記した（先に挙げたタイプ③の）クロス集計表が次の表11.7です。表側に説明変数を、表頭に被説明変数をおく一般的なクロス集計表では、このように表記しておけばまず間違いはありません。多くの場合、度数かパーセントをカッコ内に入れて併記します。もちろん、どちらをカッコ内に入れるかは一貫しなければいけません。

表11.7　度数と行パーセントを併記したクロス集計表

表XX　クラスと授業満足度のクロス集計表（カッコ内は行％）

	満足	どちらかというと満足	どちらともいえない	どちらかというと不満	不満	合計
1組	6 (12.0)	10 (20.0)	9 (18.0)	12 (24.0)	13 (26.0)	50 (100.0)
2組	6 (20.0)	8 (26.7)	6 (20.0)	4 (13.3)	6 (20.0)	30 (100.0)
合計	12 (15.0)	18 (22.5)	15 (18.8)	16 (20.0)	19 (23.8)	80 (100.0)

また、表の上にはクロス表の内容を適切に表すようなタイトルをつけます。たとえばこの例のように「○○と○○のクロス集計表」などと書くとわかりやすいのですが、単に「○○×○○」といったように、2つの変数を「×」で結んでいるクロス集計表もよくみかけます。また、この表11.7では、カッコ内の数字が行％であることも表タイトルの最後に書いています。

さらに、表には番号を振っておくと、報告書やレポートをつくる上では便利です。このあたりの具体的な方法は、第14章をみてください。

この章では、クロス集計をおこなう方法について学びました。クロス集計表を作成したあとは、説明変数のカテゴリーごとに被説明変数の分布を比べて、説明変数と被説明変数の間に関連がありそうか、ということを検討していきます。ただし、どれくらいの関連があるのか、ほかの変数どうしの関連に比べて強いのか弱いのか、ということを考えるには、関連の強さをあらわす指標をつくるしかなさそうです。次の第12章では、クロス集計表における変数間の関連の強さについて学んでいきましょう。

課題●

① 「第11章.xlsx」の［学生生活］シートを開き、性別と通学区分についてクロス集計表をつくってみよう。その際、度数の表、相対度数の表の2つのパターンでやってみよう。

② 上の①でつくったクロス集計表から、2つの変数間にどのような関連があるか読みとってみよう。

③ 性別、血液型、通学区分、携帯キャリア、生活満足度について、さまざまな組み合わせのクロス集計表をピボットテーブルでつくり、結果を読みとってみよう。

第12章

2つの質的変数の関連をみるⅡ：関連係数

12.1 ■ クロス集計表の関連の強さ

　第11章では、どのようにしてクロス集計をおこなうかを学びました。クロス集計は「ある変数の分布のしかたは、別の変数のカテゴリーごとに異なっているのかどうか」ということを着眼点にして、2つの変数の関連をとらえることを目的とした分析方法です。

　しかし、クロス集計表で度数や相対度数を並べてみても、2つの質的変数の関係がどの程度強いのかを判断するのはなかなか難しいことです。さらに、たとえば変数xと変数yの組み合わせと、変数xと変数zの組み合わせでは、どちらがより関連が強いといえるのか——ということを考えるには、判断基準として数値による指標が必要になります。

　ここでは例として、「性別と食べ物の好み」という調査課題を考えてみましょう。「性別」を説明変数として考えるとき、それと関連の強い「食べ物の好み」（被説明変数）があったとしたら、それは性別によって好みがわかれる食べ物だと考えられます。この観点で性別と食べ物の好みを調べた結果が表12.1と表12.2です。表12.1は「性別」を説明変数（x）にして「ラーメンの好み」を被説明変数（y）としたクロス集計表、表12.2は「性別」を説明変数（x）にして「ケーキの好み」を被説明変数（z）としたクロス集計表です。

　この2つの表は総度数（☞第11章を参照）が違うこともあって、クロス集計表を一見しただけでは、性別によって好みがよりわかれるのはラーメンなのか、ケーキなのかよくわかりません。このことは、行パーセントを計算して

も同じです。

表12.1 性別とラーメンの好みの関係

	好き	嫌い	合計
男性	150	50	200
女性	60	40	100
全体	210	90	300

表12.2 性別とケーキの好みの関係

	好き	嫌い	合計
男性	90	60	150
女性	180	70	250
全体	270	130	400

　量的変数の場合には相関係数（☞ 第8章を参照）を計算することによって、変数間の関係の強さを理解することができました。質的変数でも、同じように関連の強さを数値化する指標があれば調査課題について判断の助けになるでしょう。

　この章では、質的変数の間の関係の強さを数値化する指標（**関連係数**[1] measure of association）を説明します。前半では、2行2列のクロス集計表[2]で使用される関連の指標を2つ説明します。1つはオッズ比、もう1つはファイ係数（ϕ）です。後半では、2行2列のクロス集計表よりも大きなクロス集計表で使用される関連の指標として、カイ二乗値とそれを用いたクラメールの V を説明します。

---

[1]　**関連指数**（index of association）、**属性相関係数**などともいいます。
[2]　これを 2 × 2 のクロス集計表と呼びます。

12.2 オッズ比

12.2.1 オッズとは

オッズ比について説明する前に、**オッズ**[※3]（odds）について説明します。オッズとは、「A という事がらの起こりやすさ」と「B という事がらの起こりやすさ」の比です。言葉を用いて説明するとわかりにくいので、数式を使って表現してみると次のようになります。

$$\text{オッズ} = \frac{A \text{という事がらの起こりやすさ}}{B \text{という事がらの起こりやすさ}}$$

オッズの計算式は割り算のかたちになっているので、「A という事がら」と「B という事がら」のそれぞれの起こりやすさの関係が理解できます。つまりオッズの計算式は、「A という事がらは、B という事がらの何倍起こりやすいのか」ということをあらわしています。

第4章の章末コラムで説明したように、割り算は分母を1と考えることと同じですから、オッズが1よりも大きいのであれば、A という事がらのほうが B という事がらよりも起きやすいということです。逆にオッズが1よりも小さいのであれば、B のほうが A よりも起きやすいことになります。また、オッズの値が1かそれに近い値であれば、A と B は同じくらい起きやすいことがわかります。

12.2.2 オッズの計算

表12.1のクロス集計表から、男女ごとにラーメンの好みについてオッズを計算してみましょう[※4]。男性で「ラーメンが好き」と答えている人の割合（相対度数）は 0.75（= 150 ÷ 200）です。一方、男性で「ラーメンが嫌い」と答えている人の割合は、0.25（= 50 ÷ 200）です。これらはそれぞれ「ラーメンが好き」あるいは「ラーメンが嫌い」ということの起こりやすさと考えられま

[※3] オッズという言葉は競馬や競輪などでも使われる言葉なので、耳にしたことがあるかもしれませんが、ここで説明する「オッズ」は、競馬で使用されるものと計算のしかたが異なります。

[※4] 男女ごとというように、変数のカテゴリーごとにオッズを計算しているので、厳密には「**条件つきオッズ**（conditional odds）」といいます。

すので、ここから男性のオッズを計算すると次のようになります。

$$\text{男性のオッズ} = \frac{\text{「ラーメンが好き」という事がらの起こりやすさ}}{\text{「ラーメンが嫌い」という事がらの起こりやすさ}}$$

$$= \frac{0.75}{0.25} = 3$$

このオッズが1を超えているので、男性では「ラーメンが好き」という事がらが「ラーメンが嫌い」という事がらよりも起こりやすく、オッズの数値によると3倍起こりやすいということがわかります。

女性の場合も同じように計算すると、次のようにオッズが求められます。

$$\text{女性のオッズ} = \frac{\text{「ラーメンが好き」という事がらの起こりやすさ}}{\text{「ラーメンが嫌い」という事がらの起こりやすさ}}$$

$$= \frac{0.6}{0.4} = 1.5$$

このように、ラーメンの好みについてオッズを計算してみると、男女とも「ラーメンが好き」という事がらが「ラーメンが嫌い」という事がらよりも起こりやすいことがわかります。つまり男性でも女性でも、ラーメンが嫌いな人より好きな人のほうが多いのです。そして数値を比較してみると、男性のほうが女性よりもオッズが大きくなっています。これは男性のほうが女性よりも「ラーメンが好き」という回答をしやすいことを意味しています。

12.2.3　オッズ比を求める

では男性は、女性に比べてどれくらい「ラーメンが好き」という回答をしやすいのでしょうか。実はこの問いは、「性別」と「ラーメンへの好み」の関連を測ることと同じです。仮に「ラーメンが好き」という回答が、男性と女性で同じくらい起こりやすいのであれば、性別とラーメンへの好みの間には関係がないということになるからです。

12.2.2項では、オッズの値から、男性のほうが女性よりも「ラーメンが好き」という回答をしやすいということがわかりましたので、とりあえず「性別」と「ラーメンへの好み」の間には関連があるということになります。では、その関連の強さはどのように計算すればよいのでしょうか。

この問いについては、**オッズ比**（odds ratio）を計算することで答えること

できます。オッズ比とは、2つのオッズの比、つまり割り算によって求める関連の強さの指標です。この項のはじめに「男性は女性に比べてどれくらいラーメンが好きと回答しやすいか」という問題関心を掲げましたので、計算の際は女性のオッズを分母とし、男性のオッズを分子とします[※5]。言葉だけでの説明ではわかりにくいので数式を使って表現してみると、求めるオッズ比は次のようになります。

$$\text{オッズ比} = \frac{\text{男性のオッズ}}{\text{女性のオッズ}} = \frac{3}{1.5} = 2$$

このオッズ比から、男性は女性よりも2倍「ラーメンが好き」という回答をしやすいことがわかります。これは、「性別とラーメンへの好みの間には関連がある」ということを示しています。

12.2.4 オッズ比から関連を読みとる

オッズ比を計算することで、質的変数のあいだの関連の強さと、関連の方向(正の関連か負の関連かということ)がわかります。

ただし名義尺度の変数の場合、カテゴリー間で値を入れ替えることができるので、量的変数の相関係数のような関連の正負は本質的にはありません。たとえば表12.1で、表側にある男性と女性の行の順序を入れ替えても度数は変わりません。したがって、質的変数の関連の正負とは、クロス集計表におけるカテゴリーの並べ方に依存します[※6]。たとえば表12.1では、「男性×好き」、「女性×嫌い」という組み合わせのセル(**主対角セル**という)に多くの度数が集まっている状態を「正の関連」と考えます。

オッズ比の計算式は割り算ですので、値が1であれば2つのオッズは同じ大きさだということになります。つまり一方の変数のカテゴリー間でオッズが変わらないのですから、2つの変数の間に関連はありません[※7]。

オッズ比の値が1よりも大きければ、「2つの変数のあいだには正の関係がある」といいます。今回の例では、女性よりも男性のほうが、「ラーメンが好

[※5] このことを「男性のオッズと女性のオッズの比」と表現します。
[※6] このため、名義尺度であっても、問題関心や仮説に対応してカテゴリーが並んでいると解釈がしやすくなります。また、変数が順序尺度の場合は、カテゴリーの順序がそろっていると解釈しやすくなります。
[※7] 今回の例では、男性も女性も同じように「ラーメンが好き」という回答のしやすさは変わらないということです。

き」という回答をしやすいということです。2つの変数のあいだに正の関連がある場合、オッズ比の値が1よりも大きくなるほど[※8]、その関連は強いということができます。一方、オッズ比の値が1よりも小さければ、「2つの変数の間には負の関連がある」といいます。今回の例では、男性よりも女性のほうが、「ラーメンが好き」という回答をしやすいということです。ただし負の関連であっても数値は負ではなく、0と1のあいだの値となります。2つの変数のあいだに負の関連がある場合は、オッズ比の値が0に近づくにつれ、その関連が強いということができます。表12.3はオッズ比の値の意味についてまとめています。

表12.3 オッズ比の値の意味

オッズ比の値	意味
オッズ比 > 1	2つの変数の間には正の関連がある 値が大きくなるほど関連は強い(極値=無限大)
オッズ比 = 1	2つの変数の間には関連がない
0 < オッズ比 < 1	2つの変数の間には負の関連がある 値が小さくなるほど負の関連が強い(極値=0)

12.2.5 オッズ比の簡単な計算のしかた

ここまでは、男女ごとにオッズを計算したあとに、オッズ比を計算していました。実はもっと簡単なオッズ比の計算方法があります。表12.4は変数 x と y のクロス集計表を単純化して表現したものです。なおオッズ比の計算では、周辺度数や総度数は使わないので、とりあえずここでは4つのセル度数 A, B, C, D だけに着目してください。

表12.4 クロス集計表(2行2列)の一般形

	$y=1$	$y=2$	合計
$x=1$	A	B	$A+B$
$x=2$	C	D	$C+D$
合計	$A+C$	$B+D$	N

このクロス集計表の表現を使うと、オッズ比は、次のようにして計算できます。

※8 割り算の性格から、関連が強いほど分母がどんどん小さく分子が大きくなるので、オッズ比の値は無限大に近づいていきます。

$$\text{オッズ比} = \frac{A \times D}{B \times C}$$

つまり、オッズ比は4つのセルを「たすき掛け」し、主対角セルどうしを掛けたほう（$A \times D$）を分子とすることで計算できるのです[※9]。実際に、表12.1のクロス集計表のオッズ比を、このやり方で計算してみましょう。

$$\text{オッズ比} = \frac{150 \times 40}{50 \times 60} = \frac{6000}{3000} = 2$$

男女ごとにオッズを計算した場合と同じ結果になることがわかります。

12.2.6　オッズ比の長所と短所

オッズ比の長所はなんといっても計算がしやすいということです。クロス集計表からオッズ比を計算するのは、電卓1つあれば（つまりケータイでも！）簡単にできます。質的変数間の関係の強さを簡単に確かめるには、オッズ比はとても役に立つのです。

オッズ比の短所は、表12.3にあるように、無関連で1、正の関連の極致が無限大、負の関連の極致が0ということです。つまり1をはさんで、正と負の両側で値のとる範囲が対称でないのです[※10]。これは、量的変数の関係をあらわす相関係数などに比べるとややわかりにくいでしょう。

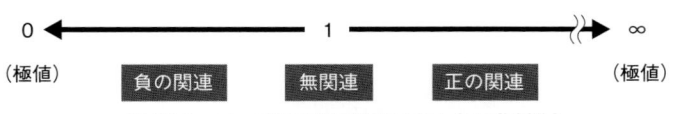

図 12.1　オッズ比の値の範囲（正と負で非対称）

この性質によって、クロス集計表のあいだ、とくに正の関連と負の関連のあいだで関係の強さを比較しようとするとき、うまく比較できないことがあります。

[※9]　こうなる理由は簡単で、さきほどまでの計算のステップを再現すると $\frac{A}{B} \div \frac{C}{D}$ となり、結果的に $\frac{A}{B} \times \frac{D}{C} = \frac{A \times D}{B \times C}$ と変形できるからです。

[※10]　オッズ比の対数（**対数オッズ比**という）を計算すると、無関連のとき0、正の関連の極大値が正の無限大、負の関連の極値は負の無限大となります。しかし対数オッズ比の値は、オッズ比のように「〜倍」といった直感的な解釈をすることはできません。

このことを理解するために、少し回り道になりますが、性別とケーキへの好みの関係を示した表 12.2 のオッズ比を計算してみましょう。

$$\text{オッズ比} = \frac{90 \times 70}{180 \times 60} = \frac{6300}{10800} \fallingdotseq 0.58$$

オッズ比の値が 1 より小さいので、性別とケーキへの好みの間には負の関連があり、女性は男性より「ケーキが好き」という回答をしやすいことがわかります。

ここで、性別との関連が大きいのは、ラーメンへの好みなのか、ケーキへの好みなのか、ということを考えてみましょう。「性別とラーメンへの好み」のオッズ比は 2 なのに対し、「性別とケーキへの好み」のオッズ比は 0.58 です。この 2 つのオッズ比の値は、どちらがより強い関係を示しているのでしょうか。

実は、この 2 つの数値そのものを比較することによっては、どちらがより関連が大きいのかということをただちに論じることはできません。さきほど図 12.1 で示した非対称な特徴によって、正の関係をもつクロス集計表のオッズ比と、負の関係をもつクロス集計表のオッズ比の値は、直接比較することができないのです[※11]。

12.3 ファイ係数

2 行 2 列のクロス集計表に使用される関連の指標として、次に紹介するのは**ファイ係数**（phi coefficient；ϕ）です。ファイ係数は、第 8 章で学んだ相関係数を、2 行 2 列のクロス集計表で計算することと同じです[※12]。つまりファイ係数を用いると、相関係数と同じ要領で変数間の関係の強さを理解することができるのです。

ただしファイ係数は、ローデータから計算しなおさなくても、オッズ比と同様にクロス集計表から計算することができます。ここではファイ係数の計算方

※11　ただしこのような場合も、オッズ比の対数（対数オッズ比）を計算すれば比較できます。

※12　表側・表頭の各変数の 2 つのカテゴリーにそれぞれ任意の値を与えて相関係数を計算したものと同じです。このことから、四分位相関係数と呼ぶ人もいます。

法を、変数 x と変数 y のクロス集計表（表 12.4）を用いて説明します。

表 12.4 の記号を使うと、ファイ係数は次の式として表現できます。なお、ファイ係数の計算には周辺度数を用います。

$$\text{ファイ係数} = \frac{A \times D - B \times C}{\sqrt{(A+B) \times (C+D) \times (A+C) \times (B+D)}}$$

この式の右辺を言葉でわかりやすく書くと、次のようになります。

$$\text{ファイ係数} = \frac{\text{主対角セル度数のたすき掛け} - \text{もう一方の対角セル度数のたすき掛け}}{\sqrt{\text{周辺度数をすべて掛け合わせたもの}}}$$

ファイ係数の値とクロス集計表の特徴との間にはどのような関係があるのでしょうか。ファイ係数の計算式をみると、分母は正の平方根ですので、分子の $(A \times D - B \times C)$ という式がファイ係数の符号や大きさを左右します。

$A \times D$ の数が $B \times C$ の数よりも大きければファイ係数は正の値となり、2つの変数は正の関連があります。一方、$A \times D$ の数が $B \times C$ の数よりも小さければファイ係数は負の値となり、2つの変数は負の関連があります。

すべてのデータが主対角セル（A と D のセル）に集中したとき、セル B と C の度数が 0（$B = C = 0$）なのでファイ係数の値は 1 となります。逆にすべてのデータが B と C のセルに集中したとき、ファイ係数の値は -1 となります[※13]。また、A と B のセル度数の比が C と D の比に等しいときはファイ係数の値が 0 となり、2つの変数の間は無関連となります。

表 12.5　2 変数の関連パターンとファイ係数

(a) $\phi = 1$ となる場合

	$y = 1$	$y = 2$	合計
$x = 1$	60	0	60
$x = 2$	0	40	40
合計	60	40	100

(b) $\phi = -1$ となる場合

	$y = 1$	$y = 2$	合計
$x = 1$	0	60	60
$x = 2$	40	0	40
合計	40	60	100

(c) $\phi = 0$ となる場合

	$y = 1$	$y = 2$	合計
$x = 1$	45	15	60
$x = 2$	30	10	40
合計	75	25	100

※13　ファイ係数が 1、もしくは -1 になるような状態を**完全関連**といいます。

ただしファイ係数の符号の正負はクロス集計表のつくり方に依存し、片方の変数のカテゴリーの並びを逆にすれば符号は逆転します[※14]。したがって、変数間の関連について述べるときは、「男性であることとラーメン好きであることは、正の関連がある」などのように、関連の方向を明確にするような文章表現にしなければなりません。

はじめに述べたように、ファイ係数は2行2列のクロス集計表について相関係数を計算したものと同じ結果になるので、変数間の関連の強さもまた相関係数と同じ要領で解釈できます（表12.6）。つまり、ファイ係数の絶対値の大きさが関連の強さをあらわしているのです。ファイ係数の絶対値が1に近づくにつれて、変数の間の関連が強くなると解釈します（図12.2）。

表12.6 ファイ係数とクロス集計表の特徴

ファイ係数の値	意味
$0 < \phi \leq 1$	2つの変数の間に正の関連がある 値が大きくなるほど関連は強い
$\phi = 0$	2つの変数の間に関連がない
$-1 \leq \phi < 0$	2つの変数の間に負の関連がある 値が小さくなるほど負の関連が強い

図12.2 ファイ係数のとる値（正と負で対称）

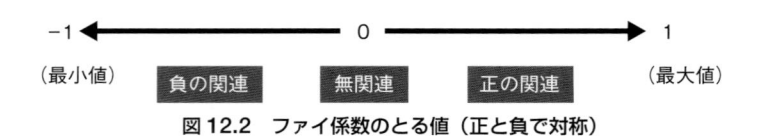

表12.1と表12.2のクロス集計表を使って、実際にファイ係数を計算してみましょう。まず「性別とラーメンへの好み」のファイ係数を計算してみます。

$$\text{ファイ係数（性別とラーメン）} = \frac{150 \times 40 - 50 \times 60}{\sqrt{200 \times 100 \times 210 \times 90}} \fallingdotseq 0.15$$

ファイ係数の値が0.15なので、性別とラーメンへの好みのあいだには弱い正の関連があることがわかります。次に「性別とケーキへの好み」のファイ係数を計算してみます。

[※14] よって、ファイ係数では正負を論じるべきでなく、絶対値のみ用いるべきという意見もあります。

$$\text{ファイ係数（性別とケーキ）} = \frac{90 \times 70 - 180 \times 60}{\sqrt{150 \times 250 \times 270 \times 130}} \fallingdotseq -0.12$$

ファイ係数の値が -0.12 なので、性別とケーキへの好みの間には弱い負の関連があることがわかります。

では、性別と強く関連するのは、ラーメンへの好みなのでしょうか。それとも、ケーキへの好みなのでしょうか。この問いに答えるには、ファイ係数の絶対値を比較すればよいです。(-0.12 の絶対値である) 0.12 よりも 0.15 のほうが大きいので、性別と強く関連しているのはラーメンへの好みだということがわかります。

計算がやや面倒だという短所はありますが、関連の強さを解釈しやすいというのがファイ係数の長所です。ファイ係数は相関係数と同じように解釈できるので、オッズ比に比べ、変数間の関連の強さを簡単に理解できるのです。

課題●

「第 12 章 .xlsx」の［課題 1］シートを開き、それぞれのクロス集計表について周辺度数を計算した上で、オッズ比およびファイ係数を計算してみよう。なお、計算をおこなうときは、計算式には必ずセル参照を用いること。

12.4 統計的独立と期待度数

12.4.1　もっと大きなクロス集計表での関連

オッズ比やファイ係数は 2 行 2 列のクロス集計表でしか使用できません。しかし調査で得る質問は、「はい／いいえ」や「男／女」のように 2 つの値であるものばかりではありません。むしろ 2 つを超える選択肢やカテゴリー数があることが多いでしょう。変数の選択肢やカテゴリー数が大きくなると、もちろんクロス集計表の行や列の数が大きくなりますが、そのような大きなクロス集計表にも使用できる、より一般的な関連の指標をここでは考えましょう。

統計学では、2つの質的変数の関連の大きさを表現するのに、非常に面白い考え方をします。ひとくちでいうと、2変数間に「関連がない」状態をかりに考えて、そこからのズレの大きさを関連の大きさとして考えるのです。そして、その「ズレ」の大きさを示す指標をつくれば、関連の大きさも定義できることになります。

2変数に関連がない状態を、**統計的独立**（statistically independent）、あるいは単に「**独立である**」といいます。関連の大きさを測る指標をつくるために必要な、2変数が独立な状態のクロス集計表とはどういうものか、以下で説明します。

12.4.2 期待度数の考え方

もし2変数が独立であったら、クロス集計表の個々の度数がどのような値になるか具体的に考えてみましょう。このような統計的独立を仮定したときに予想される個々のセル度数を**期待度数**[15]（expected frequency）といいます。これに対して、調査結果として実際に集計されたセル度数を**観測度数**[16]（observed frequency）といいます。

それでは、表12.1の例を用いて、2つの変数が独立だと仮定した場合の期待度数について具体的に計算してみましょう。もし「性別」と「ラーメンへの好み」が独立であったとしたら、男性のうちラーメンが好きな人の比率は、以下のように考えられます。

$$\frac{\text{ラーメンが好きな人の合計}}{\text{全体の人数}} = \frac{210}{300} = 0.7\ (70\%)$$

このように考える理由は簡単です。もし「性別」と「ラーメンへの好み」が独立（＝関連がない）であったとしたら、「ラーメンが好き」と答える人の比率は、男性だろうと女性だろうと同じであるはずだからです。

そう考えると、期待度数をどのように計算すればいいかが浮かんできます。具体的な考え方のステップは、以下のようになります。

- 男女合わせた人数における、「ラーメンが好き」な人の比率は70％であ

---

[15] 「期待」という言葉は「そうあってほしい」という意味ではなく、expectedの訳なので「予想される」という意味です。
[16] 期待度数と対になる言葉です。特別に計算が必要なものではなく、表12.1や表12.2のような調査結果としてのセル度数です。

った。

- 性別とラーメンへの好みが独立であれば、男性のなかで「ラーメンが好き」な人の比率と、女性のなかで「ラーメンが好き」な人の比率は同じ。
- だとすると、男女のどちらであっても「ラーメンが好き」な人の比率は70%となっているはずである。

したがって、「男性の合計人数における70%」の人数を計算するために、0.7（70%）を男性の人数（150+50=200人）に掛ければよいのです。女性についても同様で、女性の合計人数（60+40=100人）にこの比率（0.7=70%）を掛けて算出します。

つまり性別とラーメンへの好みが独立であったら、男性・女性で「ラーメンが好き」と答える人はそれぞれ

男性の場合：$(210 \div 300) \times 200 = 140$（人）

女性の場合：$(210 \div 300) \times 100 = 70$（人）

です。ちなみにこの人数を合計すると210人で、表12.1で「ラーメンが好き」と答えた人の男女を合わせた人数と等しくなっています。

12.4.3 期待度数の計算方法

ここまでおこなった計算をふまえて、期待度数を計算する方法を、一般的なかたちでまとめてみましょう。ここでは説明を簡単にするために、2×2のクロス表を例にしてみます。

表12.7 クロス集計における期待度数

	$y=1$	$y=2$	合計
$x=1$	e_1	e_2	$A+B$
$x=2$	e_3	e_4	$C+D$
合計	$A+C$	$B+D$	N

表12.7のうち、e_1, e_2, e_3, e_4 の4つが期待度数を表しています[※17]。これらはすべて、前の12.4.2項で順を追っておこなった方法で計算できるのですが、1つの式にまとめてみると面白い計算方法になります。たとえば男性で「ラーメンが好き」と答える人の期待度数は e_1 ですが、

※17 ここで e という文字を使うのは、期待度数 expected value の頭文字だからです。

$$e_1 = (210 \div 300) \times 200 = 140 \text{(人)}$$

これを表 12.7 の記号を使って書きなおしてみます。

$$e_1 = \frac{A+C}{N} \times (A+B) = \frac{(A+C) \times (A+B)}{N}$$

上の式の最後の項に注目してください。あるセルの期待度数を計算するには、その行の周辺度数（$A+B$）とその列の周辺度数（$A+C$）を掛け算し、それを総度数（N）で割ればよいことになります。これは、おぼえやすいですね！

	$y=1$	$y=2$	合計
$x=1$	e_1	e_2	$A+B$
$x=2$	e_3	e_4	$C+D$
合計	$A+C$	$B+D$	N

その行の周辺度数とその列の周辺度数を掛け算し、それを総度数（全体の人数）で割る

$$e_1 = \frac{(A+B) \times (A+C)}{N}$$

$$e_2 = \frac{(A+B) \times (B+D)}{N}$$

$$e_3 = \frac{(C+D) \times (A+C)}{N}$$

$$e_4 = \frac{(C+D) \times (B+D)}{N}$$

図 12.3　期待度数の計算

いま整理した期待度数の計算方法によって、性別とラーメンへの好みについて期待度数を計算すると表 12.8 のようになります。

表 12.8　性別とラーメンへの好みの期待度数

(a) 期待度数

	好き	嫌い	合計
男性	140	60	200
女性	70	30	100
合計	210	90	300

(b) 期待度数の行パーセント

	好き	嫌い	合計
男性	70%	30%	100%
女性	70%	30%	100%
合計	70%	30%	100%

この表 12.8（a）では期待度数、いいかえれば、「性別」と「ラーメンへの好み」に関連がない場合の度数（人数）を算出しています。

表 12.8（a）を一見しただけでは、2 つの変数が独立（無関連）であることがわかりにくいかもしれませんが、これを行パーセント表にした表 12.8（b）をみると、男女のいずれについても「ラーメンが好き」と答える人の比率が合計（いちばん下の行）と一致しています。このことから、「性別」と「ラーメ

ンへの好み」が独立(関連がない状態)であることがはっきりとわかります。

12.4.4 期待度数と観測度数のズレ

期待度数は「2 変数に関連がない」場合の度数であることから、観測度数と期待度数との差(ズレ)から 2 つの変数の関連性をみることができます。観測度数と期待度数が一致すれば、「2 変数に関連性はない」ことになります。逆にいえば、観測度数と期待度数との差が大きければ、2 つの変数の関連性が強いといえそうです。

たとえば、性別とラーメンへの好みについての観測度数を集計した表 12.9 (a) と、期待度数をまとめた表 12.9 (b)(表 12.8 (a) と同じ)とを見比べてみましょう。この例の場合、観測度数と期待度数との差があまりないので、2 つの変数(性別、ラーメンへの好み)はあまり関連が強くないといえそうです。

表 12.9 性別とラーメンへの好みの観測度数と期待度数

(a) 観測度数

	好き	嫌い	合計
男性	150	50	200
女性	60	40	100
合計	210	90	300

(b) 期待度数

	好き	嫌い	合計
男性	140	60	200
女性	70	30	100
合計	210	90	300

表 12.10 (a) は、異なる観測度数のクロス集計を示したものです。この表の周辺度数は表 12.9 と同じにしたので、表 12.10 (b) の期待度数は表 12.9 (b) と同じになっています。この表の (a) 観測度数と (b) 期待度数を比べると、各セルの観測度数と期待度数の差が表 12.9 に比べて大きいため、2 変数間の関連は表 12.9 より大きいといえそうです。

表 12.10 性別とラーメンへの好み(観測度数を変えたもの)

(a) 観測度数

	好き	嫌い	合計
男性	180	20	200
女性	30	70	100
合計	210	90	300

(b) 期待度数

	好き	嫌い	合計
男性	140	60	200
女性	70	30	100
合計	210	90	300

12.5 カイ二乗値

前の 12.4 節では、観測度数と期待度数との差をみて「2 つの変数には関連が大きそうだ」とか「あまり関連はなさそうだ」と判断しました。その際「ラーメンが好きと答える男性」といった個々のセルについて、順々に観測度数と期待度数との差（ズレ）をみていったわけです。

それに対して、各セルの観測度数と期待度数のズレを通算し、このズレがクロス集計表全体でどれくらいあるのかをみるのが**カイ二乗値**（χ^2）です。期待度数は「2 変数に関連がない」と仮定したときのセル度数ですから、カイ二乗値はクロス集計表全体で 2 変数がどれくらい関連しているかの目安になります。

12.5.1　カイ二乗値の計算式

カイ二乗値を計算するには、クロス集計表について期待度数を計算しておく必要があります。そのあとに、観測度数のクロス集計表と期待度数のクロス集計表の対応するセル度数との差（$A-e_1$）を 2 乗した値を計算し（$(A-e_1)^2$）、これを期待度数（e_1）で割ります。この計算をセルの個数分おこなって通算した「ズレの総和」がカイ二乗値となります。

(a) 観測度数

	$y=1$	$y=2$	合計
$x=1$	A	B	$A+B$
$x=2$	C	D	$C+D$
合計	$A+C$	$B+D$	N

(b) 期待度数

	$y=1$	$y=2$	合計
$x=1$	e_1	e_2	$A+B$
$x=2$	e_3	e_4	$C+D$
合計	$A+C$	$B+D$	N

$$\text{カイ二乗値}(\chi^2) = \frac{(\text{観測度数} - \text{期待度数})^2}{\text{期待度数}} \text{の総和}$$

$$= \frac{(A-e_1)^2}{e_1} + \frac{(B-e_2)^2}{e_2} + \frac{(C-e_3)^2}{e_3} + \frac{(D-e_4)^2}{e_4}$$

> 対応するセル（たとえば □ どうし）の観測度数と期待度数の差を 2 乗し、期待度数で割って調整。これを通算するのがカイ二乗値

図 12.4　カイ二乗値の計算

図 12.4 は 2×2 表についてのカイ二乗値の計算式ですが、もちろん行や列がいくつであっても要領は同じです。計算式の個々の項の分子でわかるように、観測度数と期待度数との差が小さいほどカイ二乗値は小さい値をとり、差

が大きいほどより大きな値をとります。したがって、カイ二乗値は2変数の関連の大きさを考える目安になります。

カイ二乗値は、主に2つの使いみちがあります。1つは、「無関連である」状態からのズレの通算だということを利用して変数間の関連指標に応用するものです。これについては、次の12.6節であつかいます。もう1つは、クロス集計表のデータが標本調査（☞第1章を参照）で得られたものの場合、母集団においても2変数に関連があるかどうかを推理するための材料とするという使い方です。こちらについては本書の範囲を超えるので、詳しくは推測統計学のテキストを参照してほしいのですが、章末のコラムも参照してください。

12.6 クラメールの V

12.5節で説明したように、カイ二乗値は2つの質的変数の関連の大きさを測るのに必要な基本的な値です。しかしカイ二乗値はデータの個数やクロス集計表のサイズ（行・列の数）によって上限が異なるので、2つの質的な変数間の関連をみるための統一的な指標とするには問題があります。したがって、異なるクロス集計表（別の時点、別の地域、別の変数）で変数間の関連の大きさを比べたり、変化をみたりすることは、カイ二乗値そのものではできません。

そのためカイ二乗値に調整を加え、2つの質的変数の関連の大きさを統一的な基準でみることを目的としてつくられた」指標の1つが**クラメールの V**（Cramer's V；あるいは「クラマーの V」）です。

12.6.1 計算方法

クラメールの V の計算は、カイ二乗値に加えて、クロス表の総度数（N）および行と列の数がわかればすぐに計算できます。行の数と列の数のうち小さいほうの値を k とすると、クラメールの V は以下の式で計算できます。

$$\text{クラメールの } V = \sqrt{\frac{\text{カイ二乗値}}{\text{総度数} \times (\text{行数と列数の小さいほう} - 1)}}$$
$$= \sqrt{\frac{\chi^2}{N \times (k-1)}}$$

クラメールの V は、上の式をみればわかる通り、カイ二乗値をクロス表の大きさや総度数によって調整した値になっているので、異なるクロス表のあいだで関連の大きさを比較できるようになっています。

クラメールの V は $0 \sim 1$ の間の値をとる（$0 \leqq V \leqq 1$）ように定義されています[※18] が、定義式でわかるように常に正の値で「関連の強さ」だけが表現されます。

なお、クラメールの V は、2×2 表について計算した場合に、ファイ係数（の絶対値）と同じものとなります。

課題●

① 「第12章.xlsx」の［課題2］シートを開き、クロス集計表の各セルの期待度数を計算し、2番目の表を完成しよう。

② 同じ［課題2］シートの観測度数の表と期待度数の表をみて、対応する各セルについて、「観測度数と期待度数の差を2乗して期待度数で割った値」（☞210ページを参照）を計算し、3番目の表を完成しよう。また、これらの数値を合計して、カイ二乗値を計算しよう。

③ 上の②で計算したカイ二乗値から、クラメールの V を計算してみよう。

[※18] クラメールの V の値から関連の強さを表現するいい方は相関係数と同様です。しかし研究分野や用いる変数によってそれぞれの判断基準がありますので、どのような大きさの値であれば「強い関連」であるかといったことは一概に決められません。

ユールの Q を用いる場合　　　　　　　　　　　　COLUMN

　12.3 節ではファイ係数を紹介しましたが、ファイ係数が考える関連の極限状態は、クロス集計表の対角セルにすべての度数が集まってしまう場合です。たとえば、表 12.5 の (a) や (b) のように、男性全員が「ラーメンが好き」と答え、女性全員が「ラーメンは嫌い」と答える場合などです。しかし現実には、2 つの変数の関連がどんなに大きくても、対角セルにすべての度数が集まるということがあり得ない場合があります。例として、ある学校の上級／一般のクラス区分と、奨学金給付の有無ということの関連を考えてみましょう。

　表 12.11 の数値例では、奨学金受給が上級クラスに集中しており、強い関連があります。この学校では奨学金は給付人数が 40 人と決まっており、上級クラスだからといって全員が受給できるわけではありません。このような前提では、極限状態は以下のようになります。このような状態を**最大関連**といいます。

表 12.11　最大関連の例

	奨学金受給		合計
	あり	なし	
上級クラス	40	60	100
一般クラス	0	100	100
合計	40	160	200

　このように、完全関連ではなく最大関連が極限状態となる場合は、ファイ係数でなく以下の**ユールの Q** を用います。表 12.4 の記法を使って定義すると

$$\text{ユールの } Q = \frac{A \times D - B \times C}{A \times D + B \times C}$$

となります。ユールの Q の値がとる範囲は、ファイ係数と同じく $-1 \sim +1$ です。表 12.11 では、ファイ係数は 0.5 にしかなりませんが、ユールの Q は 1.0 という値をとり、この表が最大関連であることが数値で再現されています。

　なお、上の式からわかるように、ユールの Q は完全関連のときにも 1 の値をとります。

カイ二乗検定 COLUMN

　12.5 節では、観測度数と期待度数のズレの度合いを示す指標として、カイ二乗値を計算しました。また、その使いみちの1つとして、「データが標本調査で得られたものである場合に、母集団においても2変数に関連があるかどうかを推理するための材料」とする場合があると述べました。

　その方法は**カイ二乗検定**といって、記述統計学や社会調査士科目のCの範囲を超えているのですが、実際にはカイ二乗値を教えるついでにこのカイ二乗検定を教えておられる大学の先生も多いようです。推測統計学の考え方や、そこでの検定の考え方は第15章をみてほしいのですが、ここではカイ二乗検定の考え方について述べておきます。

　第1章で説明したように、標本データには標本誤差というものがありますので、母集団から標本を選び出すときに誰が選ばれるかという「たまたま」(偶然)の要素によって、標本データから計算されるカイ二乗値の大きさが変動します。標本データからカイ二乗値を計算すると、ほとんどの場合はゼロになりません。大きな値を示すことがあれば、ごく小さいにせよゼロではない値をとることがあります。問題は後者の、小さいながらもゼロではない場合です。

　ここでかりに、この第12章のはじめに例として用いた「性別とラーメンの好み」が、母集団においてはまったく関連がない(カイ二乗値= 0)としましょう。しかし、たまたまラーメンの好きな男性やラーメンの嫌いな女性が母集団における割合よりも多く標本に含まれていれば、カイ二乗値はたまたまゼロでない数値をとることになります。それらの人びとが多く含まれるほどカイ二乗値は大きい値をとってしまうことになります。

　しかし標本が無作為に選ばれているならば、それらの人びとがあまりにも多く含まれてしまってカイ二乗値がかなり大きな値になることが起きる確率は、相対的には小さいことが確率の理論からわかっています。逆に、母集団で2変数が無関連であっても、カイ二乗値が小さいながらもゼロでない値を示すことはわりとあり得ることです。ある程度のカイ二乗値は、標本による誤差がもたらすものとして、許容されるべきでしょう。

　このカイ二乗値がどのような値をとるかは、**カイ二乗分布**と呼ばれる確率分布に近似することが知られています。つまり母集団において2変数が独立であっても、標本データのクロス集計表に許容されるカイ二乗値もある程度の範囲で確率的に分布することになります。

　このことを念頭におきつつ、カイ二乗検定のステップについて整理すると図12.5のようになります。

　具体的な計算の前に確認しておくことがあります。カイ二乗検定では**自由度**(df: degree of freedom)という数が関係します。I行J列のクロス表の場合、自由度は$(I-1) \times (J-1)$と計算します。したがって、2×2表の場合の自由度は1、2行3

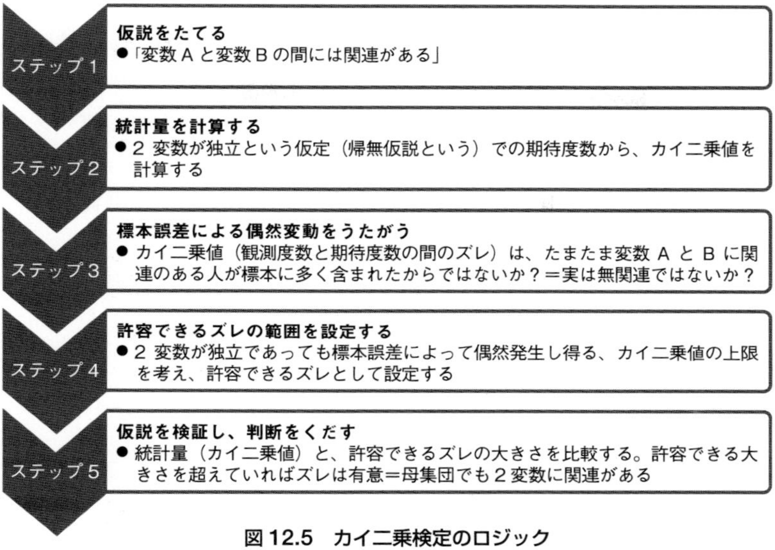

図12.5 カイ二乗検定のロジック

ステップ1　仮説をたてる
- 「変数Aと変数Bの間には関連がある」

ステップ2　統計量を計算する
- 2変数が独立という仮定（帰無仮説という）での期待度数から、カイ二乗値を計算する

ステップ3　標本誤差による偶然変動をうたがう
- カイ二乗値（観測度数と期待度数の間のズレ）は、たまたま変数AとBに関連のある人が標本に多く含まれたからではないか？＝実は無関連ではないか？

ステップ4　許容できるズレの範囲を設定する
- 2変数が独立であっても標本誤差によって偶然発生し得る、カイ二乗値の上限を考え、許容できるズレとして設定する

ステップ5　仮説を検証し、判断をくだす
- 統計量（カイ二乗値）と、許容できるズレの大きさを比較する。許容できる大きさを超えていればズレは有意＝母集団でも2変数に関連がある

列のクロス集計表ならば2となります。

また、検定では一般に**有意水準**（significant level）α というものを設定します。これは、カイ二乗検定の文脈では、「本当は2変数が無関連であるのに、標本の選ばれ方によってたまたま大きなカイ二乗値が出てしまったために、関連があると結論づけてしまう危険率」のことを指します。誤った結論を導く危険率はなるべく小さくしたいので、一般に有意水準は5%とすることが多いでしょう。

さて、ステップ4に出てくる「2変数が独立であっても標本誤差によって偶然発生し得る、カイ二乗値」の計算には、Excel関数を用います。

=CHIINV(有意水準 , 自由度)

有意水準5%（0.05）とするとき、2×2のクロス集計表（自由度1）について上の式を計算すると、約3.841となります。もし、標本データの2×2のクロス集計表から計算したカイ二乗値がこの値を上回っているならば、標本データに「たまたま」として許容されるズレの上限を上回っていることになります。

この場合、「母集団でも2変数は独立なのに、たまたま偏ったケースがまぎれ込んで大きなカイ二乗値があらわれて、関連があるように思ってしまった可能性は5%未満」です。少しややこしいのですが、要は「母集団では2変数が独立であるのに、標本でそんな大きなカイ二乗値がたまたまあらわれてしまう確率は5%未満の稀な出来事である」と考えればよいのです。このような場合、2変数は独立でない＝関連がありそうだ、と結論づけるほうがむしろ素直な解釈です。この一連の手続きが、カイ二乗検定です。

【文献】

Bohnstedt, G. W., and D. Knoke, 1982, *Statistics for Social Data Analysis* (2nd ed.), F. E. Peacock.（= 1990, ボーンシュテット＆ノーキ（著），海野道郎・中村隆（監訳）『社会統計学——社会調査のためのデータ分析入門』ハーベスト社．）

原 純輔・海野道郎, 2004,『社会調査演習』（第2版）東京大学出版会．

第 13 章

3つの質的変数の関連をみる：エラボレイション

13.1 ■ クロス集計における第 3 変数

　第 8 章の 8.4 節では、2 つの量的変数 x と y に相関関係がみられたとしても、それがみせかけの関係[※1]かもしれない、ということを述べ、それを確かめる方法について詳しく説明しました。その際、第 3 変数（z）という考え方を導入して、その影響をとり除いた（コントロールした）場合の x と y の関係の強さを偏相関係数として計算しました。

　実はこの考え方は、質的変数どうしの関連をとらえる際にもほとんど同じように応用できるのです。2 つの質的変数 x と y でクロス集計をおこなって関連がみつかったとしても、第 3 変数 z でコントロールすることであらためて変数 x と y の関連を捉えなおすことはとても重要です。

　図 13.1 は第 10 章と同じく、媒介関係と擬似関係をあらためて図式化しています。質的変数 x と y の間にみせかけの関連があるとすれば、やはり量的な変数と同様に、この図で示すような の 2 つのパターンがあります。これをチェックしておくために、質的な第 3 変数 z でコントロールして 3 重クロス集計をおこなうのです。

※1　第 10 章の擬似相関や媒介関係といった考え方を再び確認しておいてください。

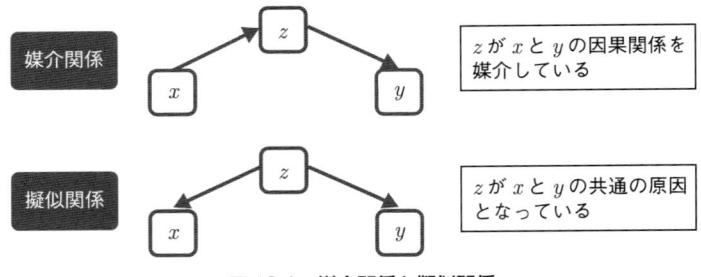

媒介関係 　$x \to z \to y$　　zがxとyの因果関係を媒介している

擬似関係　　$x \leftarrow z \to y$　　zがxとyの共通の原因となっている

図 13.1　媒介関係と擬似関係

13.2　3 重クロス集計の考え方

　質的変数 x と y の関連について、第 3 変数 z をコントロールして分析するための考え方や方法はシンプルです。第 3 変数 z のカテゴリーごとに場合わけをして、変数 x と y のクロス集計を複数回おこなうのです。そして、複数個できたクロス集計表について、ファイ係数やクラメールの V などの関連係数をそれぞれ計算すればよいのです。

　このやり方は、実は変数 x, y, z の 3 つでクロス集計をおこなうのと同じことです。しかし、3 変数でクロス集計をおこなうと、箱のような 3 次元の立体になるので、一般的には第 3 変数のカテゴリーでわけて表示します（図 13.2）。

　なお、2 つ以上の変数について作成したクロス集計表を**多重クロス（集計）表**（multi-way contingency table）、とくに 3 変数について作成したものを **3 重クロス（集計）表**といいます[※2]。

　3 重クロス集計表は、行・列に**層**を加えた 3 つの要素で構成されます。そして、説明変数および被説明変数に対し、層におく第 3 変数 z を**層別変数**（あるいは**層変数・層化変数**）といいます。

　なお、2 重クロス集計表だけしか与えられていない場合、それだけの情報で多重クロス集計表を自分でつくることはできません。考えてみればあたりまえのことですが、もともとのローデータがなくては集計できません。

※2　したがって、2 変数のクロス集計表を 2 重クロス（集計）表と呼んでさしつかえありません。

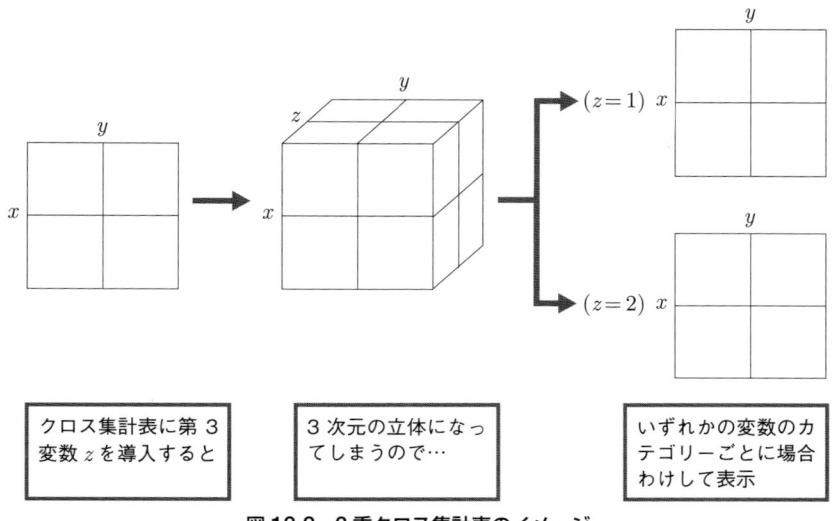

図 13.2　3 重クロス集計表のイメージ

クロス集計表に第 3 変数 z を導入すると → 3 次元の立体になってしまうので… → いずれかの変数のカテゴリーごとに場合わけして表示

13.3 ピボットテーブルによる 3 重クロス集計表の作成

　ピボットテーブルで 3 重クロス集計をおこなう方法は、基本的にこれまでと同じです。まず、実際のデータ例を用いて 2 重クロス集計表をつくってみましょう。はじめに「第 13 章 .xlsx」の［自動車］シートを開いてください。男性か女性かをあらわす変数が「性別」に、自動車運転中の事故歴の有無をあらわす変数が「事故歴」という名前になっています。

　表頭におく被説明変数を「事故歴」とし、表側におく説明変数を「性別」として、「男性か女性か」ということと「事故歴の有無」の関連をみるクロス集計表を作成してみましょう。

① 今回はデータ行が長いので必要なデータ範囲にあらかじめカーソルをおいておき、［挿入］タブ→［ピボットテーブル］をクリック。
② ［ピボットテーブルの作成］ダイアログボックスで分析するデータの範囲が選択されていることを確認し、ピボットテーブルの作成先を［新規ワークシート］または［既存のワークシート］から選び［OK］ボタンをクリックする。

③ 右側に表示された［ピボットテーブルのフィールドリスト］で、被説明変数（事故歴）を［列ラベル］ボックス、ケースを識別する変数（id）を［Σ値］ボックスにドラッグする。
④ 続けて、右側の［ピボットテーブルのフィールドリスト］で、説明変数（性別）を［行ラベル］ボックスにドラッグする。
⑤ 表示されたピボットテーブルの「合計／id」と表示されているセルで右クリックし、［データの集計方法］（Excel 2010以降では［値の集計方法］）→［データの個数］を選択。
⑥ 表側の変数のカテゴリーを［男性，女性］の順に並べかえる。表頭の変数のカテゴリーは、［あり，なし］の順になっていることを確認する。
⑦ クロス集計完了（図13.3）

	A	B	C	D
3	データの個数 / id	列ラベル		
4	行ラベル	あり	なし	総計
5	男性	63	137	200
6	女性	36	164	200
7	総計	99	301	400

図13.3　性別と事故歴の有無（ピボットテーブル）

このピボットテーブルを整形してみやすくしたクロス集計表が表13.1です。

表13.1　性別×事故歴の有無（カッコ内は行％）

	事故歴の有無		合計
	あり	なし	
男性	63（31.5）	137（68.5）	200（100.0）
女性	36（18.0）	164（82.0）	200（100.0）
合計	99（24.8）	301（75.3）	400（100.0）

$\phi = 0.156$

　この表から、2変数の関連係数を計算してみましょう。2×2のクロス集計表なのでファイ係数を計算すると$\phi = 0.156$となり、弱いながらも「男性のほうが事故歴のある人が多い」という関連があるようです[※3]。実際に、表13.1内の行パーセントや、棒グラフで表現した図13.4をみると、そのことがよくわかります。

※3　この例は2×2表でしたが、ほかのデータ例で行または列の数が3つ以上になる場合はクラメールのVを計算してみてください。

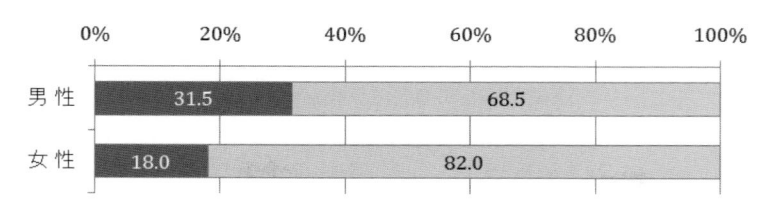

```
         0%      20%      40%      60%      80%      100%
  男性  |      31.5      |             68.5            |
  女性  |   18.0   |               82.0                |
              ■ 事故歴 あり    ■ 事故歴 なし
           図 13.4  性別×事故歴の有無（横棒グラフ）
```

13.4 媒介関係をみぬく

13.4.1 男性は運転がヘタなのか？

この2重クロス集計表および関連係数（ファイ係数）をみたところ、「男性のほうが事故歴のある人が多い」という結果が読みとれます。しかしこの結果をみて「性別によって事故の発生頻度は異なる」あるいは「男性ほど事故を起こしやすい」、さらには「男性は運転がヘタだ」または「男性は運転が乱暴だ」と解釈してもよいでしょうか。でも、男性からすると、こんな結論はたまったものではありませんね。

もしかしたら、第10章でみたように、第3変数によって2変数の関連をコントロールする必要があるかもしれません。そこで、ここでは第3変数 z として、日常の運転における走行距離が長いか短いかをあらわす「走行距離」の変数を加えた3重クロス集計表を作成します。走行距離のカテゴリーごとにみていっても、性別と事故歴の有無の関連はあるのでしょうか。

13.4.2 3重クロス集計表の作成

ピボットテーブルによる3重クロス集計表の作成手順は先に示した2変数のクロス集計表の場合とほぼ同じで、さきほどつくったクロス集計表に、新たに層とする第3変数を追加することになります。ただしピボットテーブルをつくる操作では、行変数をさらに層別すると考えて［行ラベル］を追加します。

① 右側に表示された［ピボットテーブルのフィールドリスト］で、新たに追加する第3変数、ここでは「走行距離」を［行ラベル］ボックスにド

ラッグ（図13.5）。このとき、［行ラベル］のいちばん上に「走行距離」をおくようにする。

> ⚠️ ドラッグでいちばん上にできなかったときは、行ラベルの第3変数のラベル上にある黒い三角をクリックし、［上へ移動］を選びます。

② 表頭に層を加えたクロス集計が出力される。
③ 表側に加えた層変数（第3変数）のカテゴリーを［長い，短い］の順に並べかえる。
④ ピボットテーブルの範囲をコピーし、適当な箇所に［値の貼り付け］をする。適当に表のかたちを整えてクロス集計表を完成させる。

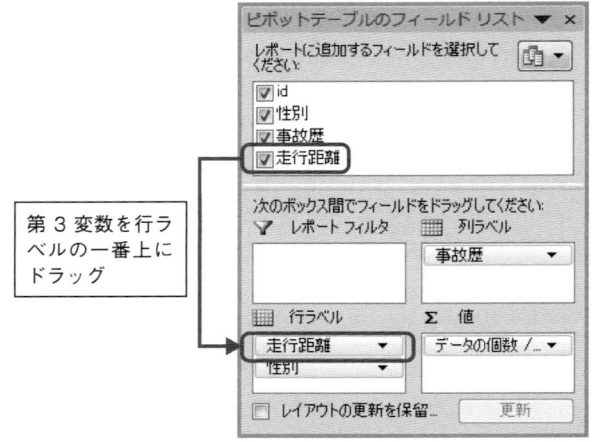

図 13.5　第3変数の追加

すると、図13.6に示すようなピボットテーブルが出力されます。上の手順および図13.5で行ラベルの先頭に「走行距離」をおいたことで、第3変数（この場合は「走行距離」）のカテゴリーごとに2重クロス集計表が作られていることを確認しましょう。なお、図13.6のピボットテーブルではA5およびA8のセルで右クリックして「"走行距離"の小計」のチェックを外し、小計を表示しないようにしています。

```
     A        B       C      D
1
2
3  データの個数 / id  列ラベル
4  行ラベル       あり    なし    総計
5  ⊟長い
6     男性       53     57    110
7     女性       17     18     35
8  ⊟短い
9     男性       10     80     90
10    女性       19    146    165
11 総計          99    301    400
12
```

図 13.6　3重クロス集計のピボットテーブル

図 13.6 のピボットテーブルを整形してみやすくした 3 重クロス集計表が、次の表 13.2 です。カッコ内の行パーセントをみると、第 3 変数で層別したときの関係がよくわかります。

表 13.2　走行距離別、性別×事故歴の有無（カッコ内は行%）

走行距離	性別	事故歴の有無		合計
		あり	なし	
長い	男性	53 (48.2)	57 (51.8)	110 (100.0)
	女性	17 (48.6)	18 (51.4)	35 (100.0)
短い	男性	10 (11.1)	80 (88.9)	90 (100.0)
	女性	19 (11.5)	146 (88.5)	165 (100.0)
合計		99 (24.8)	301 (75.3)	400 (100.0)

走行距離・長い：$\phi = -0.003$、走行距離・短い：$\phi = -0.006$

13.4.3　3重クロス集計表をどうみるか

3 重クロス集計表は、図 13.2 で示したように、あたかも 2 つの 2 重クロス集計表があるかのように考え、層変数のカテゴリーごとにみていきます。たとえば表 13.2 では、走行距離が「長い」層と「短い」層とにわけて読みとります。

さて、走行距離のカテゴリーごとにクロス集計の結果をみると、性別と事故歴の有無の関連はどのように変わるでしょうか。関連係数でみると、走行距離が長い層でファイ係数 $\phi = -0.003$、また短い層では $\phi = -0.006$ となり、どちらも関連はほとんどないといえます。つまり走行距離別にわけてみると、性別によって事故歴の有無の比率には差がないということです。

2 重クロス集計表（表 13.1）では関連があるかのようにみえた説明変数と被説明変数の間の関連は、第 3 変数のカテゴリーごとにみると消えてしまいまし

た。この事実をどうみればよいのでしょうか。

表13.2を横棒グラフで表現した図13.7をみると、走行距離が「長い」層でも「短い」層でも、事故歴のある人の割合に男女差がほとんどありません。ゆえに、走行距離の各層で性別と事故歴のファイ係数がほぼゼロなのです。

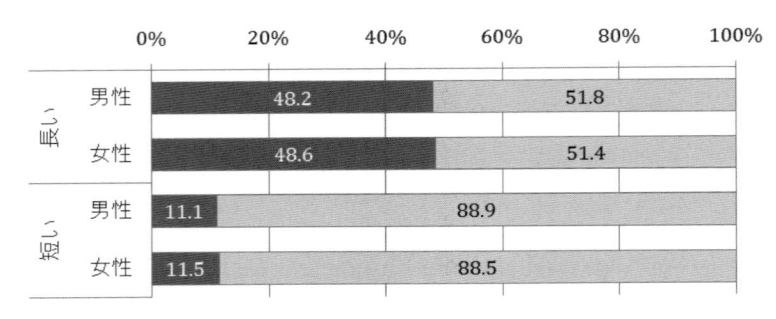

```
          0%    20%    40%    60%    80%   100%
長い 男性       48.2              51.8
     女性       48.6              51.4
短い 男性  11.1         88.9
     女性  11.5         88.5
                ■事故歴あり  □事故歴なし
```

図13.7 走行距離別、性別×事故歴の有無（横棒グラフ）

この結果をみると、事故歴の有無は性別よりもむしろ走行距離と関連がありそうです。ということは、性別と事故歴の有無の関連は、ここで第3変数とした「走行距離」の影響によって関連があるようにみえたにすぎない、といえそうです。この証拠となるのが、次の2つのクロス集計表です。

表13.3 第3変数と説明変数、被説明変数の関連（行%のみ）

(a) 性別×走行距離

	走行距離		
	長い	短い	計
男性	55.0	45.0	100.0
女性	17.5	82.5	100.0
合計	36.3	63.8	100.0

$\phi = 0.390$

(b) 走行距離×事故歴の有無

	事故歴		
走行距離	あり	なし	合計
長い	48.3	51.7	100.0
短い	11.4	88.6	100.0
計	24.8	75.3	100.0

$\phi = 0.411$

これを読みとると、以下のようになります。

- 男性は概して自動車の走行距離が長く（走行距離が長い男性は、男性全体の55.0%）、女性は概して走行距離が短い（走行距離が長い女性は、女性全体の17.5%）。
- 走行距離の長い人の半数近く（48.3%）に事故歴があるのに対して、走行距離の短い人で事故歴のある人は11.4%しかいない。

以上のことから、①性別と走行距離の間には関連がある、②走行距離と事故歴の間にも関連がある、とまとめることができます。さらに表13.2でみたように、③走行距離でコントロール（層別）すると、性別と事故歴との間には直接的な関連はない、という事実もあります。

この①・②・③の事実から3つの変数のあいだに因果関係を描くとすると、図13.8のように図解できます。

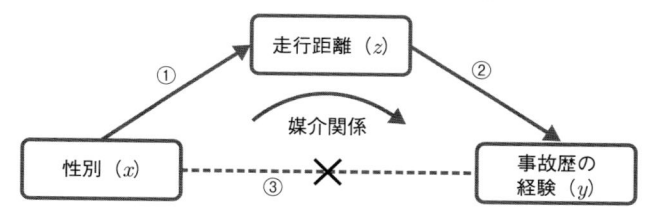

図 13.8 性別と交通事故歴の媒介関係

こう考えてみると、性別と事故歴のあいだに関連があるようにみえたのは、次のメカニズムによるものだということがわかります。

- 男性のほうが女性よりも走行距離が長いので、結果的に交通事故を起こす確率が高くなっている。
- 男性のほうが事故歴のある人が多いのは、男性の走行距離が長いからであり、性別と事故歴に直接の関連や因果関係はない。

つまり、性別と事故歴という2変数の関係は、走行距離という第3変数を間にはさむ（媒介する）ことによって成り立っていた、みかけ上の関連なのです。この例の「性別」と「事故歴」との間にみられるような関係を、**媒介関係**と呼びます。なお、この場合の媒介変数は「走行距離」ということになります。

13.4.4 クロス表のエラボレイション

2つの質的変数の関連を知りたいとき、それらの変数による2重クロス集計をおこなうだけでは不十分な場合があることが、前項までの例からわかったと思います。不十分というのは、第3変数の存在を見落とすことで、みせかけの関連であることに気づかず、まちがった解釈をしかねないということです。

したがって、2変数のあいだに関連があるかどうかを判断するためには、

さまざまな第3変数で層別した3重クロス集計をおこない、より細かく検討していく必要があります。このことを、クロス集計表の**エラボレイション**（elaboration；精緻化という意味）といいます。このとき、第3変数で層別することによって、その影響をとり除くことを、量的変数の場合と同じく**統制（コントロール）**といいます[※4]。

13.5 擬似関係をみぬく

13.5.1 結婚するとキャンディを食べなくなる？

次に、別のデータ例を考えましょう。ここでは、ライフステージと食べ物の好みの関係を調べようとして、「結婚しているかどうか」ということと「キャンディを食べる頻度」の関連を分析する例を考えてみます。

> **課題●**
> 「第13章.xlsx」の［キャンディ］シートには、既婚か未婚かという変数が「婚別」に、「キャンディをよく食べるか」という変数が「キャンディ」という名前でデータになっている。「キャンディ」を表頭（被説明変数）とし、「婚別」を表側（説明変数）としてクロス集計表を作成してみよう。
> 13.3節の①〜⑦と同じ要領で、ピボットテーブルを作成する。ただし、ピボットテーブルで行ラベルや列ラベル・ケースの識別に用いる変数は、もちろんそれぞれ今回の例に読みかえること。

いま作成したピボットテーブルを整形したクロス集計表をみると、婚別とキャンディを食べる頻度のあいだには関連があるようにみえます。この2重クロス集計表をみたところ、「未婚女性のほうが既婚女性よりもキャンディをよく食べる」という結果が読みとれそうです。ファイ係数を計算すると $\phi = 0.125$

[※4] エラボレイションをおこなうとき、第3変数を用いたクロス集計表と区別する意味で、もとの2重クロス集計表を「**ゼロ次の表**」ということがあります。この場合、1つのコントロール変数を加えてつくった3重クロス表を**1次の表**といいます。

となり、弱いながらも「未婚ほどキャンディをよく食べる」という関連があるようです。

表13.4 婚別×キャンディを食べる頻度

	よく食べる	あまり食べない	合計
未婚	103（74.6）	35（25.4）	138（100.0）
既婚	163（62.2）	99（37.8）	262（100.0）
合計	266（66.5）	134（33.5）	400（100.0）

$\phi = 0.125$

しかしこの結果から、ただちに「キャンディを食べる頻度は、婚別によって異なる」と判断し、「結婚をするとキャンディを食べなくなる」と解釈してしまってよいでしょうか。もしかしたら前節までの事故の例と同じく、第3変数によって2変数の関連をコントロールする必要があるかもしれません。

そこでこの2変数に加えて、25歳未満か以上かという「年齢層」という別の変数を加えた3重クロス集計表を作成し、こうした解釈が妥当であるかどうか検討してみましょう。第3変数 z のカテゴリーごとにみていっても、婚別とキャンディを食べる頻度の関連はあるのでしょうか。

13.5.2 3重クロス集計表の作成

13.5.1項で作成したピボットテーブルでは、行に婚別、列にキャンディを食べる頻度を用いましたが、ここで第3変数（層変数）として年齢層を加えて3重クロス集計表を作成します。実際の手順は、13.4.2項の方法を参照し、変数をこの例に合うように読みかえてください。

図13.9 3重クロス集計のピボットテーブル

図 13.9 のピボットテーブルを整形してみやすくした 3 重クロス集計表が、次の表 13.5 です。

表 13.5　年齢層別、婚別×キャンディを食べる頻度（カッコ内は行%）

年齢層	婚別	キャンディを食べる頻度		合計
		よく食べる	あまり食べない	
25 歳未満	未婚	83　（80.6）	20　（19.4）	103　（100.0）
	既婚	46　（78.0）	13　（22.0）	59　（100.0）
25 歳以上	未婚	20　（57.1）	15　（42.9）	35　（100.0）
	既婚	117　（57.6）	86　（42.4）	203　（100.0）
合計		266　（66.5）	134　（33.5）	400　（100.0）

25 歳未満：$\phi = 0.041$、25 歳以上：$\phi = 0.012$

　年齢層のカテゴリーごとに関連係数を計算すると、25 歳未満でファイ係数 $\phi = 0.041$、また 25 歳以上では $\phi = 0.012$ とかなり小さく、関連はほとんどないといえます。つまり年齢層別にわけてみると、結婚しているかどうかによってキャンディを食べる頻度は変わらないということです。この例でも、2 重クロス集計表では関連があるかのようにみえた説明変数と被説明変数の間の関連が、第 3 変数のカテゴリーごとにみると消えてしまいました。

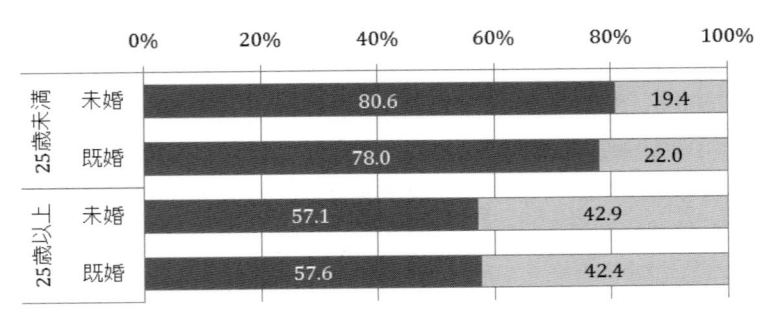

図 13.10　年齢層別、婚別×キャンディを食べる頻度（横棒グラフ）

　図 13.10 をみると、25 歳未満の層では、キャンディを「よく食べる」人の割合は、未婚と既婚とであまり差がありません。一方 25 歳以上の層でもほとんど差がありません。年齢層の各カテゴリーでは婚別によってキャンディを「よく食べる」比率は差がありません。

　キャンディを食べる頻度は、むしろ年齢層との関連がありそうです。つまり婚別とキャンディを食べる頻度の関連は、第 3 変数「年齢層」の影響によって

13.5 擬似関係をみぬく

関連があるようにみえたにすぎない、といえそうです。この例でも、第3変数と説明変数、被説明変数との関連をみてみましょう。

表 13.6　第3変数と説明変数、被説明変数の関連

(a) 年齢層×婚別

年齢層	未婚	既婚	合計
25歳未満	62.3	37.7	100.0
25歳以上	11.3	88.7	100.0
合計	29.5	70.5	100.0

$\phi = 0.505$

(b) 年齢層×キャンディを食べる頻度

年齢層	よく食べる	あまり食べない	合計
25歳未満	80.3	19.7	100.0
25歳以上	58.2	41.8	100.0
合計	66.1	33.9	100.0

$\phi = 0.230$

この結果をまとめると、次のようになります。

- 年齢層と婚別の間には関連がある：25歳未満では未婚が多く、25歳以上では既婚が多い
- 年齢層とキャンディを食べる頻度には関連がある：25歳未満ではよく食べる人が多く、25歳以上ではあまり食べない人が多い

このように、①年齢層が婚別と関連があり、また②キャンディを食べる頻度とも関連があるため（いい方を変えると年齢層が両変数の共通の原因となっているため）、③年齢層でコントロールすると関連がない婚別とキャンディを食べる頻度にみかけ上の関連があるようにみえたということになります。このようなみせかけの関連を**擬似関係**、あるいは**擬似関連**といいます[※5]。

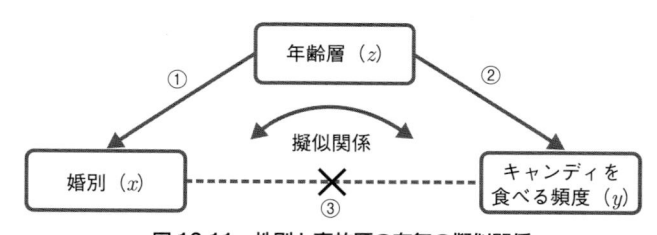

図 13.11　性別と事故歴の有無の擬似関係

この例においても、2重クロス集計表ではみえてこなかった事実が、第3変数を導入した3重クロス集計表ではみえたことになります。

※5　第10章で紹介した、量的データ同士の関連における擬似相関の考え方とほぼ同じです。

13.5.3 擬似関係か媒介関係か？

　ここまでの節でみた「性別と交通事故歴」および「婚別とキャンディ」の2つの例は、統計学的な変数間の関連のありかたとしては同じ構造になっていました。つまり、2重クロス集計表では関連があるようにみえていた2つの変数が、第3変数でコントロールすると（3重クロス集計表をつくってみると）関連がなかったという図式になっています。

　しかし、ここで用いた3つの変数のそれぞれの意味を考慮しながら因果関係を考えてみると、一方は媒介関係であると解釈し、もう一方は擬似関係であると解釈することになりました。このように、変数の関連の構造が同じであっても異なる解釈をし得る場合、どのようにして判断すればよいのでしょうか。

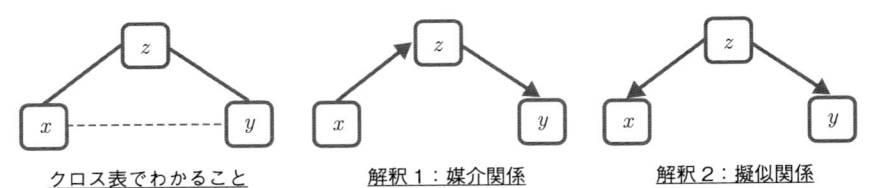

<u>クロス表でわかること</u>
x と z、y と z に関連があるが、x と y には関連がなかった

<u>解釈1：媒介関係</u>
z は x と y の因果関係を媒介している

<u>解釈2：擬似関係</u>
z が x と y の共通の原因となっている

図13.12　クロス表でわかることと因果図式の可能性

　結論からいうと、どちらの解釈をとるべきかは変数をならべて、変数間の関連がどんな意味をもつか考えるしか判断のしようがありません。つまりケース・バイ・ケースで、変数の意味にしたがって因果関係を読みといていくことが必要なのです。というと難しく思われるかもしれませんが、いちばん無理のない解釈をすればいいのです。たとえば事故歴の例で因果関係を考えるとき、「性別」によって日常の自動車運転の「走行距離」が異なることはあり得ますが、逆に「走行距離」によって「性別」が変わったりしません。このように、変数の意味から考えて因果の方向は一方向しかない場合があるのです。

　数学や統計学、データ分析の技法、およびExcelを含めたソフトウェアはあくまで人間が思考するためのツールですから、変数のあいだにどのような関連や因果図式があるかという問いに答えてはくれません。人間が、それぞれ頭を使って論理的に考えるしかないのです。

13.6 交互作用効果

最後に、2変数の関連のありかたが統制変数の各カテゴリーで異なっている場合について説明します。こうした交互作用効果は、複数の変数が組み合わさることによって生じます。これについて次の課題で確認してみましょう。

ここではまた架空のデータ例として、交友関係と情報メディアの利用の関係を調べようとして、「友人数が多いか」ということと「携帯メールを利用する頻度」の関連を分析する例を考えてみます。

> **課題●**
> 「第13章.xlsx」の［携帯メール］シートには、友人数が多いか少ないかを「友人数」という変数で、また携帯メールをよく利用するかあまりしないかという変数を「携帯メール利用」という変数でデータに収めている。「携帯メール利用」を表頭（被説明変数）とし、「友人数」を表側（説明変数）としてクロス集計表を作成してみよう。
> 13.3節の①〜⑦と同じ要領で、ピボットテーブルを作成する。ただし、ピボットテーブルで行ラベルや列ラベル・ケースの識別に用いる変数は、もちろんそれぞれ今回の例に読みかえること。

作成したピボットテーブルを整形したクロス集計表が表13.7です。行パーセントやファイ係数から、「友人数」と「携帯メールを使う頻度」という2つの変数の間には関連がないようにみえます。

表13.7 友人数×携帯メールを使う頻度

	よく使う	あまり使わない	合計
多い	100 （55.6）	80 （44.4）	180 （100.0）
少ない	120 （54.5）	100 （45.5）	220 （100.0）
合計	220 （55.0）	180 （45.0）	400 （100.0）

$\phi = 0.010$

しかし、携帯電話のような比較的新しい通信メディアに対する態度や行動は、一般に年齢層によって大きく異なると考えられます。年齢層でコントロー

ルすると、「友人数」と「携帯メールを使う頻度」という2つの変数はどうなるでしょうか。

第3変数である「年齢層」を導入して、3重クロス集計表を作成して検討してみましょう。いま作成したピボットテーブルに、さらに第3変数（層変数）として「年齢層」を投入して3重クロス集計表を作成してみてください。実際の手順は、13.4.2項の方法を参照してください。

表13.8　年齢層別、友人数×携帯メールを使う頻度（カッコ内は行%）

年齢層	友人数	携帯メールを使う頻度		合計
		よく使う	あまり使わない	
若年層	多い	80（80.0）	20（20.0）	100（100.0）
	少ない	60（60.0）	40（40.0）	100（100.0）
中高年層	多い	20（25.0）	60（75.0）	80（100.0）
	少ない	60（50.0）	60（50.0）	120（100.0）
合計		220（55.0）	180（45.0）	400（100.0）

若年層：$\phi = 0.218$、中高年層：$\phi = -0.250$

年齢層の層ごとにファイ係数を計算すると、若年層で $\phi = 0.218$ であるのに対して中高年層は $\phi = -0.250$ と、関連の方向（符号）が変わってしまっています。この数値をみつつ、3重クロス集計表を検討すると、以下のように結論することができます。

- 若年層では、友人数と携帯メールを使う頻度に正の関連がある。つまり、友人数が多いほど携帯メールを「よく使う」という人の割合が大きい。
- 一方、中高年層では、友人数と携帯メールを使う頻度に負の関連がある。つまり、友人数の多い人では携帯メールを「よく使う」という人の割合が小さい。

これをグラフにして表現したのが図13.13です。若年層と中高年層で、友人数と携帯メールの利用頻度の関係が逆になっているのがよくわかります。

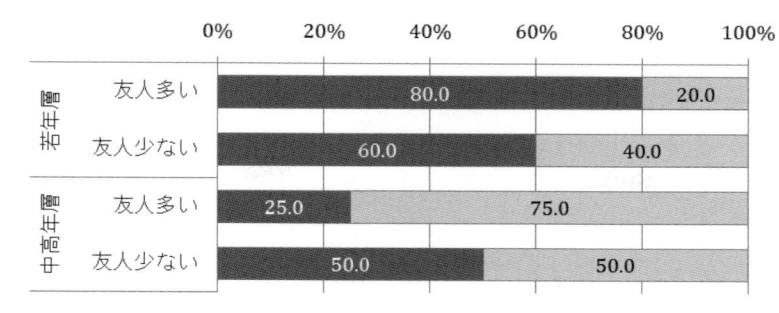

13.6 交互作用効果

```
         0%    20%   40%   60%   80%  100%
若年層 友人多い        80.0              20.0
      友人少ない      60.0          40.0
中高年層 友人多い  25.0       75.0
       友人少ない    50.0        50.0
```

■ よく使う　■ あまり使わない

図 13.13　年齢層別、友人数×携帯メールの利用頻度（横棒グラフ）

　このように、第3変数のカテゴリーによって、説明変数と被説明変数のあいだの関連が異なることを、**交互作用効果**（interaction effect）があるといいます。

　なお、この例のように若年層と中高年層とを別々にみたときには関連が発見できるのに、年齢層を合わせてしまうと関連がないようにみえてしまうことを、**擬似無関連**（あるいは擬似無相関）といいます[※6]。

　一般に、さまざまな第3変数を考慮して3重クロス集計をくり返していくことはなかなか難しく、かなり煩雑でもあります。しかし、2変数のあいだの関連が実は媒介関係や擬似関係であることを発見したり、また交互作用効果を発見するなどして擬似無関連のなかから意味のある関連をみつけたりすることは、データ分析の1つの醍醐味といえるでしょう。

　「男は運転がヘタである」「人は結婚するとキャンディを食べなくなる」といった、一見もっともらしいけれどもやや珍妙な結論を導き出さないように気をつけるのはもちろん、世のなかの通念や常識をうち破るような発見があるかもしれません。

　ただし、多重クロス集計は変数の数が増えるにしたがって、一般に変数間の関連をつかむのが難しくなっていきます。いわゆる数表のかたちでクロス集計表を書くことで変数間の関連を把握できるのは、せいぜいこの章であつかった3重クロス集計表までだと考えてください[※7]。

※6　また、全体集団のなかに異質な部分集団（この例でいえば若年層と中高年層）がある場合、部分集団のなかでの関連や相関と、全体集団での関連や相関が異なることを**シンプソンのパラドックス**といいます。

※7　多くの変数を用いた多重クロス集計表を、多変量解析のかたちですっきりと分析するのが、（クロス表の）ログリニア・モデルです。これはやや難しくなりますし、統計パッケージソフトも必要になりますが、詳しくは『SPSSによる多変量解析』（村瀬洋一・高田洋・廣瀬毅士共編, オーム社）などを参照してください。

課題●

① 「第 13 章 .xlsx」の［課題 1］シートを開き、ピボットテーブルを用いて新しいシートに 2 重クロス集計表を作成してみよう。このとき、表側に説明変数を、表頭に被説明変数を配置する。また、説明変数や被説明変数にはいずれのデータ列を用いてもかまわない。

② 同じシートの別の箇所にピボットテーブルをコピーし、第 3 変数を層変数として追加し、3 重クロス集計表を作成してみよう。

③ 2 重クロス集計表と 3 重クロス集計表を見比べて、説明変数と被説明変数の関連のありかたが変わったかどうか、変わった場合にはどのように変わったかについてレポートを作成してみよう。

エラボレイションのバリエーション　　　　　　COLUMN

　ここまであげてきた例は、すべて架空データを用いていたので、第3変数でコントロールすると最初の2変数が無関連になる例でした。実際には、そううまくいくわけではありません。

　いま、2つの質的変数 x と y とのあいだに、2重クロス集計表でみるかぎり関連がみられるとします。ここに、第3変数 z を層変数として加えたとき、x と y との関連に対してどのような効果をもつかというパターンを下に列挙します。

　これらは、第3変数を加えてつくった3重クロス表（1次の表）の、第3変数の層における表（下位表といいます）における x と y の関連が、もとの2重クロス集計表での x と y の関連に比べてどうなるか、ということに着目したパターンわけです。少しややこしくなりますが、エラボレイションをおこなうことでどのような結果があり得るかということを知っておくのもよいでしょう。

(1) 第3変数に効果がないパターン

　3重クロス集計表の第3変数のそれぞれの層での下位表における x と y の間の関連の大きさ（オッズ比やファイ係数、クラメールの V などで計算する）が、もとの2重クロス集計表（ゼロ次の表）でみた x と y の関連の大きさとほとんど変わらない場合。第3変数 z が、もとの2変数 x, y のいずれとも関連がほとんどないことが示唆される。

(2) 第3変数が部分的効果をもつパターン

　3重クロス集計表の下位表における x と y のあいだの関連の大きさが、もとの2重クロス集計表（ゼロ次の表）でみた x と y の関連の大きさよりもいくぶん小さくなるものの、各層での関連の大きさはそれぞれ同程度の大きさである場合。

(3) 第3変数が完全に説明するパターン

　3重クロス集計表の下位表における x と y のあいだの関連の大きさが、ほぼゼロとなってしまう場合。もとの2重クロス集計表（ゼロ次の表）でみた x と y の関連の大きさが、第3変数によってほぼ説明されてしまうことを意味する。

　本章で扱った「性別と事故歴」および「婚別とキャンディ」の事例は、このパターンにあたり、第3変数 z が、もとの2変数 x と y のいずれともある程度の大きさをもった関連がある場合、このパターンになる。

(4) 第3変数が交互作用効果をもつパターン

　3重クロス集計表の下位表における x と y のあいだの関連の大きさが、下位表によって異なってしまうパターン。たとえば、一方の下位表ではもとのゼロ次の表より関連が大きくなるのに、他方の下位表では関連が小さくなってしまう場合や、下位表によって正負の向きが逆になってしまう場合などがある。本章の13.6節で扱った「友人数と携帯メール」の事例は、このパターンにあたる。

【文献】

Bohnstedt, G. W., and D. Knoke, 1982, *Statistics for Social Data Analysis* (2nd ed.), F. E. Peacock.（= 1990, ボーンシュテット＆ノーキ（著），海野道郎・中村隆（監訳）『社会統計学——社会調査のためのデータ分析入門』ハーベスト社.）

Zeisel, H, 1985, *Say it with Figures* (6th ed.), Harper Collins.（= 2005, ハンス・ザイゼル（著），佐藤郁哉（訳）『数字で語る——社会統計学入門』新曜社.）

原 純輔・海野道郎, 2004, 『社会調査演習』（第2版）東京大学出版会.

第 14 章

データを提示する：論文・レポートとプレゼンテーション

14.1 論文・レポートとプレゼンテーションで書くべきこと

　データ分析が終わったら、その結果を論文・レポートやプレゼンテーションのかたちで提示しましょう。論文・レポートはおおまかにいって次の構成にします。

① **問題**
　論文・レポートで明らかにする問題を設定します。過去の研究に触れながら、その問題をとり上げることの意義や背景なども書きます。

② **方法**
　どのような方法で①にアプローチするのかを書きます。とりわけ社会調査を用いた論文・レポートでは、調査方法、分析に用いるデータや変数、分析手法などの説明をします。

③ **結果**
　②の方法でおこなった分析結果を示します。それだけではなく、そこからなにがわかったのか、①の解明にどの程度役立ったのかなどを書きます。②で社会調査を用いていれば、表やグラフの提示が多くなります。

④ **文献**
　引用した文献を一覧にします。

　プレゼンテーションの場合も基本的な構成は同様ですが、表現方法が異なります。スライド形式でプレゼンテーションすることになるので、論文・レポー

トのような長い文章は向きません。短いフレーズや用語を箇条書きにし、図表を多用して、必要なことは口頭で説明しましょう（図14.1）。

> ⚠️ 「第14章.pptx」（Microsoft PowerPointファイル）にスライドの例があります。

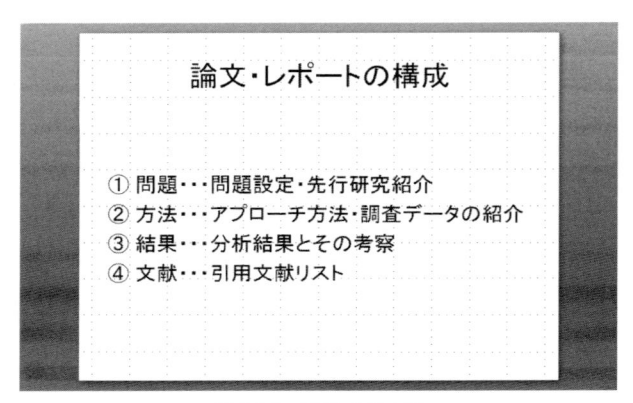

```
論文・レポートの構成

① 問題・・・問題設定・先行研究紹介
② 方法・・・アプローチ方法・調査データの紹介
③ 結果・・・分析結果とその考察
④ 文献・・・引用文献リスト
```

図14.1　スライドの例

14.2 ■ 論文・レポートやプレゼンテーションでの表の示し方

　論文・レポートやプレゼンテーションのスライドに表やグラフを掲載する場合、原則としてその表やグラフのみをみても意味がわかるようなものにしましょう。また、学術的な論文・レポートでの表やグラフの示し方には独特なルールがあります。グラフ作成の注意点はすでに7.8節で述べましたので、ここでは表の示し方をあげておきます（表14.1）。

　① 表の上に表番号と表タイトルをつける。
　② 数字の単位を明記する。
　③ 数字は右揃えにし、小数点を揃える。
　④ パーセンテージを示す表には分母を表記する。
　⑤ 表の罫線はなるべくヨコ線のみにする[※1]。

※1　慣習的に一番上のヨコ線を太くすることが多いです。

表14.1 クロス表の例（%）

	よくあて はまる	ややあて はまる	あまり あては まらない	まったく あては まらない	合計	（度数）
男性	10.5	22.2	27.5	39.9	100.0	(153)
女性	11.7	35.7	26.3	26.3	100.0	(171)
全体	11.1	29.3	26.9	32.7	100.0	(324)

14.3 Microsoft Word との連携

現在では、Microsoft Word がワープロソフトの事実上の標準になっています。みなさんが調査結果をまとめて論文・レポートを作成するときも Word を用いることが多いでしょう。ここでは、Excel で作成した図表を Word 文書に掲載するときに知っていると便利な機能を紹介します。

14.3.1 表の貼り付け

論文・レポートに表を掲載する場合、Excel でデータが入力されているセル範囲を選択してコピーし、Word に貼り付けます。

> ⚠ Word の［挿入］タブ→［表］から直に表を作成することもできますが、Excel にデータがある場合は貼り付けたほうが効率的です。

Excel で作成した表を Word に貼り付ける形式にはさまざまなものが用意されていますので、目的に沿った形式を選択しましょう。ここでは、Word に貼り付けたときに表の付近にあらわれる［貼り付けオプション］を使用することにします（図 14.2）。

> ⚠ ［ホーム］タブ→［貼り付け］ボタン→［形式を選択して貼り付け］からはもっと多くの貼り付け形式を選ぶことができます。詳しくはヘルプなどを参照してください。

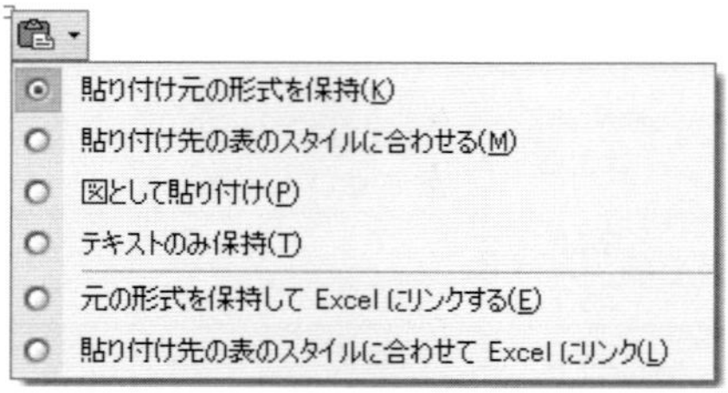

図14.2　表の［貼り付けオプション］メニュー

　［貼り付けオプション］メニューには、多くの選択肢がありますが、以下の点から選びます。

　① 貼り付け後にデータを編集できるかどうか。
　② みた目を Excel 上で作成したものと同じにするかどうか。

　まずは、①の観点から選択肢を絞ります。［貼り付けオプション］メニューの下2つの選択肢（［元の形式を保持して Excel にリンクする］［貼り付け先の表のスタイルに合わせて Excel にリンク］）を選ぶと、Word に貼り付けた表と Excel の元データがリンクされ、後者の変更が前者に反映されるようになります。ただし、このリンク機能を保持するには元データのある Excel ファイルが貼り付け先の Word ファイルと常に一緒になければなりません。一方、［貼り付けオプション］メニューの上2つの選択肢（［貼り付け元の形式を保持］［貼り付け先の表のスタイルに合わせる］）を選ぶと、元データとはリンクされません。したがって、元データの変更は反映されませんが、通常はこちらでいいでしょう。

> ⚠️ Excel ファイルが保存されている場所を変更した場合、貼り付けた表を選択して右クリック→［リンクされた Worksheet オブジェクト］→［リンクの設定］からリンクの変更設定が必要になります。

　つづいて、②の観点です。［貼り付けオプション］メニューのうち［貼り付け元の形式を保持］や［元の形式を保持して Excel にリンクする］は Excel で使っていたフォントや罫線などが保持されます。［貼り付け先の表のスタイルに合わせる］や［貼り付け先の表のスタイルに合わせて Excel にリンク］は Word の本文と同じフォントが適用され、罫線は標準的なものになります。Excel でフォントや罫線などを設定済みの場合は、もとの形式を保持するよう

にすればいいでしょう。

なお、［貼り付けオプション］メニューの［図として貼り付け］を選ぶとテキストデータが含まれない図として、［テキストのみ保持］を選ぶとタブで区切られたテキストとして貼り付けられます。通常、これらの出番はないでしょう。

貼り付けた表を選択すると［表ツール］リボンが追加されますので、その［デザイン］タブや［レイアウト］タブから表のみた目を整えます（図14.3）。

> ⚠ ただし、表貼り付け時に［図として貼り付け］を選択した場合のみ［図ツール］があらわれます。

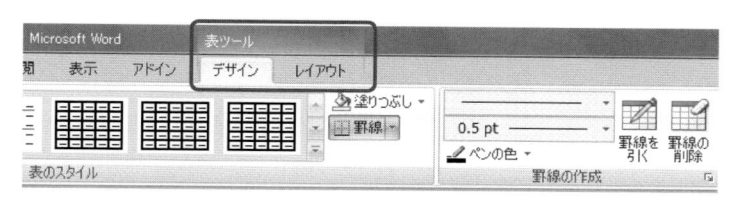

図14.3 ［表ツール］リボン

14.3.2　グラフの貼り付け

Excelで作成したグラフをWordに貼り付ける形式もさまざまなものが用意されています。表のときと同様、

① 貼り付け後にデータを編集できるかどうか。
② みた目をExcel上で作成したものと同じにするかどうか。

という点から選択すればいいでしょう。ここでも、Wordに貼り付けたときにグラフの付近にあらわれる［貼り付けオプション］を使用します（図14.4）。

> ⚠ ［ホーム］タブ→［貼り付け］ボタン→［形式を選択して貼り付け］では、画像形式なども選択することができます。詳しくはヘルプなどを参照してください。

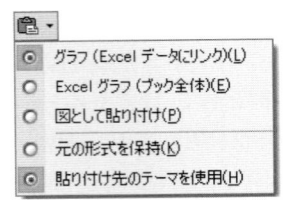

図14.4 グラフの［貼り付けオプション］メニュー

［貼り付けオプション］メニューのうち上3つが①、下2つが②に関する選択肢になっています。

上3つのうち［グラフ（Excel データにリンク）］や［Excel グラフ（ブック全体）］を選択しておけば、あとで Excel の元データを編集したときに Word のグラフにそれを反映させることができます。貼り付けたグラフを選択すると［グラフツール］リボンがメニューバーにあらわれます。

> この操作は、Excel と同様です。

［グラフツール］リボンの［デザイン］タブ→［データの編集］をクリックすると Excel ファイルが開き、元データを編集することができます（図14.5）。2つの違いは、元データの所在です。

> グラフを右クリック→［データの編集］でも可能です。

［グラフ（Excel データにリンク）］では、Excel ファイルにリンクが貼られるため、グラフを更新するためには常に Word ファイルと一緒にもち運ばなければなりません。これに対して、［Excel グラフ（ブック全体)］では、Excel ファイルのコピーが Word ファイルに組み込まれた状態になり、常に編集可能になります。3つ目の［図として貼り付け］を選択すると元データの編集はできません。元データを編集する可能性がなければこれを選択してもいいでしょう。

> ［図として貼り付け］したグラフを選択すると、［グラフツール］リボンではなく［図ツール］リボンがあらわれます。［図ツール］リボンには、［デザイン］タブや［レイアウト］タブがありません。

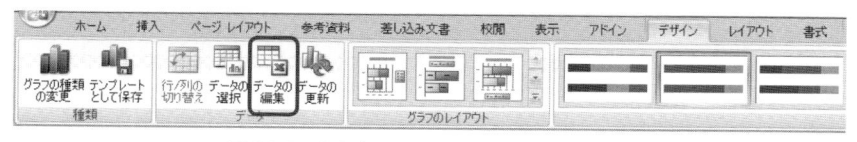

図 14.5　[デザイン] タブ→ [データの編集]

　下 2 つのうち [元の形式を保持] を選択すると Excel で作成したグラフのみた目が保持され、[貼り付け先のテーマを使用] を選択すると Word で設定済みのテーマに変更されます。テーマは、[ページレイアウト] タブ→ [テーマ] から設定することができ、Word 内の複数のグラフのみた目を一括して変更することができます (図 14.6)。[元の形式を保持] を選択した場合は、テーマの変更がそのグラフには適用されません。なお、上で [図として貼り付け] を選択している場合、この 2 つの選択肢は無効になります。

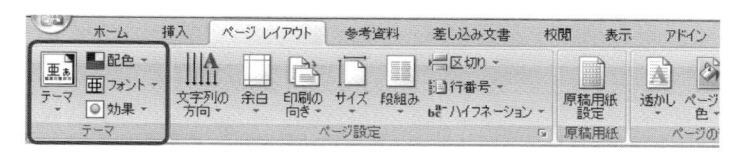

図 14.6　[ページレイアウト] タブ→ [テーマ]

　Word にグラフを貼り付けると、横幅が文章の幅に収まるように自動的にサイズが調整されます。調整が不十分な場合は、グラフの枠をドラッグするか、以下の手順でサイズを変更してください。

① グラフを選択し、[グラフツール] または [図ツール] リボンの [書式] タブ→ [サイズ] に数字を入力したりしてサイズを変更する (図 14.7)。

> グラフ貼り付け時に [図として貼り付け] を選択した場合のみ [図ツール] リボンがあらわれます。この場合、グラフの不要な部分を削除する [トリム] という操作も可能になります。

② (グラフの縦横比を維持させる場合) [書式] タブ→ [サイズ] の右下部にあるボタンをクリック (図 14.8)。
③ [サイズ] ダイアログボックスの [縦横比を固定する] にチェックし、[高さ] や [幅] のパーセンテージを調節する (図 14.9)。

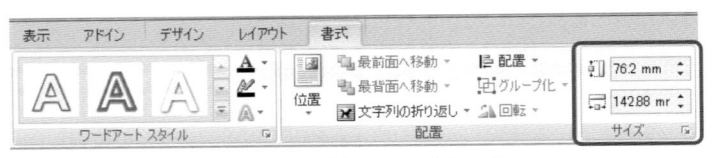

図 14.7 [書式] タブ→ [サイズ]

図 14.8 サイズの詳細設定

図 14.9 [サイズ] ダイアログボックス

14.3.3 図表番号

　社会調査の論文・レポートでは数多くの図表を掲載するのが一般的です。前述のように、それらには図表番号を連番で振らなければならないのですが、論文・レポートを作成する過程で図表の追加・削除を繰り返すうちに図表番号が前後してしまったり重複してしまったりすることがよくあります。これを避けるために、Word の図表番号機能を使いましょう。この機能を使えば、図表番号を追加・削除しても自動的に連番が振られるようになります。さらに、この機能で図表番号を作成しておけば、文書内での図表番号の参照と連動させたり

(☞ 14.3.4 項)、図表目次を自動作成したりすることも可能になります。

> 図表目次を作成したい場所にカーソルをおき、図 14.10 の［図表目次の挿入］をクリックします。

① 図表番号を挿入したい行にカーソルをおき、［参考資料］リボン→［図表番号の挿入］をクリック（図 14.10）。

> 図表を右クリック→［図表番号の挿入］でも可能です。

②［図表番号］ダイアログボックスで［ラベル］や［位置］を表やグラフに応じて選択し、［OK］ボタンをクリック（図 14.11）。

> このとき［番号付け］をクリックすると、［図表番号の書式］ダイアログボックスが開き、図表番号をアルファベットにしたり、図表番号に章番号を含めたりすることもできます。

③ 挿入された図表番号につづけて図表のタイトルを入力する。

> 図表番号にタイトルを入力した場合、Excel で設定した［グラフタイトル］は不要です（☞［グラフタイトル］については 7.9 節参照）。

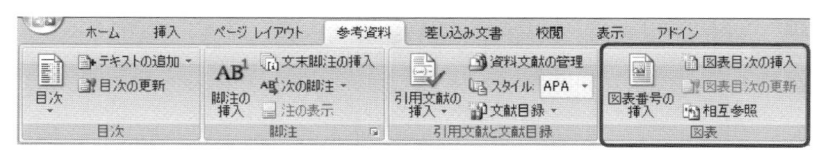

図 14.10　［参考資料］タブ→［図表］

図 14.11　［図表番号］ダイアログボックス

14.3.4 相互参照

社会調査の論文・レポートは、集計・分析結果を表やグラフのかたちで掲載し、それについて文章で説明するというスタイルで書かれるのが一般的です。この場合、「表1は○○についてのクロス表である」「図2は××と□□の散布図である」というように、文章中で図表番号を頻繁に参照することになります。Wordには、これと参照先の図表番号を連動させる機能があります。つまり、論文・レポートの作成過程で図表を追加・削除して参照先の図表番号が変わると、文章中の図表番号もそれに合わせて変わるということです。ただしこの機能を利用するには、事前に14.3.3項の方法で図表番号を挿入していなければなりませんので注意してください。

① 図表番号を参照したい文章中の個所にカーソルをおき、［挿入］タブ→［相互参照］をクリック（図14.12）。

> ⚠ ［参考資料］タブ→［相互参照］でも可能です（図13.12）。

② ［相互参照］ダイアログボックスで［参照する項目］や［相互参照の文字列］を設定し、［図表番号の参照先］を選択して［挿入］ボタンをクリック（図14.13）。

> ⚠ ［参照する項目］は図表番号挿入時に設定した［ラベル］に対応します（図14.11）。［相互参照の文字列］では、文章中で表示させる文字列を選びますが、通常は［番号とラベルのみ］でいいでしょう。

③ （参照先の図表番号が変更された場合）文章中の図表番号を右クリック→［フィールド更新］で番号を連動させる。

図14.12　［挿入］タブ→［相互参照］

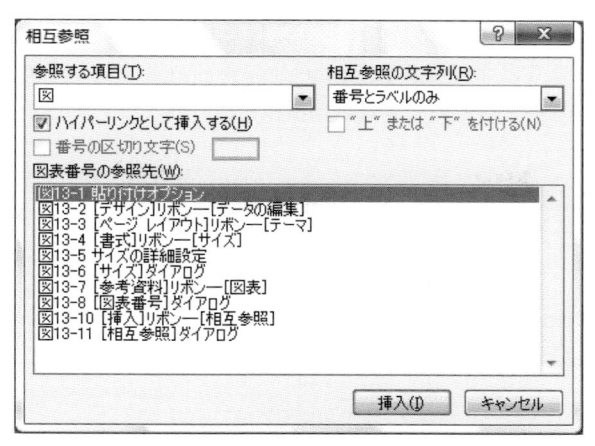

図14.13 [相互参照] ダイアログボックス

課題●
① これまでのデータ分析から作成した表やグラフを Word に貼り付け、みた目を整えよう。
② ①に図表番号をつけ、相互参照を利用して説明文を書いてみよう。

14.4 Microsoft PowerPoint との連携

　大学の授業やビジネスの世界では、プロジェクタを使ったグラフィカルなプレゼンテーションがあたりまえになりつつあります。社会調査の分析結果はグラフで提示したほうがわかりやすいため、そうしたプレゼンテーションにも向いているといえるでしょう。ここでは、プレゼンテーションに使われることの多い Microsoft PowerPoint を用いた調査結果のみせ方について解説します。

14.4.1 直接グラフ作成

　PowerPoint スライドにグラフを掲載する場合も Word の場合と同様「Excel で作成 → PowerPoint に貼り付け」という手順でできますが、ここでは PowerPoint 上で直接グラフを作成する方法を解説します。この方法では、

PowerPointにExcelデータファイルが添付された状態になるため、あとでデータを編集することが可能です。Excel上に集計結果はあるけれどまだグラフを作成していないといったときなどは積極的にこの方法を使ってもいいでしょう。

> 直接グラフを作成する方法は、Word上でも有効です。

① PowerPointスライド中央にある［グラフの挿入］アイコンをクリック（図14.14）。

> ［挿入］タブ→［グラフ］でも可能です。

② ［グラフの挿入］ダイアログボックスから適切なグラフを選択して［OK］ボタンをクリック（図14.15）。
③ 仮のデータが入力されたExcelが開くので、データを書き換え、範囲を設定して閉じる（図14.16）。
④ グラフのデザインやレイアウトを設定する（図14.17）。

> 設定方法は7.9節と同様です。

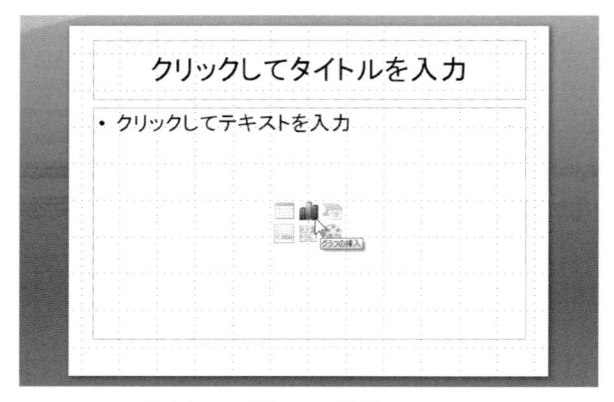

図14.14　［グラフの挿入］アイコン

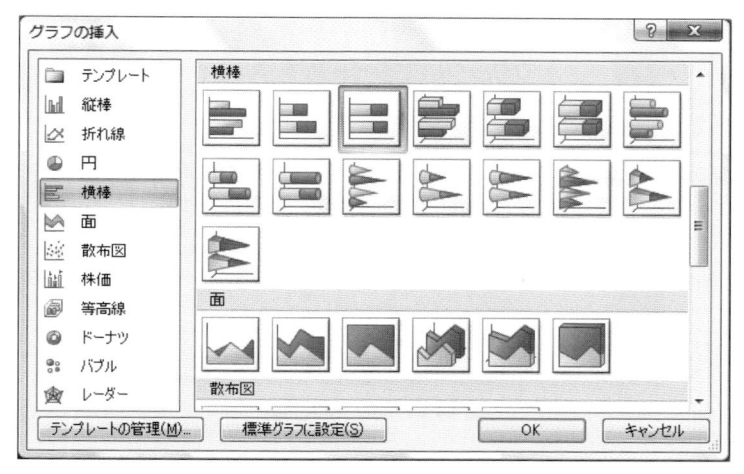

図 14.15 ［グラフの挿入］ダイアログボックス

図 14.16 データの書き換え

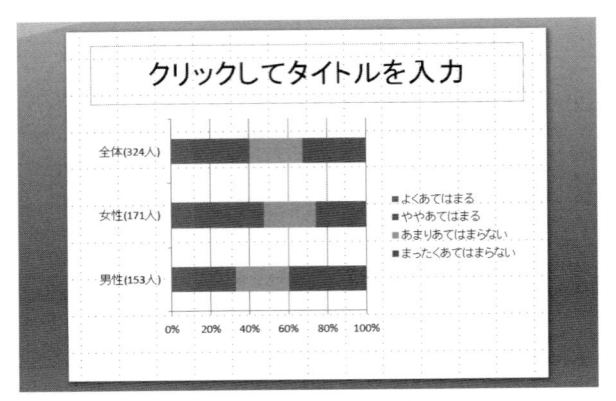

図14.17 データ入力後

14.4.2 強調

　プレゼンテーションの場合、報告書とは違ってみる側が表やグラフをじっくりと読んでいる時間がありません。したがって、数表はできるかぎりグラフ化しましょう。そればかりではなく、パッとみてすぐにわかってもらえるように枠線、下線、解説文などを追加してグラフのポイントを強調したほうが親切です（図14.18）。

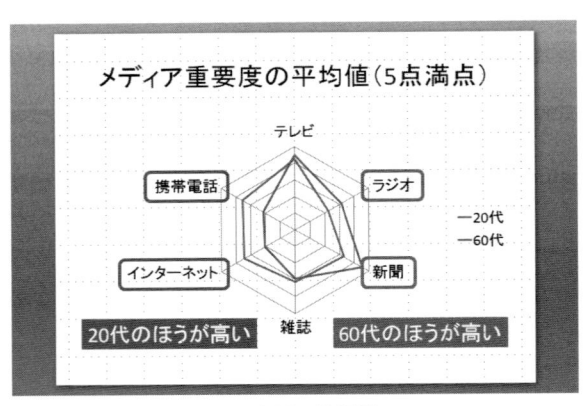

図14.18　強調例

14.4.3　アニメーション

　PowerPointにはアニメーション機能がありますが、これを効果的に使用すればプレゼンテーションの進行を円滑にしたり聴衆の理解を促進したりするこ

とができます。たとえば、箇条書きを上から一文ずつ表示していくアニメーションを使ってみてほしい情報をそのつど小出しにすれば、説明がしやすくなるとともに聴衆にとってもどこに注目すればいいかわかりやすくなります。

文章だけではなく、グラフにもアニメーションを適用することができます。たとえば、棒グラフの棒を1つずつ表示したり、折れ線グラフを左から徐々に表示させることもできたりします。14.4.2項の強調も、まずはグラフ全体をみせておいてから説明時に強調をアニメーションで表示する方法が有効です。ただし、過剰なアニメーションは逆効果になるので注意してください。

> [図として貼り付け]されたグラフは、パーツごとにアニメーションを設定できません。

基本的に、アニメーションの設定は次の手順でおこないます。まずは①で大まかな設定をし、②でアニメーションの種類、方向、表示速度などを詳細に設定します。ここで詳しい説明はできませんが、適宜ヘルプなどを参照しつついろいろなアニメーションを試してみてください。

> 「第14章.pptx」にグラフのアニメーション適用例があります。

① アニメーションを追加したい文章、グラフ、図などを選択して[アニメーション]タブ→[アニメーション]から大まかな種類を選択(図14.19)。
② [アニメーション]タブ→[アニメーションの設定]ボタンをクリックし、[アニメーションの設定]ウィンドウで詳細設定をおこなう(図14.20)。

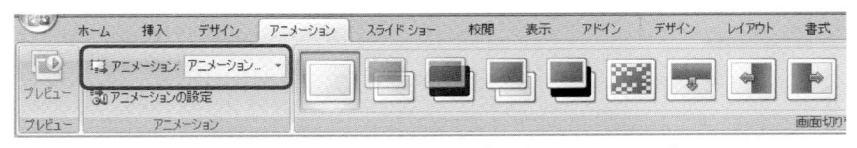

図14.19 [アニメーション]タブ→[アニメーション]

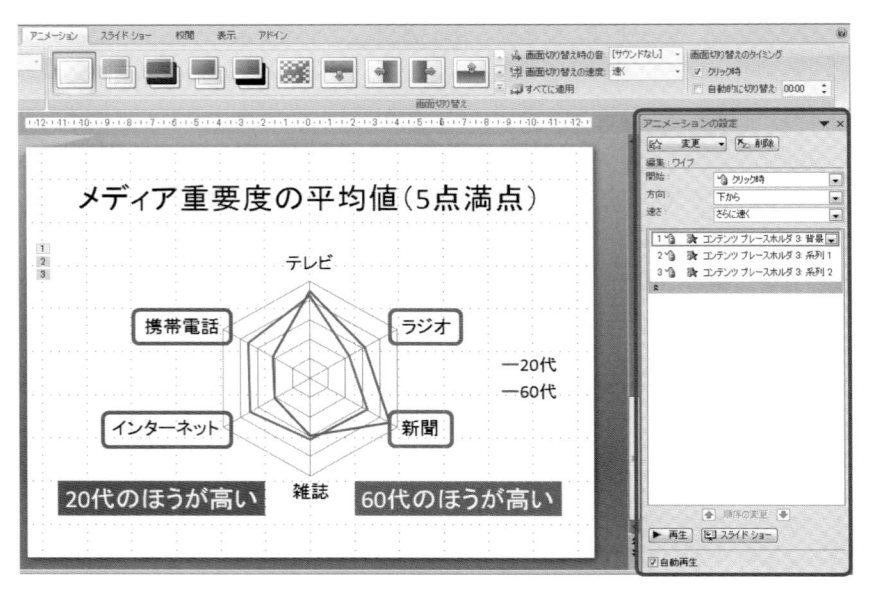

図 14.20 ［アニメーションの設定］ウィンドウ

課題●
① これまでのデータ分析から作成したグラフを使って PowerPoint スライドを作成しよう。
② そのスライドにアニメーションを適用して、プレゼンテーションをしてみよう。

第 15 章

推測統計学と多変量解析

15.1 調査結果を一般化しよう:推測統計学（社会調査士 D 科目）に向けて

15.1.1 推測統計学とは

　第1章では、本書の範囲を「記述統計学にとどめる」と書きました。しかし、社会調査士資格のための科目を学ぶ上では、またデータ分析の科目を学ぶ際には、記述統計学のあとに**推測統計学**を学ぶのが一般的です。そこで、ここでは推測統計学について少し説明を加えます。

　調査によって明らかにしたい対象の全体を母集団といい、そこからとり出した一部の対象を標本ということを、第1章で学びました。母集団の全ケースについて調査をするのが全数調査ですが、多くの統計調査は標本についてのみ調査をおこなう標本調査となっています。標本調査は、母集団のごく一部にしか調査をおこなわないので、そこから得たデータから、母集団全体がどうなっているかを「推測＝おしはかる」作業が必要なのです（図 15.1）。その作業をおこなう理論や技法が、推測統計学です。

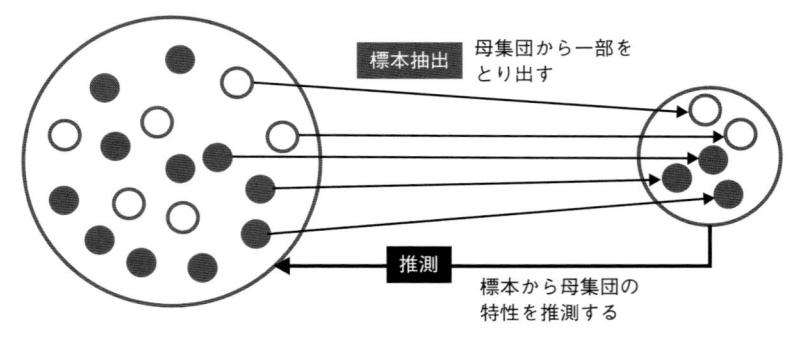

図15.1 標本抽出と推測（再掲）

　たとえばいま、A市内の20代男女500名からなる標本への調査で得られたデータがあるとします。このデータから、なにを述べればいいのでしょうか。

① 標本500名のうち、大学を卒業した人は210名（42%）であった。また、現内閣を支持する人は155名（31%）であった。
② A市の20代男女では、大学を卒業した人は4割程度いるようである。また、現内閣を支持する人は3割程度いるようである。

　記述統計学は、①のように考えたり結論づけたりするものです。実際にそうであったのなら、それは確実な情報として正しい説明です。これに対して、②が推測統計学の基本的な考え方です。たとえば標本から得られた42%という比率から、母集団であるA市全体について「4割程度」と推定しています。具体的な方法はともかく、少なくとも標本データから母集団について推定しようとしています。

　推測統計学は、記述統計学に比べると少し難しくなっています。しかし、全数調査をするのでもないかぎり、推測統計学から逃れるわけにはいきません。なぜなら、もともと標本を集めたのは、全体（母集団）について知りたかったからで、標本（A市内の500人）の意見だけを知りたかったのではないのです。「今回調べた500人のなかでは、現内閣の支持率は31%である」という事実を知るのは分析の基本ですが、「それで、A市全体だとどうなの？」という疑問が残ります。分析の結果を標本の範囲だけにとどめず、母集団全体に一般化していくための考え方が推測統計学なのだといえます。

15.1.2 母数を推定する

　なぜ推測することが必要なのかというと、標本のデータから計算した平均値や割合は、研究対象全体のうち一部だけを抜き出して調査したものだからです。たとえば、A市の大学卒業者の比率は、その時点ごとに真の数値（母数）が存在するはずです。もし全数調査をおこない、調査対象者がみな回答してくれたとすれば、その真の値が得られるはずです。

　しかし、標本を抽出して得られる大学卒業者の比率などの数値（統計量）は、誰が標本に選ばれるかという偶然によって変動し、たいてい母数の値とはズレが生じます。また、標本を何セット抽出しても、そのセットごとに母数と統計量は異なるズレが発生するでしょう。標本が全体の一部だけをとり出したものである以上、どんなにきちんと無作為抽出をおこなってもそのような数値のズレ（標本誤差）は必ずあるのです。

　ただし標本が無作為に抽出されていれば、標本から得られた統計量の値は確率的に発生するので、確率・統計の理論に基づいて母数を推定することができます。つまり推測統計学は、母数と統計量のあいだの標本誤差をみつもりつつ、母数（真の値）がいったいどれくらいの範囲に収まるのかを推定するのです（図15.2）。

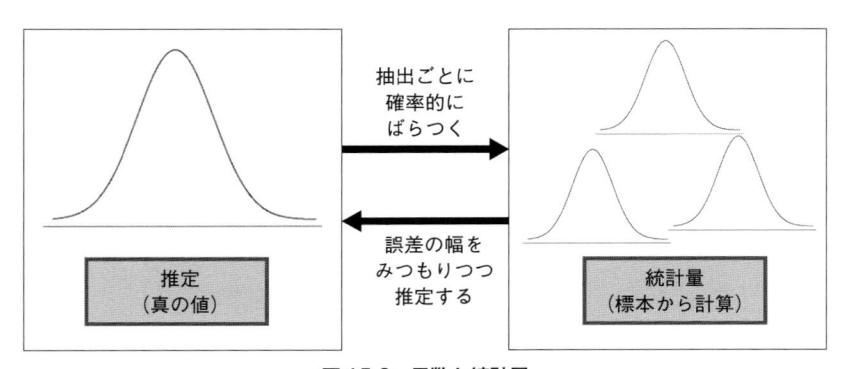

図15.2　母数と統計量

　このように、標本データを分析することを通じて得た統計量の値から、母数がどれくらいの値であるかをみつもる方法を**（統計的）推定**（statistical estimation）といいます。

15.1.3 仮説を検定する

推測統計学のもう1つの柱は、(**統計的**) **検定** (statistical test) です。検定とは、分析者の立てた仮説が、母集団について正しいかどうか判定することです。そのため、**仮説検定**ともいいます。

社会調査データを分析する上で、仮説検定をする必要がしばしば生じます。なぜなら、標本調査から得た統計量などのデータ分析結果は、やはり標本についてしか論じることはできないからです。母集団について判断しようと思ったら、やはり仮説検定が必要になるのです。その例をいくつか紹介しましょう。

① 標本に対して個人所得を調査したら「大卒者の平均所得＞非大卒者の平均所得」だった。母集団においても、この差があると考えてよいか。
② 標本に対して現内閣を支持するかどうか調査したら、「若年層での支持率＞中高年層での支持率」という差があった。母集団においてもこの差があると考えてよいか。
③ 標本のデータから量的変数 A と B の相関係数を計算したら、ゼロではない数値になった。母集団においても「この2変数には相関がある」と判断してよいか。
④ 標本のデータから、質的変数 C と D のクロス集計表を作成し、ある程度の大きさのカイ二乗値が計算された。この2変数は母集団においても関連があるといってよいか。

これらは社会調査データの分析をおこなう上で、もっともポピュラーな仮説検定のパターンですが、ほかにもまだまだあります。

このとき判断基準として用いるのは、標本データを用いて得た統計量が基本になります。上の例では、平均値、比率、相関係数、カイ二乗値がそれにあたります。これらの統計量に加えて、全体やグループのサンプルサイズや、クロス表の大きさといった情報も必要になることがあります。

このような仮説検定をおこなう際の基本的な考えは、やはり標本誤差という考え方が基本になります。つまり、「統計量がこのような値をとったのは、標本誤差をとることによる偶然の結果ではないか」と考えるのです。図15.3は、社会調査データの分析においてしばしばおこなわれる、「クロス集計表のカイ二乗検定」の分析ステップです（☞第12章の章末コラムを参照）。

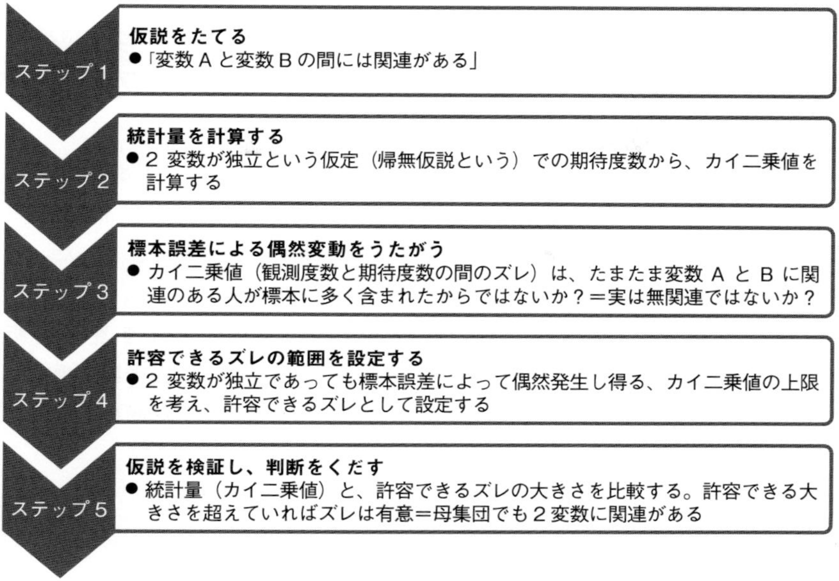

15.1 調査結果を一般化しよう：推測統計学（社会調査士 D 科目）に向けて

ステップ1　仮説をたてる
- 「変数Aと変数Bの間には関連がある」

ステップ2　統計量を計算する
- 2変数が独立という仮定（帰無仮説という）での期待度数から、カイ二乗値を計算する

ステップ3　標本誤差による偶然変動をうたがう
- カイ二乗値（観測度数と期待度数の間のズレ）は、たまたま変数AとBに関連のある人が標本に多く含まれたからではないか？＝実は無関連ではないか？

ステップ4　許容できるズレの範囲を設定する
- 2変数が独立であっても標本誤差によって偶然発生し得る、カイ二乗値の上限を考え、許容できるズレとして設定する

ステップ5　仮説を検証し、判断をくだす
- 統計量（カイ二乗値）と、許容できるズレの大きさを比較する。許容できる大きさを超えていればズレは有意＝母集団でも2変数に関連がある

図15.3　クロス集計表のカイ二乗検定のロジック（再掲）

ほかにも、相関係数の場合だと「標本でみると2変数 A と B の相関係数はゼロでなかったが、それはたまたまこの2変数の関係が強いケースが多く含まれた標本誤差によるものであって、母集団では無相関ではないか」と考えるのです。ほかの例でもおおむね同様です。

統計的検定の際は、確率の考え方を用いて、ある統計量の値がどのような確率で発生するのかということを手がかりにします。確率についての細かい計算を手計算でおこなうことは、現在ではあまりありませんが、確率論のごく基本的な考え方をマスターすることは必須です。

推測統計学の考え方を用いた分析では、確率についての細かい計算よりも、むしろ図15.3に記したような、一種の推理ゲームのような発想が重要です。標本調査であるからには、調査や分析をおこなう人の視野には標本を超えた「母集団」があるはずです。母集団における社会的現実のありかたを推測することで議論や考えを一般化し、自分の考えた（母集団についての）仮説を検証することが、社会調査データ分析の最大の楽しみになるでしょう。

15.2 もっと多くの変数を分析しよう：多変量解析（社会調査士 E 科目）に向けて

　本書で学んだ数々の統計手法は、1〜3個の変数をあつかうものでした。単純集計（第4章）・基本統計量（第5章）では1個、相関係数（第8章）・クロス集計（第11章）・関連係数（第12章）では2個、偏相関係数（第10章）・エラボレイション（第13章）では3個の変数を集計・分析してきました。しかし、もっと多くの変数を同時に分析するさまざまな統計手法があります。

　一般に、3つ以上の変数を同時に分析する手法のことを**多変量解析**（multivariate analysis）といいます[※1]。多変量解析は、① 従属変数を設定するタイプ、② 設定しないタイプ、③ それらの組み合わせの3種類に大別できます（表15.1）。

表15.1　多変量解析のタイプ

①従属変数あり	②従属変数なし	③組み合わせ
重回帰分析 判別分析 数量化Ⅰ・Ⅱ類 パス解析 ロジスティック回帰分析 マルチレベルモデル	主成分分析 因子分析 数量化Ⅲ・Ⅳ類 クラスター分析 コレスポンデンス分析 多次元尺度構成法 ログリニア・モデル（分析）	正準相関分析 共分散構造分析

　「①従属変数を設定するタイプの多変量解析」は、ある従属変数を複数の独立変数で予測したいとき、あるいは、従属変数に対する複数の独立変数の影響力を調べたいときなどに用いられます。たとえば、**重回帰分析**（multiple regression analysis）は第9章で学んだ回帰分析を発展させたものです。回帰分析は1つの従属変数を1つの独立変数で予測する手法でした（9.2節図9.4）[※2]。これに対して重回帰分析は、1つの従属変数を複数の独立変数で予測します（図15.4）。

[※1] 　その意味では、偏相関係数やエラボレイションも多変量解析の一種ですが、多変量解析とは呼ばないのが一般的です。
[※2] 　独立変数が1つの回帰分析をとくに**単回帰分析**（simple regression analysis）と呼びます。

15.2 もっと多くの変数を分析しよう：多変量解析（社会調査士E科目）に向けて

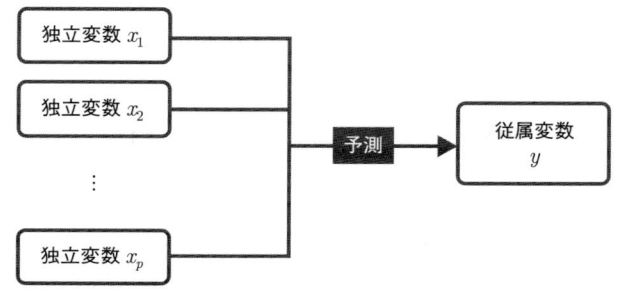

図 15.4　重回帰分析のイメージ

　たとえばある人の年収は、なにによって決まるでしょうか。年齢、勤続年数、学歴、資産、職業、会社の規模、会社の経営状況、その人の成果などさまざまな要因が考えられます。こうしたときに、年収を従属変数、各要因を独立変数とする重回帰分析をおこないます。そうすれば、各要因の影響力がわかります。

　一方、「②従属変数を設定しないタイプの多変量解析」は、複数の変数を似たもの同士に分類したいとき、あるいは、多くの変数から少数の指標を作成したいときなどに用いられます。たとえば、このタイプの代表的な手法である**主成分分析**（principal component analysis）は、多くの変数を合成して主成分と呼ばれる少数の尺度をつくります（図 15.5）。図をみると重回帰分析と似ていますが、重回帰分析の従属変数 y がもともと社会調査で測定された変数であるのに対し、主成分分析の主成分 z は新しく作成された変数となっているところがポイントです。

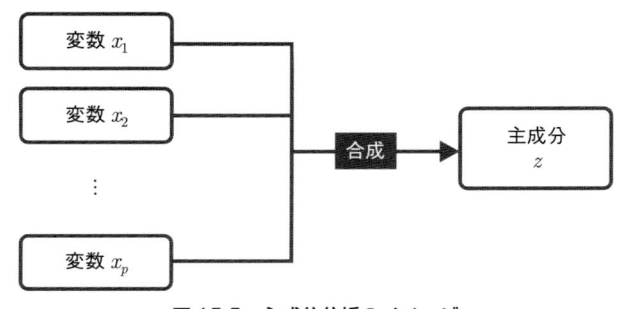

図 15.5　主成分分析のイメージ

よく「あの人は仕事ができる」といういい方をしますが、それは具体的にどういう人でしょうか。仕事が早い、作業効率がいい、文章力がある、話し方がうまい、アイディアが豊富、論理的思考力がある、人脈が広いなど多くの要素が考えられます。これら数々の要素から1つの合成変数をつくり、「仕事ができる」程度をあらわす総合的な尺度としたいときなどには主成分分析を使います。

最後に、「③組み合わせるタイプの多変量解析」ですが、②のタイプで作成した変数を①のタイプの分析に組み込むことを想像してください。たとえば、上記の「仕事ができる」変数が年収に与える影響力を分析することができます。

現在の社会調査データ分析では、こうした多変量解析があたりまえのように利用されるようになっています。それぞれの手法の背後にはもちろん高度な数理があります。しかし基本的には本書で学んだ基本統計量や相関係数などがもとになっていますので、ぜひ次のステップでチャレンジしてください。

付　録

付録1 ■ 本書で使用した統計記号一覧

記号	読み	意味・由来	参照
‾	バー	平均。$\bar{x}$（エックス・バー）は変数 x の平均を意味する。	5.2.1項
^	ハット	予測値・推測値。$\hat{y}$（ワイ・ハット）は変数 y の予測値を意味する。	第6章コラム 9.2節
a	エー	切片。	9.1節
b	ビー	回帰係数。	9.1節
CV	シーブイ	変動係数。coefficient of variation の頭文字から。	5.3.6項
df	ディーエフ	自由度。クロス表のカイ二乗検定のときなどに用いる。	第12章コラム
e	イー	クロス表の期待度数。expected value の略から。この本では用いていないが、大文字の F で表すこともある。	12.4.3項
i	アイ	各調査対象。x_i は、変数 x におけるある調査対象 i の値を意味する。	5.1節
Ku	ケーユー	尖度。kurtosis の頭文字から。	第5章コラム
M	エム	平均。mean の頭文字から。	5.2.1項
n	エヌ	ケース数。x_n と書かれたときは、変数 x における最後の調査対象の値を意味する。	第2章コラム
N	エヌ（ラージエヌ）	クロス表の総度数。クロス集計表にあらわれるすべてのケース数の総合計。	11.2節
Q	キュー	ユールの Q。2×2のクロス集計表で用いる関連度の指標。完全関連のみならず、最大関連のときにも1をとる。	第12章コラム
r	アール	単相関係数または偏相関係数。r_{xy} は変数 x と y の単相関係数、$r_{xy \cdot z}$ は z をコントロールした x と y の偏相関係数を意味する。	8.3.1項
r_s	アールエス	スピアマンの順位相関係数。	第8章コラム
R	アール	重相関係数。	9.5節

記号	読み	意味・由来	参照
R^2	アールじじょう	決定係数。重相関係数 R の2乗だから。	9.5 節
s	エス	標準偏差。ただし、添字が2つある場合は共分散。s_x は変数 x の標準偏差、s_{xy} は変数 x と y の共分散を意味する。	5.3.5 項
s^2	エスじじょう	分散。標準偏差 s の2乗だから。s_x^2 は変数 x の分散を意味する。	5.3.4 項
SD	エスディー	標準偏差。standard deviation の頭文字から。	5.3.5 項
Sk	エスケー	歪度。skewness の頭文字から。	第5章コラム
V	ブイ	クラメールの V。クロス表の関連度の指標の1つ。ほかのクロス表と関連度の大きさを比較するにはこれを用いるとよい。	12.6 節
z_i	ゼットアイ	標準得点または z 得点。ケースの数だけ値があるため、通常は添字 i をつけて記述する。	6.3 節
Z_i	ゼットアイ	偏差値。大文字のゼットなのは、z 得点をもとに計算されるため。	6.3 節
α	アルファ	有意水準。クロス表のカイ二乗検定のときなどに用いる。仮説を棄却するかどうかを判断する基準。	第12章コラム
ρ	ロー	スピアマンの順位相関係数。相関係数 r をギリシャ文字であらわしている。	第8章コラム
Σ	シグマ	データの合計。sum の頭文字をギリシャ文字であらわしている。表記方法には独特のルールがある。たとえば、変数 x について1番目から n 番目のケースの値を合計する場合は $\sum_{i=1}^{n} x_i$ と書く。	第2章コラム
σ	シグマ	母集団の標準偏差。標準偏差 s をギリシャ文字であらわしている。	第6章コラム
$\hat{\sigma}$	シグマハット	不偏標準偏差。母集団の標準偏差 σ の推測値だから。	第6章コラム
σ^2	シグマじじょう	母集団の分散。母集団の標準偏差 σ の2乗だから。	第6章コラム
$\hat{\sigma}^2$	シグマハットのじじょう	不偏分散。母集団の分散 σ^2 の推測値だから。	第6章コラム
ϕ	ファイ	ファイ係数。2×2のクロス集計表で用いる関連度の指標。完全関連のときに絶対値1となる。	12.3 節
χ^2	カイじじょう	カイ二乗値。クロス表の観測度数と期待度数のズレの大きさの指標。	12.5 節

索　引

[数字]

0 次の相関係数 170
1 次の表 226
2 重クロス集計表 218
2 重クロス表 218
3 重クロス集計表 218, 221, 223
3 重クロス表 218

[A]

AVERAGE( ) 58, 100

[C]

CHIINV( ) 215
CORREL( ) 146
COVAR( ) 140
CSV ファイル 22

[D]

DEVSQ( ) 100

[E]

Excel ファイル 20

[F]

FORECAST( ) 166

[I]

IF( ) 65
INT( ) 67
INTERCEPT( ) 166

[K]

KURT( ) 106

[L]

LINEST( ) 166

[M]

MAX( ) 100
MEDIAN( ) 100
MIN( ) 100
MODE( ) 100

[N]

NORMSDIST( ) 113
N 数 179

[O]

Office ボタン 37

[P]

PowerPoint 247

[R]

RSQ( ) 166

[S]

SKEW( ) 106
SLOPE( ) 166
SPSS データファイル 20
STANDARDIZE( ) 112
STDEV( ) 114
STDEVP( ) 100, 114

SUM( ) 58

[T]
TREND( ) 166

[V]
VAR( ) 114
VARP( ) 100, 114

[W]
Word 239

[Z]
z得点 111

[あ]
アクティブセル 37
アニメーション（PowerPoint）.....................250
アンドゥ 50
意思決定 1
因果関係 145, 167, 230
因果図式 230
エラボレイション 217, 226, 235
円グラフ 119
演算子 46
オートフィル 42
オッズ 197
オッズ比 198, 200
帯グラフ 120
折れ線グラフ 121

[か]
回帰係数 154, 157, 164, 166
回帰式 153
回帰直線 151, 157
回帰分析 151, 160, 162
階級 77
階級値 77
カイ二乗検定 214, 256
カイ二乗値 210
カイ二乗分布 214
外挿 161
概念 9
拡張子 20
確率密度 107
加重平均 105
仮説検定 256
カット 51
可変長データ 21
間隔尺度 28
観察単位 7
関数 58
関数の挿入 60
間接的因果関係 167
完全関連 203
観測値 153
観測度数 206, 209
官庁統計 18
関連 178
関連係数 196
関連指数 196
擬似関係 167, 217, 226, 229, 230
擬似相関 146
擬似無関連 233
記述統計学 13
基準化 110
期待度数 206, 207, 209
基本統計量 89
逆の因果関係 167
行 37
共起性 188
行周辺度数 179
強調（PowerPoint）.....................................250
行パーセント 186
共分散 137, 139
行列 37
曲線関係 144
寄与率 160
切り取り 51
区分変数 180

グラフ	115, 125, 128	自由度	214
グラフ作成（PowerPoint）	247	周辺度数	179
グラフの貼り付け（Word）	241	周辺分布	179
クラマーの V	211	主成分分析	259
クラメールの V	211	主対角セル	199
クロス集計	177, 181	順位相関係数	150
クロス集計表	177, 195, 256	順位データ	150
クロス表	177	順序尺度	28, 84
系列	116	条件付きオッズ	197
ケース	7, 23	小数桁	47
決定係数	159, 166	情報	2
検定	256	事例調査	6
交互作用効果	231, 233	シンプソンのパラドックス	233
コード	10	推測統計学	13, 253
国勢調査	11	推定	255
固定書式	22	数式入力	48
固定長データ	22	数式のコピー	50
コピー	51	数式の文字列化	47
個票データ	18	スピアマンの順位相関係数	150
コントロール	169, 226	図表番号（Word）	244
		正規分布	107

[さ]

最小二乗法	156, 164	生態学的誤謬	175
最大関連	213	生態学的相関	175
最頻値	92, 100	正の相関	136, 142
残差	154	政府統計	18
散布図	123, 135	絶対参照	55, 57
散布度	89, 96	切片	154, 157, 164, 166
悉皆調査	11	説明変数	153, 180
質的調査	6	セル	25, 37, 48
質的変数	29, 31, 76, 177, 195, 217	セル参照	49
質問紙	5	セル番地	38
社会調査	3	ゼロ次の表	226
尺度レベル	27, 30	全数調査	11
重回帰分析	258	全体パーセント	188
集計データ	18	尖度	106
自由書式	21	層	218
重相関係数	160	層化変数	218
従属変数	153	相関関係	137
集団の比較	85	相関行列	148
		相関係数	135, 141, 143, 146, 149

相互参照（Word）	246
操作化	9
相対参照	52, 57
相対度数	71, 85, 185
相対標準偏差	99
総度数	179
層別比較	181
層別変数	218
層変数	218
添字	24
属性相関係数	196
測定	9
素データ	23
素点	111

[た]

第3変数	169
対数オッズ比	201
タイトルバー	36
代表値	89, 91, 93
多肢選択法	26
多重円グラフ	120
多重回答	26
多重クロス集計表	218
多重クロス表	218
多変量解析	258
ダミーコード化	26
単回帰分析	258
単純集計	70
単相関係数	170
知識	1
中央値	92, 100
調査	2
直接的因果関係	167
積み上げ棒グラフ	119
定数項	154
データ	1
データ・リテラシー	3
データ処理	4
データセット	44

データ分析	2, 100
適合度	158
テキストファイル	19
電子データ	17
統計的検定	256
統計的推定	255
統計的独立	206
統計用ソフト	35
統計量	13
同時分布	188
統制	226
統制変数	169
ドーナツグラフ	119
独立である	206
独立変数	153
度数	71, 178, 185
度数分布表	70, 72, 84

[な]

内挿	161
名前ボックス	38
生データ	23
並べ替え	61, 64

[は]

媒介関係	217, 221, 225, 230
媒介変数	168
はずれ値	94, 143
貼り付け	51
範囲	96, 100
ピアソンの積率相関係数	141
引数	58
ヒストグラム	82
被説明変数	153, 180
ピボットテーブル	73, 181, 188, 191, 221
表	238
表計算ソフト	35
標準化	107, 110
標準得点	111
標準偏差	98, 100, 114

表側	178, 180
表頭	178, 180
表の貼り付け（Word）	239
標本	253, 255
標本誤差	13, 255
標本サイズ	13
標本抽出	12, 254
標本調査	11, 253
比率尺度	29
ファイ係数	202
フィルタ	61
フィルハンドル	41
複合帯グラフ	121
複合棒グラフ	118
複数回答	26
負の相関	136, 142
不偏標準偏差	114
不偏分散	114
プレゼンテーション	237
分割表	177
分散	97, 100, 114
分散説明率	160
分析	4
分析軸	180
分布	70
分類変数	180
平均値	91, 100
ペースト	51
偏差	96, 137
偏差積	138
偏差値	111, 138
偏差平方	97, 100
偏差平方和	97
変数	9
偏相関係数	167, 170, 172
変動係数	99
棒グラフ	76, 117
母集団	12, 253
母数	13, 255

[ま]

みせかけの関係	169
無作為抽出	12
無相関	142
名義尺度	28
メディアン	92
面グラフ	122
モード	92

[や]

有意水準	215
優先順位（演算）	46
郵送法	5
ユールの Q	213
要約統計量	89
横帯グラフ	120
予測値	153, 166

[ら]

リボン	37
留置法	5
量的調査	6
量的変数	29, 31, 77, 89, 135, 151, 167
累積相対度数	77
累積度数	77
レーダーチャート	124
列	37
列周辺度数	179
列パーセント	187
レポート	237
連関	178
レンジ	96
連番規則	25
ローデータ	23
論文	237

[わ]

ワークシート	37
歪度	106
割り算	88

● 執筆者一覧

はじめに	廣瀬・寺島
第1章	廣瀬
第2章	廣瀬
第3章	内藤
第4章	内藤
第5章	寺島
第6章	寺島
第7章	寺島
第8章	寺島
第9章	寺島
第10章	寺島
第11章	廣瀬
第12章	廣瀬・金澤
第13章	廣瀬
第14章	寺島
第15章	廣瀬・寺島
付録	廣瀬・寺島

●執筆者略歴

廣瀬 毅士（ひろせ つよし）※（第1章、第2章、第11章、第12章、第13章、第15章）
　立教大学 社会情報教育研究センター 助教。
　慶應義塾大学大学院政策・メディア研究科修士課程修了、北海道大学大学院文学研究科博士後期課程満期退学。
　企業での調査・分析コンサルティング職を経て2009年度より現職。所属先では研究・教育のほか、社会調査データ、アーカイブの構築、調査に関わる学内外の受託業務を担当している。
　専門：計量社会学、社会調査法、社会階層論、消費社会論
　主な著書：『SPSSによる多変量解析』（共編；第10章、第12章、第14章）

寺島 拓幸（てらしま たくゆき）※（第5章、第6章、第7章、第8章、第9章、第10章、第14章、第15章）
　文京学院大学 人間学部 助教。
　立教大学大学院社会学研究科博士前期課程修了、同博士後期課程満期退学。
　2008年度より現職。所属先では社会調査士科目のほか、「サブカルチャー論」「消費社会論」などを担当している。
　専門：経済社会学、消費社会論、計量社会学
　主な著書：『SPSSによる多変量解析』（執筆；第6章、第8章）

内藤　準（ないとう じゅん）（第3章、第4章）
　首都大学東京大学院 人文科学研究科 助教。
　東京大学大学院人文社会系研究科修士課程修了、同大学院博士課程満期退学。
　日本学術振興会特別研究員、立教大学社会情報教育研究センター、学術調査員を経て2010年度より現職。
　専門：理論社会学、数理社会学、社会階層論、階層意識論

金澤 悠介（かなざわ ゆうすけ）（第12章）
　立教大学 社会情報教育研究センター 助教。
　東北大学大学院文学研究科博士課程前期修了。
　立教大学社会情報教育研究センター学術調査員を経て2010年度より現職。
　専門：数理社会学、計量社会学、社会調査法
　主な著書：『1冊でわかる ゲーム理論』（海野道郎と共訳、岩波書店）

※は編者

- 本書の内容に関する質問は，オーム社ホームページの「サポート」から，「お問合せ」の「書籍に関するお問合せ」をご参照いただくか，または書状にてオーム社編集局宛にお願いします．お受けできる質問は本書で紹介した内容に限らせていただきます．なお，電話での質問にはお答えできませんので，あらかじめご了承ください．
- 万一，落丁・乱丁の場合は，送料当社負担でお取替えいたします．当社販売課宛にお送りください．
- 本書の一部の複写複製を希望される場合は，本書扉裏を参照してください．

JCOPY ＜出版者著作権管理機構 委託出版物＞

社会調査のための統計データ分析

2010 年 7 月 15 日　　第 1 版第 1 刷発行
2025 年 7 月 10 日　　第 1 版第 13 刷発行

著　　者　　廣瀬毅士・寺島拓幸
発行者　　髙田光明
発行所　　株式会社 オーム社
　　　　　郵便番号　101-8460
　　　　　東京都千代田区神田錦町 3-1
　　　　　電話　03(3233)0641(代表)
　　　　　URL　https://www.ohmsha.co.jp/

© 廣瀬毅士・寺島拓幸 2010

印刷・製本　広済堂ネクスト
ISBN978-4-274-06763-1　Printed in Japan

関連書籍のご案内

使える 51 の 統計手法

菅 民郎【監修】　志賀保夫・姫野尚子【共著】

統計学の基礎を51の手法で学ぶ!!

統計学は、理論を深く学ぼうとすると数式の壁にぶつかります。しかし実際にデータ分析をするには分析手法とExcelを使えば十分使いこなすことができます。

本書は分析手法を51に絞ってイラストと例題でわかりやすく解説します。

主要目次
- Chapter 01　代表値
- Chapter 02　散布度
- Chapter 03　相関分析
- Chapter 04　CS分析
- Chapter 06　母集団と標準誤差
- Chapter 07　統計的推定
- Chapter 08　統計的検定
- Chapter 09　平均値に関する検定
- Chapter 10　割合に関する検定
- Chapter 11　相関に関する検定
- Chapter 12　重回帰分析
- 付録　統計手法　Excel 関数一覧表

算術平均値、幾何平均値、調和平均値／中央値／割合／パーセンタイル／最頻値／標準偏差／割合の標準偏差／変動係数／四分位範囲と四分位偏差／5数要約と箱ひげ図／基準値／偏差値／単相関係数／単回帰式／クロス集計／リスク比、オッズ比／クラメール連関係数／相関比／スピアマン順位相関係数／CSグラフ／改善度指数／正規分布／t分布／聖徒／x分布／正規確率プロット／t分布／標準誤差／mean±SD、mean±SE／誤差グラフとエラーバー／区間推定／母平均z推定／母平均t推定／母比率の推定／p値／母平均の差z検定／t検定／ウェルチの検定／従属関係のある t 検定／母平均差分の信頼区間／対応のない場合（z検定）／対応のある場合（マクマネー検定）／従属関係のある場合（2標定）／一部従属関係にある場合（2標定）／単相関係数の無相関の検定／クロス集計のカイ2乗検定／重回帰分析／月次時系列分析

定価（本体2500円【税別】）／A5判／256頁

もっと詳しい情報をお届けできます。
◎書店に商品がない場合または直接ご注文の場合も右記宛にご連絡ください。

ホームページ　https://www.ohmsha.co.jp/
TEL／FAX　TEL.03-3233-0643　FAX.03-3233-3440

（定価は変更される場合があります）